地表过程与资源生态丛书

人–地系统动力学模型的构建发展与应用

丑洁明　董文杰　杨世莉　延晓冬　韦志刚　郭　彦等　著

科学出版社

北　京

内 容 简 介

本书是北京师范大学地表过程与资源生态国家重点实验室人–地系统动力学模拟团队开发和研究的科研成果。以人–地耦合系统模型的构建为主线，全面介绍了相关研究，探索了气候变化对经济系统影响的机理、途径及其评估方法，新构建了经济–气候模型；探求了人–地系统动力学模型双向耦合的方法，解析了人–地系统动力学模型双向耦合的时空匹配原理；在耦合地球系统模式 ESM 的基础上，尝试加入描述社会经济发展和气候变化影响的模块，初步实现了 ESM 与经济模型 DICE 模型的双向耦合，成功发展为综合的人–地系统动力学模型——人–地系统耦合模式（HESM 1.0）；利用该耦合模式分析地球系统内部变化的机理以及经济发展等对环境的敏感性，从而预测未来的可能变化趋势；追溯历史对不同国家集团的气候变化的历史责任进行归因分析。本书成果将为下一步两类模式耦合模拟运行以及影响评估开拓新的路径。

本书可供地理学、气象学、生态学、经济学、社会学等专业人员参考阅读，也可作为相关专业本科生、研究生从交叉科学和地球系统科学的视野研究气候变化的参考用书。

审图号：GS 京（2022）0807 号

图书在版编目（CIP）数据

人–地系统动力学模型的构建发展与应用 / 丑洁明等著. —北京：
科学出版社，2022.11
  （地表过程与资源生态丛书）
  ISBN 978-7-03-073578-2

Ⅰ.①人… Ⅱ.①丑… Ⅲ.①人地系统–动力学模型–研究 Ⅳ.①K901

中国版本图书馆 CIP 数据核字（2022）第 195831 号

责任编辑：王 倩 / 责任校对：樊雅琼 郝璐璐
责任印制：吴兆东 / 封面设计：无极书装

科 学 出 版 社 出版
北京东黄城根北街 16 号
邮政编码：100717
http://www.sciencep.com

北京建宏印刷有限公司 印刷

科学出版社发行 各地新华书店经销

*

2022 年 11 月第 一 版 开本：787×1092 1/16
2022 年 11 月第一次印刷 印张：17
字数：400 000

定价：238.00 元
（如有印装质量问题，我社负责调换）

"地表过程与资源生态丛书" 编委会

总　　序

2017 年 10 月，习近平总书记在党的十九大报告中指出：我国经济已由高速增长阶段转向高质量发展阶段。要达到统筹经济社会发展与生态文明双提升战略目标，必须遵循可持续发展核心理念和路径，通过综合考虑生态、环境、经济和人民福祉等因素间的依赖性，深化人与自然关系的科学认识。过去几十年来，我国社会经济得到快速发展，但同时也产生了一系列生态环境问题，人与自然矛盾凸显，可持续发展面临严峻挑战。习近平总书记 2019 年在《求是》杂志撰文指出："总体上看，我国生态环境质量持续好转，出现了稳中向好趋势，但成效并不稳固，稍有松懈就有可能出现反复，犹如逆水行舟，不进则退。生态文明建设正处于压力叠加、负重前行的关键期，已进入提供更多优质生态产品以满足人民日益增长的优美生态环境需要的攻坚期，也到了有条件有能力解决生态环境突出问题的窗口期。"

面对机遇和挑战，必须直面其中的重大科学问题。我们认为，核心问题是如何揭示人–地系统耦合与区域可持续发展机理。目前，全球范围内对地表系统多要素、多过程、多尺度研究以及人–地系统耦合研究总体还处于初期阶段，即相关研究大多处于单向驱动、松散耦合阶段，对人–地系统的互馈性、复杂性和综合性研究相对不足。亟待通过多学科交叉，揭示水土气生人多要素过程耦合机制，深化对生态系统服务与人类福祉间级联效应的认识，解析人与自然系统的双向耦合关系。要实现上述目标，一个重要举措就是建设国家级地表过程与区域可持续发展研究平台，明晰区域可持续发展机理与途径，实现人–地系统理论和方法突破，服务于我国的区域高质量发展战略。这样的复杂问题，必须着力在几个方面取得突破，一是构建天空地一体化流域和区域人与自然环境系统监测技术体系，实现地表多要素、多尺度监测的物联系统，建立航空、卫星、无人机地表多维参数的反演技术，创建针对目标的多源数据融合技术。二是理解土壤、水文和生态过程与机理，以气候变化和人类活动驱动为背景，认识地表多要素相互作用关系和机理。认识生态系统结构、过程、服务的耦合机制，以生态系统为对象，解析其结构变化的过程、认识人类活动与生态系统相互作用关系，理解生态系统服务的潜力与维持途径，为区域高质量发展"提质"和"开源"。三是理解自然灾害的发生过程、风险识别与防范途径，通过地表快速变化过程监测、模拟，确定自然灾害的诱发因素，模拟区域自然灾害发生类型、规模，探讨自然灾害风险防控途径，为区域高质量发展"兜底"。四是破解人–地系统结构、可持续发展机理。通过区域人–地系统结构特征分析，构建人–地系统结构的模式，综合评估多种区域发展模式的结构及其整体效益，基于我国自然条件和人文背景，模拟不同区域可持续发展能力、状态和趋势。

自 2007 年批准建立以来，地表过程与资源生态国家重点实验室定位于研究地表过程及其对可更新资源再生机理的影响，建立与完善地表多要素、多过程和多尺度模型与人–地系统动力学模拟系统，探讨区域自然资源可持续利用范式，主要开展地表过程、资源生态、地表系统模型与模拟、可持续发展范式四个方向的研究。

实验室在四大研究方向之下建立了 10 个研究团队，以团队为研究实体较系统开展了相关工作。

风沙过程团队：围绕地表风沙过程，开展了风沙运动机理、土壤风蚀、风水复合侵蚀、风沙地貌、土地沙漠化与沙区环境变化研究，初步建成国际一流水平的风沙过程实验与观测平台，在风沙运动–动力过程与机理、土壤风蚀过程与机理、土壤风蚀预报模型、青藏高原土地沙漠化格局与演变等方面取得了重要研究进展。

土壤侵蚀过程团队：主要开展了土壤侵蚀对全球变化与重大生态工程的响应、水土流失驱动的土壤碳迁移与转化过程、多尺度土壤侵蚀模型、区域水土流失评价与制图、侵蚀泥沙来源识别与模拟及水土流失对土地生产力影响及其机制等方面的研究。并在全国水土保持普查工作中提供了科学支撑和标准。

生态水文过程团队：研究生态水文过程观测的新技术与方法，构建了流域生态水文过程的多尺度综合观测系统；加深理解了陆地生态系统水文及生态过程相互作用及反馈机制；揭示了生态系统气候适应性及脆弱性机理过程；发展了尺度转换的理论与方法；在北方农牧交错带、干旱区流域系统、高寒草原–湖泊系统开展了系统研究，提高了流域水资源可持续管理水平。

生物多样性维持机理团队：围绕生物多样性领域的核心科学问题，利用现代分子标记和基因组学等方法，通过野外观测、理论模型和实验检验三种途径，重点开展了生物多样性的形成、维持与丧失机制的多尺度、多过程综合研究，探讨生物多样性的生态系统功能，为国家自然生物资源保护、国家公园建设提供了重要科学依据。

植被–环境系统互馈及生态系统参数测量团队：基于实测数据和 3S 技术，研究植被与环境系统互馈机理，构建了多类型、多尺度生态系统参数反演模型，揭示了微观过程驱动下的植被资源时空变化机制。重点解析了森林和草地生态系统生长的年际动态及其对气候变化与人类活动的响应机制，初步建立了生态系统参数反演的遥感模型等。

景观生态与生态服务团队：综合应用定位监测、区域调查、模型模拟和遥感、地理信息系统等空间信息技术，针对从小流域到全球不同尺度，系统开展了景观格局与生态过程耦合、生态系统服务权衡与综合集成，探索全球变化对生态系统服务的影响、地表过程与可持续性等，创新发展地理科学综合研究的方法与途径。

环境演变与人类活动团队：从古气候和古环境重建入手，重点揭示全新世尤其自有显著农业活动和工业化以来自然与人为因素对地表环境的影响。从地表承载力本底、当代承载力现状以及未来韧性空间的链式研究，探讨地表可再生资源持续利用途径，构筑人–地关系动力学方法，提出人–地关系良性发展范式。

人–地系统动力学模型与模拟团队：构建耦合地表过程、人文经济过程和气候过程的人–地系统模式，探索多尺度人类活动对自然系统的影响，以及不同时空尺度气候变化对自然和社会经济系统的影响；提供有序人类活动调控参数和过程。完善系统动力学/地球系统模式，揭示人类活动和自然变化对地表系统关键组分的影响过程和机理。

区域可持续性与土地系统设计团队：聚焦全球化和全球变化背景下我国北方农牧交错带、海陆过渡带和城乡过渡带等生态过渡带地区如何可持续发展这一关键科学问题，以土地系统模拟、优化和设计为主线，开展了不同尺度的区域可持续性研究。

综合风险评价与防御范式团队：围绕国家综合防灾减灾救灾、公共安全和综合风险防范重大需求，研究重特大自然灾害的致灾机理、成害过程、管理模式和风险防范四大内容。开展以气候变化和地表过程为主要驱动的自然灾害风险的综合性研究，突出灾害对社会经济、生产生活、生态环境等的影响评价、风险评估和防范模式的研究。

本丛书是对上述团队成果的系统总结。需要说明，综合风险评价与防御范式团队已经形成较为成熟的研究体系，形成的"综合风险防范关键技术研究与示范丛书"先期已经由科学出版社出版，不在此列。

本丛书是对团队集体研究成果的凝练，内容包括与地表侵蚀以及生态水文过程有关的风沙过程观测与模拟、中国土壤侵蚀、干旱半干旱区生态水文过程与机理等，与资源生态以及生物多样性有关的生态系统服务和区域可持续性评价、黄土高原生态过程与生态系统服务、生物多样性的形成与维持等，与环境变化和人类活动及其人地系统有关的城市化下的气溶胶天气气候与群体健康效应、人–地系统动力学模式等。这些成果揭示了水土气生人等要素的关键过程和主要关联，对接当代可持续发展科学的关键瓶颈性问题。

在丛书撰写过程中，除集体讨论外，何春阳、杨静、叶爱中、李小雁、邹学勇、效存德、龚道溢、刘绍民、江源、严平、张光辉、张科利、赵文武、延晓冬等对丛书进行了独立审稿。黄海青给予了大力协助。在此一并致谢！

本丛书得到地表过程与资源生态国家重点实验室重点项目（2020–JC01～08）资助。

由于科学认识所限，不足之处望读者不吝指正！

2022 年 10 月 26 日

目　　录

理　论　篇

建　模　篇

应　用　篇

理 论 篇

|第 1 章| 绪　　论

随着人类经济社会的发展和温室气体排放加剧，以全球变暖为主要标志的气候变化问题引起了各国政府、科学界乃至普通民众的广泛关注。已观测到的气候变化影响是显著且多层次的（叶笃正和董文杰，2010；王慧等，2015）。近几十年来，全球变暖问题越来越突出，全球气候变化的研究重点逐渐向人类社会生存环境与适应和减缓全球气候变化的方向发展。全球变暖问题已经从一个有争议的科学问题逐渐转化为政治问题、经济问题、环境问题甚至道德问题。全球气候变化正成为国际社会关注的焦点（王绍武等，2007；丁一汇和孙颖，2006；魏一鸣等，2013）。

要想对气候变化与人类社会系统的复杂关系进行深入了解，首先需要掌握和认识自然系统的变化规律，认识和掌握社会经济发展的运作模式，在此基础上，还需要将自然系统与人类社会系统看作一个整体来进行研究。

从国际研究计划的角度来看，气候变化问题已经不仅仅局限在气候系统或者自然系统，而是已经深入人类社会的政治、经济、健康、安全等问题。这种将自然系统与社会系统进行整合的必然性可以从国际上提出的一系列重大研究计划的发展历程看出。早期国际上推出的大型研究计划中，大多都是针对地球系统中单个的圈层或者自然系统，如 20 世纪 80 年代国际上成立了世界气候研究计划（WCRP），开始着手组织、协调和发展与气候变化有关的观测系统和模式等，但这主要局限在对气候系统本身的研究。20 世纪 80 年代末到 90 年代末，国际上又相继建立了国际地圈–生物圈计划（IGBP）、国际生物多样性科学研究规划（DIVERSITAS）和全球环境变化的人文因素计划（IHDP），开始关注和研究人类活动与地球生态、环境等之间的关系。在以上 4 个计划的推动下，有关气候变化、生态环境等的研究取得了重大的进展，人们开始意识到气候变化与环境和生态之间存在着密切的相互作用关系，而对单个的圈层或者是自然系统分开进行的研究都有一定的局限性，这种突破性的认识又推动了 21 世纪初地球系统科学联盟（ESSP）的成立。ESSP 由 IGBP、DIVERSITAS、IHDP 和 WCRP 组成，重视研究全球变化和地球系统不同圈层的相互关系以及全球变化对未来全球和区域可持续发展的影响。2014 年，国际科学联盟理事会提出了为期 10 年的"未来地球计划"，该研究计划以"动态地球""全球发展""向可持续发展的转变"为 3 个主要的研究目标，通过强调全球环境和人类的福祉与发展，重点关注自然系统和人类系统的相互影响。

在国内，早在 20 世纪 90 年代初，针对全球变化大背景下中国生存环境和区域发展的特征，叶笃正等（2001）提出了"有序人类活动"的框架概念和确定"有序人类活动"过程方案的方法。"有序人类活动"是指通过合理安排和组织，使自然环境能在长时期、大范围内不发生明显的退化，甚至能持续好转，同时又能满足当时社会经济发展对自然资源和环境需求的人类活动。而确定"有序人类活动"方案的主要方法是将人类活动过程子模式与气候系统子模式进行耦合。通过耦合建立人–地关系，可以构成地球系统各圈层的动力过程与人类圈的耦合模式，并利用其分析地球系统内部变化的机理和经济发展等对环境的敏感性，从而预测未来可能变化趋势。

"有序人类活动"框架概念和确定"有序人类活动"过程方案方法的提出，体现了我国科学家在全球变化研究思想方面的先进性和前瞻性，这一概念和方法的提出，也为全球和区域可持续发展的研究开辟了新的天地。到目前为止，我国在全球环境变化和"有序人类活动"的研究方面取得了很大的进展，主要体现在对土地利用/土地覆盖和陆地生态系统变化、人类活动与气溶胶、人类活动与海岸带、人类活动与碳循环过程以及人类活动与气候变化的集成研究等方面。而这些研究主要关注人类活动与自然系统的单向作用过程，较少的研究尝试或实现将人类活动子模式与自然系统子模式进行耦合来进行"有序人类活动"的研究。2014 年，在国际科学联盟理事会提出"未来地球计划"的大背景下，我国也成立了"未来地球计划"中国委员会，这标志着将自然系统与人类系统进行整合的思想在我国受到了空前的重视并得到了整体的提升。

从"有序人类活动"的视域观审视当前全球气候变化研究，其迫切需要我们将人类活动子模式与自然系统子模式进行整合，形成完整意义上的人–地系统模式，从而为人类社会经济与自然环境复杂的关系研究提供科学有效的工具。

20 世纪 70 年代，"气候系统"的概念被提出。气候系统强调把大气圈、水圈、冰冻圈、岩石圈和生物圈五个圈层作为一个整体来加以研究，从多圈层相互作用的角度来理解过去和现代气候的变化规律与机理，预测和预估其未来变化。目前人们通过气候数值模拟来研究气候的形成，探索气候变化的成因，气候数值模拟成为认识气候形成和演变规律的重要方法之一。

当前研究人类活动与气候变化关系的两类主要工具是地球系统模式（Earth System Model，ESM）和综合评估模型（Integrated Assessment Model，IAM）。前者描述了气候圈层以及圈层之间复杂的动力学、热力学和生物化学作用过程，经历了从大气环流模式、大洋环流模式、海–气耦合模式、海–陆–气耦合模式到海–陆–气–冰耦合模式的发展，其在研究气候变化的机理、归因及预估等方面具有非常大的优势（王斌等，2008；赵宗慈等，2013）；而后者整合了能源、经济、政策、气候变化及气候变化的影响等过程，在研究有关气候变化的政策、影响方面具有明显的优势（张雪芹和葛全胜，1999；Edmonds，

2012）。然而，随着人类社会与自然系统相互作用关系的加强，地球系统模式和综合评估模型在研究人类社会系统与自然系统相互作用关系方面逐渐凸显出明显的不足。例如，即使目前发展最完善的耦合地球系统模式，也没有包含完整的人类经济活动模块和气候变化对社会经济的影响模块，研究者只是用碳排放［或二氧化碳（CO_2）排放］来代表人类活动，并将其作为外强迫条件来研究人类主要的经济和土地利用活动对气候变化的影响，但是这不能反映政策、技术进步等对气候变化的影响，也不能完整地体现气候变化对人类社会各部门影响的反馈作用（董文杰等，2016）。同样对于综合评估模型来说，该模型虽然整合了能源、经济、气候变化及其影响的过程，但其气候变化模块过于简单，因而无法详细地描述气候系统各个圈层和圈层间的动力与热力过程，这使得综合评估模型在气候变化的研究方面有较大的不确定性（Tol and Vellinga，1998；van Vliet et al.，2011）。另外，尽管进行气候变化预估所使用的地球系统模式的未来碳排放情景是由综合评估模型根据描述的未来经济发展水平或条件预估的，但是地球系统模式和综合评估模型的发展都是各自独立的。

现有的综合评估模型根据建立原则的不同大致可以分为 3 类：技术优化模型、一般均衡模型和最优增长模型（Stanton et al.，2009）。技术优化模型是自下而上地描述每个行业/部门的运行过程，其运行需要行业/部门的详细信息。一般均衡模型是自上而下的模型，通过构建不同区域的行业/部门之间的关联性，模拟国家政策等因素对社会经济的影响。最优增长模型也是采用自上而下的方法，并结合宏观经济学的方法，通过假定一段时期（几十年内）累积福利最大或累积损失最小，模拟国家宏观经济运行或行业经济运行（Nordhaus，2007a，b，c；刘昌新等，2016）。根据模型自身的特点，3 类模型的应用领域和范围也显著不同。从能源角度发展起来的技术优化模型是目前综合评估模型的主流模型，但是由于技术优化模型通常只侧重于描述能源相关部门的部分均衡，因此其通常要与经济模型进行进一步链接，以体现对经济发展的总体影响（Nordhaus，2007a，b，c）。一般均衡模型能够从整体上反映不同行业和国家经济发展，但通常缺少对技术的详细描述，因而在研究实现有关情景的技术选择等问题上不具优势（Stocker et al.，2013）。最优增长模型是最早实现经济系统与气候系统相互影响的模型（Nordhaus，1992a，b；Nordhaus and Yang，1996）。我国学者王铮等（2006）发展了一个包含内生技术进步和国际贸易机制的最优增长模型，并对国际上各种流行的气候保护方案做了评估。

3 类综合评估模型虽然结构不同，但是在模拟气候变化对社会经济的影响方面都存在不足。第一，综合评估模型几乎都是采用简单气候模式与社会经济模型的耦合，因此无法反映气候变化对社会经济发展在时空尺度上的复杂影响（Collins et al.，2015；Ackerman，2002）。大多数评估模型强调温度和降水两个气候要素的影响，而且温度和降水仅使用全球平均值作为输入，没有区域的差异和年内的变化。第二，综合评估模型假设气候变化对经济的影响方式和强度是通过现有研究的全球尺度的平均数据进行标定的，不能体现气候变化影响的区域性与不确定性。第三，综合评估模型通常基于已有观测外推未来气候变化情景，但是随着气候变化对经济影响逐步增加，外推的方法是否能够反映极端气候事件对社会经济的影响尚有争议。

为了克服上述不足，一些研究开始尝试地球系统模式和综合评估模型的双向耦合（Yang et al.，2016），并逐步丰富气候变化对社会经济影响的损失函数。然而，由于两类模型研究的维度、空间分辨率等方面的不同，实现双向耦合仍然需要解决诸多问题。首先，需要解决两类模型在时空运行尺度的不一致问题。综合评估模型以行政区域为运行单元，为了与地球系统模式耦合，需要将运行单元转换为格点方式。其次，综合评估模型通常在 5 年以上的时间尺度上运行，亟须解决其与地球系统模式时间非同步耦合的问题，以反映气候年际变化的影响。最后，地球系统模式空间分辨率通常在几百千米（Ji et al.，2014），难以有效反映对社会经济影响显著的关键要素，如海平面上升（Moore et al.，2013）。综合而言，综合评估模型是国家应对气候变化的基础工具，模型结果将为我国应对气候变化和保持可持续发展提供科学支撑。发达国家都在争相发展综合评估模型，这不仅是为了占据科学制高点，更重要的是利用其给出可信的评估结果，服务于国家利益，抢占气候变化外交谈判的话语权。

综合评估模型和大气−陆−海−冰地球系统耦合模式是用于调查与气候变化有关的问题的两个主要工具。但是综合评估模型和耦合地球系统模式在模拟与预测气候变化排放情景中均具有优势及局限性。综合评估模型被广泛用于提供有关全球和国家排放以及不同气候政策成本的信息。它们可以描述排放与温度升高之间的因果关系，但方程式相对简单（Matsuoka et al.，1995；Bouwman et al.，2006）。例如，动态气候变化经济学综合评估模型（DICE）仅使用一个或两个简单方程来计算全球 CO_2 浓度和温度变化，并且大多数综合评估模型使用海洋碳吸收的线性表示（Van and Coauthors，2011；Hof et al.，2012）。这显然是地球系统复杂的物理和生化过程的过度简化。实际上，最近的研究表明，综合评估模型中物理过程表示缺乏复杂性，可能会对政策成本、碳税等的产出产生重大影响（Schneider and Thompson，1981；Schultz and Kasting，1997）。例如，Smith 和 Edmonds（2006）证明，碳循环的不确定性导致实现某些 CO_2 浓度的成本范围更广，并且相当于将目标浓度更改为最高 100ppm[①]。

耦合的地球系统模式（包括海洋和陆地碳循环反馈）旨在捕获真实气候系统的生物物理过程（Taylor et al.，2012）。在给定的自然和人为作用力下，它们在模拟、预测和归因气候变化方面具有独特的优势（Wei et al.，2012；Weller and Cai，2013），可用于弥补综

---

① 1ppm $= 1 \times 10^{-6}$。

合评估模型的缺陷。例如，Wei 等（2012）使用两个地球系统模式研究了发达国家和发展中国家在历史气候变化和减缓 CO_2 方面的责任，结果表明其在历史气候变化的贡献分别为 2/3 和 1/3，而它们对未来的贡献预计气候缓解将是 1/3 和 2/3。此外，耦合的地球系统模式为政府间气候变化专门委员会（IPCC）报告提供了更大的数据集，从而加深了人们对气候变化的理解。然而，这些模型仍然不包括经济和气候变化模块；它们只能将单独的经济模型提供的碳排放用作外力，所以无法反映人类活动与地球物理系统之间的相互作用。因此，为了实现更逼真的仿真，将综合评估模式的经济和气候变化因素与耦合的地球系统模式结合起来是必不可少的，这在超级计算能力不断提高的时代应该是可能的。一个成功的先例是麻省理工学院的集成全球系统模式框架（IGSM）。IGSM 包括排放预测和政策分析（EPPA）模型，并将具有中等复杂性的地球系统模式作为地球系统的组成部分。它广泛用于解决地球系统建模的科学目标，并有助于为决策过程提供信息（Prinn，2012；Reilly and Coauthors，2013）。

北京师范大学人–地系统动力学模拟团队认识到，当前亟须实现自然科学与社会科学研究的融合，丰富和发展地球系统模式，并实现其与综合评估模型的耦合，本团队在这个领域进行了开创性的工作。

本团队系统开展了气候变化对社会经济系统影响的评估与适应研究。基于考虑气候变化影响与经济系统的特征时空尺度相匹配的观点，探讨了气候变化对社会经济系统影响的机理和途径，揭示了气候变化是年代际尺度的气温变化，直接受气候变化影响的是冰冻圈、海平面、水资源、陆面状况、生态系统、微生物、人体健康等领域；觉察不到日变化、季节性变化、年际变化而呈现出年代际变化影响的事物才是受全球变暖影响的事物；由于时间尺度不匹配，经济系统几乎不会受到气候变化的直接影响；就间接影响而言，全球变暖导致的极端气候事件加剧和人类为应对与适应气候变化的积极响应，比对经济系统的影响要显著得多。进而研究了气候变化影响、风险评估与适应，成功地将经济–气候模型推广应用于气候变化风险评估及其经济评价，分别探讨了气候变化对我国土地利用变化的潜在影响、我国旱涝灾害的长期趋势及其造成的经济损失评估、登陆我国的热带气旋的经济损失评估、建立综合气候因子衡量区域综合气候变化的敏感性等课题，研究了碳排放的历史责任、碳排放与国际贸易、我国低碳经济发展道路以及如何实现"碳中和"等课题并取得了系列成果。特别是本团队提出的气候变化与经济影响时空尺度应相匹配的观点，为经济模型与气候模型的耦合打下了方法论基础。

本团队首先提出了构建人–地系统动力学模型的新思路。以往的地球系统模式没有考虑社会经济和气候变化影响的模块，因此还无法模拟气候变化对社会经济影响后的反馈；而已有的社会经济模型也无法描述气候系统的复杂动力、热力以及生物化学循环过程，更无法体现社会经济过程与气候系统的相互作用过程。因此，本团队提出通过定量刻画气候变化的影响以改进社会经济模型，提高地球系统模式对人类活动影响的描述能力，并在此基础上将二者结合起来，实现地球系统模式和社会经济模型双向耦合的新思路，即通过研发和升级改造社会经济模型与地球系统模式的耦合器与数据接口，实现二者之间的双向衔接，构建可刻画气候系统变化与社会经济发展相互反馈的气候变化经济影响集成评估模式。这一思路发挥了两类原有模式（模型）的优点，并有效地避免了原有的地球系统模式没有考虑社会经济和气候变化影响模块，社会经济模型无法模拟人类活动对气候变化的影响能力，社会经济模型无法描述气候系统的复杂动力、热力、生物化学循环过程，以及社会经济与气候系统相互作用过程的不足。因此，更准确地反映和刻画人类活动（如社会经济）与自然系统的相互作用过程，其模拟结果也应具有更强的机理性和可信度，这是在本领域研究思路上的重要创新。

本团队提出了实现两类模式耦合的一系列新方法。当前全球主要的气候变化经济影响综合评估模型仅考虑了温度和降水两个气候变化要素对社会经济的影响，对海平面上升和极端气候事件的影响尚未考虑或仍然存在极大的不确定性。本书通过采用次网格参数化等方法提高地球系统模式空间分辨率，拓展其对关键气候变化要素的模拟能力；通过在社会经济模型中发展经济损失随时空变化的灾害函数、增加阈值响应机制，同时调整社会经济模型的运行时间步长至年、季尺度，以提高其时间与空间分辨率的方法，描述气候年际变化与极端气候事件对社会经济的影响，从而形成二者时间、空间尺度的匹配，将气候系统与社会经济系统有效耦合，克服两类模式（模型）内在特异性导致的耦合障碍，在两类不同学科性质的模式（模型）耦合方法层面实现创新，从而同步耦合评估气候变化对社会经济的影响，为应对气候变化、保持可持续发展提供模拟新手段，增强中国对全球气候变化影响综合定量评估的能力，提升中国在气候变化领域掌握核心技术的能力和科学地位。

本团队构建了独具特色的人–地系统动力学模型 HESM 1.0，初步实现了两类模式的耦合运转。根据历史碳排放的时空分布特征，定义了能反映碳排放时空分布的无量纲因子，并且将其作为连接 DICE 模型和地球系统模式 BNU-ESM 的桥梁，成功构建了 HESM 1.0（Yang et al.，2015，2016）。HESM 1.0 运行的流程为：DICE 模型根据人口、技术等外生变量计算全球的碳排放，然后根据无量纲因子进行时间和空间插值，得到具有一定时间分辨率（月）和格点分辨率（约 2.8°×2.8°）的碳排放通量数据，地球系统模式 BNU-ESM 根据碳排放通量数据进行基于格点的气候变化模拟或预估。另外，HESM 1.0 中也加入了简单的气候变化影响模块，因此 HESM 1.0 是经济模式和地球系统模式双向耦合的成功案例。HESM 1.0 能够根据给定的人口增长率、技术进步等外生因子变量的变化，模拟或预估这些外生经济条件下的碳排放和相应的气候变化。

　　本书将以 HESM 1.0 的构建为主线，全面介绍相关研究和北京师范大学人–地系统动力学模式团队的创造性工作，以期推进人–地系统模式研究，真正达成自然气候系统和社会经济系统的双向耦合，为揭示气候变化对社会经济的影响，以及实现有序人类活动，为应对气候变化提供理论支撑和行动力量。

第2章 气候变化及其人类响应

目前科学界普遍认为,全球气候系统变暖是毋庸置疑的事实,而人类活动是近半个世纪全球气候变暖的主要原因。这引起了国际社会和各国政府的普遍关注,也引起了科学界的深入探究。人类正以前所未有的努力与合作,推动对气候变化的适应、相应的减排政策制定和气候治理。

2.1 温室气体与气候变化

近百年的全球气候变暖已经成为不争的事实。气候变暖现象在气候系统的各个圈层(如大气圈、水圈、冰冻圈等)都有所体现。从工业化前阶段到现在,全球地表气温明显持续升高,且比全球地表的升温速度更快。相比于1850~1900年,2006~2015年地面平均气温上升了1.53℃(非常可能的范围是1.38~1.68℃),全球平均地表温度上升了0.87℃(非常可能的范围是0.75~0.99℃)(IPCC,2019a)。世界气象组织(WMO)2014年发布的《年度气候状况声明》证实,自有记录以来,14个最暖的年份有13个发生在21世纪,并且过去30年中每10年的气温都比之前的10年更高,2001~2010年是最暖的10年,2013年全球陆地和海洋表面平均气温比1961~1990年的平均气温高0.5℃,比2001~2010年的平均气温高0.03℃。

自1950年以来,在全球气候系统中观测到的许多变化是过去几十年甚至近千年以来前所未有的。全球几乎所有地区都经历了地表增暖,全球变暖主要体现在地球表面气温和海洋温度的上升、海平面的上升、格陵兰岛和南极冰盖的消融、冰川冻土消退、极端气候事件频率增加等方面(IPCC,2014)。自1970年以来,全球气候系统的储能增长变得十分迅速,其中海洋变暖是全球气候系统储能增长的主导部分。1971~2010年累积增加的储能中有90%以上储存在海洋中,仅有约1%储存在大气中。在全球尺度上,海洋表层温度升幅最大,1971~2010年海洋上层(75m以上深度的海水)每10年的增温幅度为0.11℃(非常可能的范围是0.09~0.13℃)。在1979~2018年,北极海冰范围在一年中的每个月都缩小了,9月海冰范围甚至以每10年10.5%~15.1%的速率迅速缩小。在2006~2015年,全球的冰盖和冰川都在快速减少,格陵兰岛冰盖质量平均损失速度为(278±11)Gt/a[相当于全球海平面上升(0.77±0.03)mm/a],对于南极的冰盖,其为(155±19)Gt/a[相当于全球海平面上升(0.43±0.05)mm/a], 两地以外的全球冰川损失速度为(220±30)Gt/a [相当于全球海平面上升(0.61±0.08)mm/a](IPCC, 2019b)。在 1901~2010 年, 全球平均海平面上升了 0.19m (非常可能的范围为 0.17~0.21m), 海洋变暖导致的海洋热膨胀和冰川消融是自 20 世纪 70 年代初以来全球海平面快速上升的主要原因。

气候变化的原因主要有两大类: 一类是自然因子, 如太阳辐射的变化、地球轨道的变化、火山喷发以及大气和海洋的环流变化等。自然因子引起的气候变化主要体现在季节转换、历史旱涝、冰期和间冰期转化等各种时间尺度上。另一类则是人类活动。人类主要通过化石燃料的燃烧和土地利用等活动, 向大气中排放 CO_2、甲烷 (CH_4)、氧化亚氮 (N_2O) 等温室气体, 温室气体则通过吸收来自地面和大气的长波辐射而产生正的辐射强迫, 使得大气的温度升高。

气候变化是自然因素和人类活动的综合结果, 但是在一定的时间尺度上, 可以通过检测和归因研究来确定到底是哪个因素起主导作用。从已有的气候变化归因的研究成果来看, 目前科学界普遍认为人类活动是近半个世纪全球气候变暖的主要原因。并且随着气候变化检测研究的深入, 已经在大气和海洋的变暖、海平面上升等现象中检测到人类活动的影响, 科学界对这一结论的可信度也在不断地加深。IPCC 第五次评估报告将这一结论的可信度从第四次评估报告的 90% 以上提高到 95% 以上, IPCC 第二次评估报告和 IPCC 第三次评估报告对这一结论的可信度分别为 50% 以上和 60% 以上。由此可见, 人类社会系统对全球气候变化负有不可推卸的责任。

全球气候系统储能的变化是由地球能量收支的变化引起的, 自然和人为的物质与过程是通过改变地球能量收支进而影响气候变化的物理驱动因子。由于人类活动强度的增加, 目前由人为温室气体引起的辐射强迫已经达到 2.83W/m², 相对 IPCC 第四次评估报告给出的结果增加了 0.2W/m² (8%)。20 世纪 60 年代以后, 人为温室气体辐射强迫的主要贡献者为碳排放, 在 2005 年前的 10 年里 CO_2 辐射强迫的变化趋势为 0.27W/(m²·10a)。在 IPCC 第五次评估报告中, 基于实地和遥感的观测、温室气体和气溶胶的特性以及数值模式的计算结果, 利用辐射强迫这一指标, 对改变地球能量收支的驱动因子在全球气候变化中的作用进行了量化分析。

从图 2-1 可以发现, 自工业化开始以来, 温室气体浓度变化引起的辐射强迫变化是全球气候系统储能升高的主要原因, 温室气体浓度是气候变化的主要物理驱动因子, 且这期间温室气体中 CO_2 的增暖效应最为显著。温室气体浓度已上升到过去 80 万年以来前所未有的水平, 相比 1750 年, 温室气体 CO_2、CH_4 和 N_2O 的浓度分别增加了 40%、150% 和 20%。在近 30 年, CO_2 和 N_2O 的浓度保持了较高的增长速率, CH_4 浓度的增长速率在减缓之后又呈现快速增长的趋势 (图 2-2)。

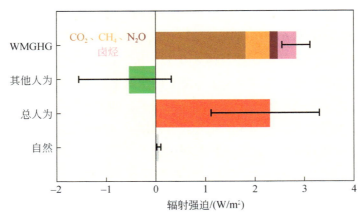

图 2-1　工业化时期的气候变化辐射强迫（1750~2011 年）

柱状表示混合均匀的温室气体（WMGHG）的辐射强迫、其他人为辐射强迫、总人为辐射强迫和自然辐射强迫。误差柱表示 5%~95% 的不确定性。其他人为辐射强迫包括气溶胶、土地使用地表反照率和臭氧变化，自然辐射强迫包括

太阳辐射和火山效应

资料来源：IPCC，2014b

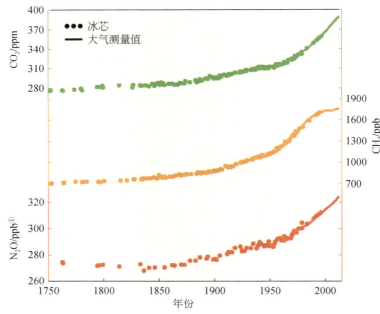

图 2-2　观测到的大气温室气体浓度变化（1750~2011 年）

二氧化碳大气浓度（CO_2，绿色）、甲烷（CH_4，橙色）和氧化亚氮（N_2O，红色）

来自冰芯的资料（圆点）和直接大气测量（线条）叠加在一起

资料来源：IPCC，2014b

①　$1\text{ppb} = 10^{-9}$。

1750～2011 年总人为辐射强迫的增暖效应为 2.3W/m^2，自 1970 年以来其增加速率高于之前的各个年代，其中总人为辐射强迫及其增长速率的变化中 CO_2 的贡献是最大的。

其他人为辐射强迫包括气溶胶、土地使用地表反照率和臭氧变化，其中气溶胶的辐射强迫相对明显。气溶胶的辐射强迫可以分为正负两部分：大多数气溶胶及其云调节是以冷却效应为主的，但气溶胶中的黑碳会吸收太阳辐射而产生增暖效应，这两部分会相互抵消，减弱气溶胶整体的冷却效应。1750～2011 年，气溶胶的辐射强迫（包括云调节）估计为−0.9W/m^2。气溶胶的辐射强迫抵消了一部分温室气体引起的辐射强迫，但气溶胶的辐射强迫还需要进一步研究分析，它仍然是总辐射强迫中不确定性的最大来源。

自然辐射强迫主要由太阳辐射和火山气溶胶的变化引起。太阳辐射的变化会导致全球气候系统辐射输入的变化，大型火山爆发后的平流层火山气溶胶对气候系统的影响主要是冷却效应。两者对总辐射强迫的贡献均相对较小，1750～2011 年太阳辐射的变化只对总辐射强迫做出约 2% 的贡献。

结合上面论述，从图 2-3 可知，1951～2010 年全球地表温度上升的主要贡献者是温室气体的强迫，全球地表升高的温度中超过一半是人为增加的温室气体浓度和其他人为辐射强迫共同造成的。1951～2010 年全球地表升温为 0.6～0.7℃，其中温室气体浓度造成的全球地表升温为 0.5～1.3℃。

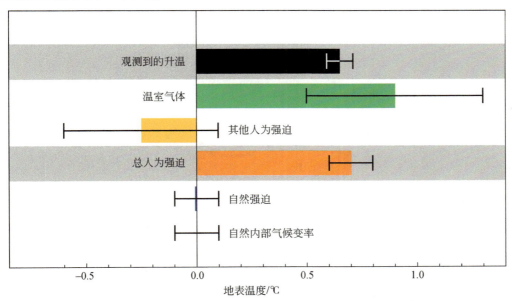

图 2-3　1951～2010 年各种强迫引起全球地表温度的变化

包括温室气体、其他人为辐射强迫（气溶胶的冷却效应和土地利用变化的效应）、总人为辐射强迫、
自然辐射强迫、自然内部气候变率

资料来源：IPCC，2014b

通过耦合模式的多模式集合，分析了人类活动对全球海洋［海洋表面温度、陆地和海洋表面温度、海洋热含量（OHC）］的影响（图2-4）。综合自然强迫和人为强迫的模式对观测结果具有较好的模拟能力，对比仅考虑自然强迫的模式模拟结果可以发现，自1970年以来，人类活动对全球范围内海洋表面温度、陆地和海洋表面温度、海洋热含量的上升做了显著的实质性贡献。人类通过温室气体的排放使得陆地和海洋表面温度升高，造成海洋热含量不断上升，影响冰川冰量损耗和海洋的热膨胀，进而引起海平面的上升。同时，海洋吸收人为排放的 CO_2 也导致海洋表面海水逐渐酸化。

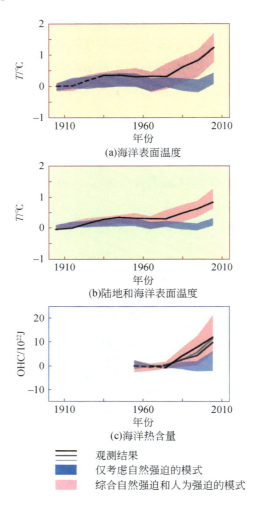

图2-4 1910～2010 年第五次国际耦合模式比较计划（CMIP5）多模式集合
模拟结果与观测结果的 10 年平均变化曲线：海洋表面温度、陆地和海洋表面温度、海洋热含量
资料来源：IPCC，2014b

综上所述，1750~2011 年，全球气候系统正在逐渐增暖，温室气体浓度是全球气候系统变暖的主要物理驱动因子。温室气体浓度变化引起地球能量收支变化，造成全球气候系统中热量不断累积，导致全球气候暖化。其中，温室气体浓度与人为温室气体排放量有很大的关系。

2.2 人类活动与温室气体

自工业化开始以来，人为温室气体的排放量大幅上升，这主要是由经济和人口的增长推动的，2000~2010 年温室气体排放量达到历史最高水平。由于工业化开始以来温室气体的不断排放，CO_2、CH_4 和 N_2O 在大气中的浓度达到过去 80 万年来前所未有的水平，从而导致全球气候系统储存的能量不断升高。

1750~2011 年的人为 CO_2 累积排放量巨大。如图 2-5 所示，1750~2011 年人为 CO_2 累积排放量为（2040±310）Gt CO_2，其中有超过一半的排放量是在 1970 年以后排放的。自 1970 年以来，来自化石燃料燃烧、水泥生产和空烧的 CO_2 累积排放量增加了两倍，而来自森林和其他土地利用的 CO_2 累积排放量增加了约 40%。2011 年，来自化石燃料燃烧、水泥生产和空烧的 CO_2 年均排放量高达（34.8±2.9）Gt CO_2。2002~2011 年，来自森林和其他土地利用的 CO_2 年均排放量为（3.3±2.9）Gt CO_2。

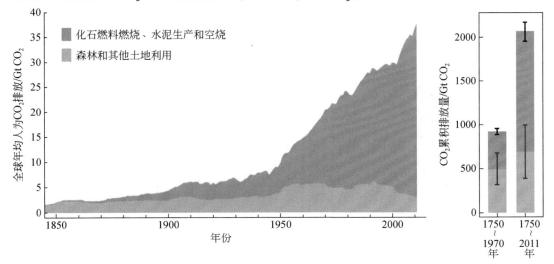

图 2-5　1750~2011 年来自化石燃料燃烧、水泥生产和空烧，以及森林和其他土地
利用的全球年均人为 CO_2 排放

1850~1970 年 CH_4 和 N_2O 排放时间序列的定量信息有限

资料来源：IPCC，2014b

人为 CO_2 累积排放量主要保存在大气、海洋和植被（包括土壤）中。自 1750 年以来，约40%的人为 CO_2 累积排放量〔（880±35）Gt CO_2〕保留在大气中，其余的被碳汇从大气中移除或储存在自然碳循环库中。剩余的 CO_2 主要储存在海洋和植被（包括土壤）中，且二者所占比例大致相当。约30%的人为 CO_2 累积排放量被海洋吸收，造成了海洋的不断酸化。

年均人为温室气体排放量达到新高。从图 2-6 可以发现，1970~2010 年人为温室气体年均排放量持续增加，2000~2010 年人为温室气体年均排放量达到新高。尽管减缓气候变化方面的政策数量在不断增加，但年均人为温室气体排放量仍然从 1970~2000 年的年均增加 0.4Gt CO_2-eq[①]（1.3%）增长到 2000~2010 年的年均增加 1.0Gt CO_2-eq（2.2%）。尽管 2007 年/2008 年的全球经济危机暂时减少了人为温室气体的排放，但 2000~2010 年的总人为温室气体排放量仍然成为人类历史上的最高值，年均人为温室气体排放量在 2010 年达到了 49（±4.5）Gt CO_2-eq 的高值。

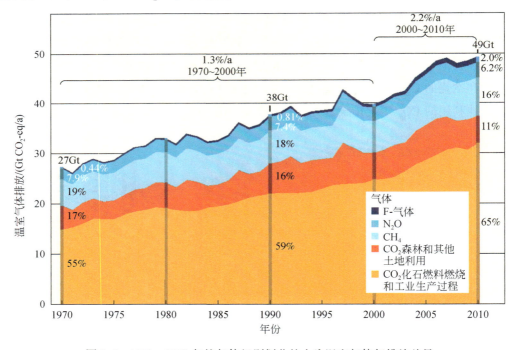

图 2-6 1970~2010 年按气体组别划分的人为温室气体年排放总量

资料来源：IPCC，2014b

CO_2 仍然是人为温室气体的主要组成部分，化石燃料燃烧和工业生产过程是人为 CO_2

---

① CO_2-eq 表示二氧化碳当量，是比较不同温室气体排放量时的一个通用尺度。

排放的主要来源。目前，人为温室气体的主要成分是 CO_2。在 2010 年，CO_2 排放量占人为温室气体排放总量的 76%，CH_4 排放量占 16%，N_2O 排放量占 6.2%，含氟气体（F-气体）排放量占 2.0%。自 1970 年以来，人为温室气体年排放中约有 25% 为非 CO_2 气体。1970~2010 年人为温室气体总排放量中，化石燃料燃烧和工业生产过程的 CO_2 排放量约占 78%。2010 年化石能源相关的 CO_2 排放量达到 32（±2.7）$Gt\ CO_2$，并在 2010~2011 年继续增长了约 3%，在 2011~2012 年增长了 1%~2%（图 2-6）。

人为温室气体排放主要来源于能源和工业的相关行业。2000~2010 年，年度人为温室气体排放总量增长了约 10Gt CO_2-eq。这一增量直接源于能源（47%）、工业（30%）、交通（11%）和建筑（3%）行业。2000 年以来，除农业、林业和其他用地（AFOLU）外，全部行业的温室气体排放量都在增长。根据图 2-7，在 2010 年，能源行业的温室气体排放量占总量的 35%，AFOLU（净排放量）占 24%，工业占 21%，运输业占 14%，建筑业占 6.4%。将电、热生产的温室气体排放分摊到其应用的行业（即间接排放），工业和建筑业在全球温室气体排放量中的占比分别增至 32% 和 18.4%。

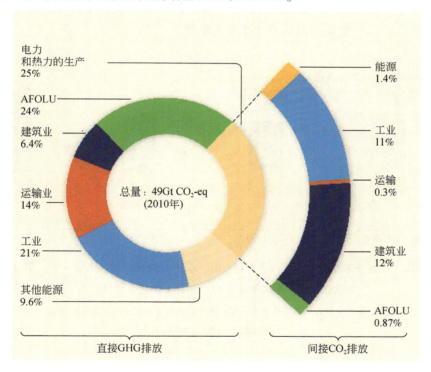

图 2-7　按经济行业划分的 2010 年人为温室气体排放总量

内环表示 2010 年五个经济行业的直接温室气体排放份额（占人为温室气体排放总量的比例）。放大的扇面表示如何将发电和热力的生产的间接 CO_2 排放份额（占人为温室气体排放总量的比例）划归于最终使用能源的行业。其他能源指除发电和产热以外的能源行业内所有的温室气体排放源

资料来源：IPCC，2014b

根据 IPCC 发布的《气候变化与土地特别报告》的最新统计，AFOLU 的温室气体排放仍是人为温室气体排放的一个重要来源。2007～2016 年，AFOLU 活动产生的温室气体占全球人为温室气体净排放总量的 23% [（12.0±2.9）Gt CO_2-eq/a]。其中，AFOLU 的 CO_2 排放量约占全球人类活动产生的 CO_2 排放量的 13%，CH_4 排放量约占 44%，N_2O 排放量约占 81%（IPCC，2019a）。AFOLU 是人为温室气体排放中 CH_4 和 N_2O 排放的主要来源（王强盛，2018；夏龙龙和颜晓元，2020）。如果将全球粮食系统生产前和生产后的相关活动排放包括在内，AFOLU 的人为温室气体排放量在全球人为温室气体净排放总量中的占比将进一步上升。

从全球来看，经济发展和人口增长仍然是推动化石燃料燃烧造成 CO_2 排放增加的两个最重要因素。从图 2-8 可以看出，2000～2010 年化石燃料燃烧引起的 CO_2 排放量中，人口增长的贡献率仍然保持与之前 30 年大致相同的水平，但经济发展的贡献率急剧上升。2000～2010 年，尽管 GDP 能源强度促进人为 CO_2 减排，但经济发展和人口增长引起的 CO_2 排放速度仍然超过了 CO_2 的减排速度，使得人为 CO_2 排放量大幅上升。需要注意的是，各种能源中，煤炭用量的增加逆转了世界能源供应中逐渐实现脱碳的长期趋势，使得能源碳强度引起的 CO_2 变化由以前的减排变为增排。

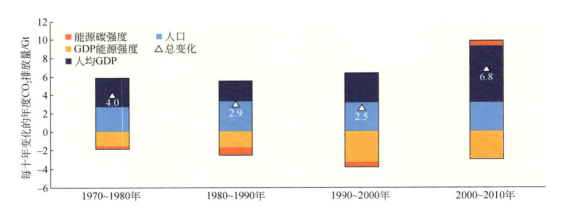

图 2-8　按四个驱动因子（人口、人均 GDP、GDP 能源强度和能源碳强度）划分的
全球化石燃料燃烧年排放 CO_2 总量十年期变化分解图
四个条形分别表示在其他各因子保持不变的条件下与每个因子相关的变化
资料来源：IPCC，2014b

2.3　气候变化的主要国际公约

温室气体继续排放将会造成全球气候系统进一步变暖，并导致全球气候系统每部分发

生长期的改变，进而对人类和生态系统造成严重、普遍和不可逆的影响。为了降低全球气候变化带来的各种风险，减缓和控制气候变化，需要世界各国在适应气候变化的同时，共同大幅度、持续地减少温室气体的排放。

从 20 世纪 80 年代起，全球气候变化问题引起了世界各国的重视，国际社会一直在寻找公平合理地控制温室气体排放、解决气候变化问题的途径，并取得了重要进展。为共同应对气候变化，签署了三个全球国际性协定：《联合国气候变化框架公约》、《京都议定书》和《巴黎协定》。

2.3.1 联合国气候变化框架公约

《联合国气候变化框架公约》（UNFCCC，简称《公约》）是一个国际公约。1992 年 6 月 4 日，《公约》在巴西里约热内卢举行的联合国环境与发展大会上通过。1994 年 3 月 21 日，《公约》生效，地球峰会上其由 150 多个国家和地区以及欧洲经济共同体共同签署。《公约》由序言及 26 条正文组成，具有法律约束力，终极目标是将大气温室气体浓度维持在一个稳定的水平，在该水平上人类活动对气候系统的危险干扰不会发生。《公约》主要内容有：①确立应对气候变化的最终目标；②确立国际合作应对气候变化的基本原则，主要包括共同但有区别的责任原则、公平原则、各自能力原则和可持续发展原则等；③明确发达国家应承担率先减排和向发展中国家提供资金技术支持的义务；④承认发展中国家有消除贫困、发展经济的优先需要。

《公约》第二条规定，"本公约以及缔约方会议可能通过的任何相关法律文书的最终目标是：根据本公约的各项有关规定，将大气中温室气体的浓度稳定在防止气候系统受到危险的人为干扰的水平上。这一水平应当在足以使生态系统能够自然地适应气候变化、确保粮食生产免受威胁并使经济发展能够可持续地进行的时间范围内实现"。《公约》没有对个别缔约方规定具体需承担的义务，也未规定实施机制。从这个意义上说，《公约》缺少法律上的约束力。然而，《公约》规定可在后续从属的议定书中设定强制排放限制。目前为止，主要的议定书为《京都议定书》，后者甚至已经比《公约》更加有名。

为实现上述目标，《公约》确立了五个基本原则：①共同但有区别的责任，要求发达国家缔约方应当率先对付气候变化及其不利影响；②要考虑发展中国家缔约方的具体需要和特殊情况；③各缔约方应当采取预防措施，预测、防止或尽量减少引起气候变化的原因，并缓解其不利影响；④各缔约方有权并且应当促进可持续的发展；⑤各缔约方应当合作促进有利的和开放的国际经济体系，为对付气候变化而采取的措施，包括单方面措施，不应当成为国际贸易上的任意或无理的歧视手段或者隐蔽的限制。

根据共同但有区别的责任原则，《公约》对发达国家和发展中国家规定的义务以及履行义务的程序有所区别，要求发达国家作为温室气体的排放大户，采取具体措施限制温室气体的排放，并向发展中国家提供资金以支付他们履行公约义务所需的费用。而发展中国家只承担提供温室气体源与温室气体汇的国家清单的义务，制定并执行含有关于温室气体源与汇方面措施的方案，不承担有法律约束力的限控义务。《公约》建立了一个向发展中国家提供资金和技术，使其能够履行公约义务的机制。

《公约》是世界上第一个为全面控制 CO_2 等温室气体排放，以应对全球气候变暖给人类经济和社会带来不利影响的国际公约，也是国际社会在对付全球气候变化问题上进行国际合作的一个基本框架。据统计，如今已有 190 多个国家和地区批准了《公约》，这些国家被称为《公约》缔约方。《公约》缔约方做出了许多旨在解决气候变化问题的承诺。每个缔约方都必须定期提交专项报告，其内容必须包含该缔约方的温室气体排放信息，并说明为实施《公约》所执行的计划及具体措施。《公约》奠定了应对气候变化国际合作的法律基础，是具有权威性、普遍性、全面性的国际框架。

2.3.2　京都议定书

《京都议定书》，又译为《京都协议书》或《京都条约》，是《公约》的补充条款，其是 1997 年在日本京都召开的《公约》第三次缔约方大会上通过的，是旨在限制发达国家温室气体排放量以应对全球气候变化的国际法律文书，全称《联合国气候变化框架公约京都议定书》。《京都议定书》规定，"本议定书应在不少于 55 个《公约》缔约方，包括其合计的 CO_2 排放量至少占附件一所列缔约方 1990 年 CO_2 排放总量的 55% 的附件一所列缔约方已经交存其批准、接受、核准或加入的文书之日后第九十天起生效"。这两个条件中，"55 个《公约》缔约方"在 2002 年 5 月 23 日冰岛通过本议定书后首先达到，2004 年 12 月 18 日俄罗斯通过本议定书后达到了"55%"的条件，本议定书在 90 天后于 2005 年 2 月 16 日开始强制生效。

《京都议定书》的签署是为了人类免受气候变暖的威胁。发达国家从 2005 年开始承担减少碳排放量的义务，而发展中国家则从 2012 年开始承担减排义务。规定的减少排放对象涉及 6 种主要温室气体，即 CO_2、CH_4、N_2O、含氢氟烃（HFC）、全氟化碳（PFC）和六氟化硫（SF_6）。

2005 年 2 月 16 日，《京都议定书》正式生效。这是人类历史上首次以法规的形式限制温室气体排放。为了促进各国完成温室气体减排目标，《京都议定书》允许采取以下四种减排方式：①两个发达国家之间可以进行排放额度买卖的"排放权交易"，即难以完成削减任务的国家，可以花钱从超额完成任务的国家买进超出的额度；②以"净排放量"计算温室气体排放量，即从本国实际排放量中扣除森林所吸收的 CO_2 的数量；③可以采用绿色开发机制，促使发达国家和发展中国家共同减排温室气体；④可以采用"集团方式"，即欧盟内部的许多国家可视为一个整体，采取有的国家削减、有的国家增加的方法，在总体上完成减排任务。

《京都议定书》还确立了三项灵活性合作机制，即联合履行机制（JI）、国际排放贸易机制（ET）和清洁发展机制（CDM），其目的是帮助《京都议定书》附录 I 国家降低其减排目标的费用。CDM 还致力于促进发展中国家的可持续发展。虽然本议定书原则上商定了这些所谓的灵活合作机制，但还必须制定出具体操作细则。此外，各缔约方还必须制订《京都议定书》中概述的框架执行体系，并且要在有关土地使用变化和林业、报告责任、发展中国家对气候变化和缓解费用脆弱性等条款上做进一步的工作。

《京都议定书》的生效是人类社会在防范全球气候变暖国际合作中的一个重要里程碑，标志着人类社会应对气候变化的努力进入新阶段。尽管依据共同但有区别的责任原则，《京都议定书》中没有为发展中国家规定具体的减排目标，其生效没有立即给现在的发展中国家带来切实压力，但它对未来发展中国家的影响巨大，需要在工业化发展和温室气体减排之间进行平衡，寻求协调发展的道路。

《京都议定书》于 1997 年 12 月在日本京都通过，2005 年 2 月 16 日开始强制生效，到 2009 年 2 月，一共有 183 个国家和地区通过了该条约（超过全球排放量的 61%），要求发达国家承担量化的减排指标。其目标是"将大气中的温室气体含量稳定在一个适当的水平，进而防止剧烈的气候改变对人类造成伤害"。值得注意的是，美国虽然在《京都议定书》上签字但并未核准，并在之后首先退出了《京都议定书》。2011 年 12 月，加拿大宣布退出《京都议定书》，成为继美国之后第二个签署但后又退出的国家。

美国人口仅占全球人口的 3%~4%，而排放的 CO_2 却占全球排放量的 25% 以上，为全球温室气体排放量最大的国家。美国于 1998 年签署了《京都议定书》，但 2001 年 3 月，布什政府以"减少温室气体排放将会影响美国经济发展"和"发展中国家也应该承担减排和限排温室气体的义务"为借口，宣布拒绝批准《京都议定书》。由于头号排放大国美国拒绝批准，《京都议定书》迟迟不能生效，直到温室气体排放量占全球 17.4% 的俄罗斯批准该协定才使《京都议定书》在 2005 年 2 月正式生效。

《京都议定书》为工业化国家在 2008~2012 年减少其温室气体排放规定了各自具有法律约束力的目标，2008~2012 年温室气体排放总计至少要比 1990 年的水平减少 5%。第二期承诺在 2020 年底到期，目标是发达国家到 2020 年将温室气体排放总量在 1990 年的基础上减少 25%~40%。《京都议定书》第二期承诺的保留意味着《京都议定书》这一法律框架得以延续。多哈气候变化谈判直接关系缔约方的减排责任及权益分配，会议通过"2013 年开始实施《京都议定书》第二期承诺"的决议是各国特别是发展中国家让步的结果。在肯定《京都议定书》第二期承诺对国家发展权保障的正面价值时，应更多地关注其作为利益博弈产物所具有的局限性，其体现为减排承诺国数量减少，减排力度有限，发达国家提供资金、技术支持的政治意愿不足。参加《京都议定书》第二期承诺的发达国家，只剩下欧盟、其他几个欧洲国家和澳大利亚等 30 多个国家和组织，而它们 CO_2 的排放量仅占全球总量的 11% ~ 13%。《京都议定书》的履约情况并不理想，美国、加拿大、日本、俄罗斯等国先后退出，更让《京都议定书》的未来变得扑朔迷离（段晓男等，2016）。过低的减排参与比例直接影响到《京都议定书》第二期承诺在温室气体减排方面的实际效果。从某种意义上讲，多哈世界气候变化大会关于《京都议定书》第二期承诺达成协议的形式意义大于实质意义（曾文革和周钰颖，2013；朱秋沅，2020）。

2.3.3　巴黎协定

《巴黎协定》是 2015 年 12 月 12 日在巴黎召开的缔约方会议第二十一届会议（联合国气候变化大会）上通过的，并于 2016 年 4 月 22 日在纽约签署的气候变化协定，是人类历史上应对气候变化的第三个里程碑式的国际法律文本，于 2016 年生效，进一步明确了全球绿色低碳发展的大方向和 2020 年后全球气候治理的相关制度框架。《巴黎协定》长期目标是将 21 世纪全球平均气温上升幅度控制在 2℃ 以内，并努力将温度上升幅度限制在 1.5℃ 以内。《巴黎协定》是一项遏制气候变化、限制未来温室气体排放的国际协议，具有重要意义。

2015 年 12 月，《联合国气候变化框架公约》近 200 个缔约方在巴黎联合国气候变化大会上达成《巴黎协定》，它是继《京都议定书》后第二份有法律约束力的气候协议，为 2020 年后全球应对气候变化行动做出了安排。2016 年 4 月 22 日，170 多个国家领导人齐聚纽约联合国总部，共同签署气候变化问题《巴黎协定》，承诺将 21 世纪全球气温升高幅度控制在 2℃ 以内。国际社会强有力的支持不仅证明了对气候变化采取行动的紧迫性，还显示出各国政府一致认为应对气候变化需要强有力的国际合作。潘基文呼吁各国政府及社会各界全面执行《巴黎协定》，立即采取行动减少温室气体排放，增强对气候变化的应对能力。联合国气候变化大会组委会在摩洛哥城市马拉喀什发布新闻公报，庆祝《巴黎协定》生效，强调这是人类历史上一个值得庆祝的日子，也是一个正视现实和面向未来的时刻，需要全世界坚定信念完成使命。

2018 年 4 月 30 日，《联合国气候变化框架公约》框架下的新一轮气候谈判在德国波恩开幕。缔约方代表将就进一步制定实施气候变化《巴黎协定》的相关准则展开谈判。

2018 年 12 月 15 日，联合国气候变化卡托维兹大会顺利闭幕。大会如期完成了《巴黎协定》实施细则谈判，通过了一系列全面、平衡、有力度的成果，全面落实了《巴黎协定》各项条款要求，体现了公平、共同但有区别的责任和各自能力原则，考虑到不同国情，符合国家自主决定安排，体现了行动和支持相匹配的特征，为协定实施奠定了制度和规则基础。《巴黎协定》实施细则为各方履行《巴黎协定》提供了明确指导，2020年各缔约方将正式开始实施《巴黎协定》。根据协议规定，各缔约方将以"自主贡献"的方式参与全球应对气候变化行动。发达国家缔约方带头实行量化减排，并为发展中国家缔约方提供资金、技术和能力支持，帮助后者减缓和适应气候变化。

《巴黎协定》是继 1992 年《联合国气候变化框架公约》、1997 年《京都议定书》之后，人类历史上应对气候变化的第三个里程碑式的国际法律文本，形成 2020 年后的全球气候治理格局。

《巴黎协定》中明确了全球共同追求的"硬指标"。协定指出，各方将加强对气候变化威胁的全球应对，把全球平均气温较工业化前水平升高控制在 2℃ 之内，并为把升温控制在 1.5℃ 之内的目标努力。只有全球尽快实现温室气体排放达到峰值，21 世纪下半叶实现温室气体净零排放，才能降低气候变化给地球带来的生态风险以及给人类带来的生存危机，将世界所有国家都纳入呵护地球生态、确保人类发展的命运共同体当中。

《巴黎协定》协定要求建立针对国家自定贡献（INDC）机制、资金机制、可持续性机制（市场机制）等的完整、透明的运作和公开透明机制以促进其执行。推动各缔约方以"自主贡献"的方式参与全球应对气候变化行动，积极向绿色可持续的增长方式转型；通过市场和非市场双重手段，推动所有缔约方共同履行减排义务，进一步加强《联合国气候变化框架公约》全面、有效和持续的实施。所有国家（包括欧美、中印）都将遵循"衡量、报告和核实"的同一体系，但会根据发展中国家的能力问题提供一定的灵活性。

《巴黎协定》获得了所有缔约方的一致认可，充分体现了联合国框架下各方的诉求，是一个非常平衡的协定。欧美等发达国家缔约方继续率先减排并开展绝对量化减排，为发展中国家缔约方提供资金支持；中印等发展中国家缔约方应该根据自身情况提高减排目标，逐步实现绝对减排或者限排目标；最不发达国家缔约方和小岛屿发展中国家缔约方可编制与通报反映它们特殊情况的关于温室气体排放发展的战略、计划和行动。《巴黎协定》体现共同但有区别的责任原则，同时根据各自的国情和能力自主行动，采取非侵入、非对抗模式的评价机制，是一份让所有缔约方达成共识且都能参与的协定，有助于国际（双边、多边机制）合作和全球应对气候变化意识的培养。

《巴黎协定》确立了一种全缔约方参与，以"自主贡献+审评"为中心，全面涉及减缓、适应及其支持的全球应对气候变化新模式。这一模式在继承《联合国气候变化框架公约》原则的基础上，明确了发达国家缔约方和发展中国家缔约方各自的责任，通过各缔约方"自主贡献"的方式充分动员所有缔约方采取应对气候变化行动，促进可持续发展。《巴黎协定》体现了激励、透明、非对抗、非惩罚性的特点，标志着全球气候治理进入新的发展阶段，传递出全球推动实现绿色低碳、气候适应型和可持续发展的强有力信号（巢清尘等，2016）。需要特别指出的是，2020 年的 11 月 4 日，作为温室气体主要排放国之一的美国正式退出《巴黎协定》，成为迄今为止唯一退出《巴黎协定》的缔约方。国内成本与国际收益的长期不对称，是美国意欲退出并要求重启《巴黎协定》谈判的深层次原因（周亚敏和王金波，2018）。2021 年 1 月 20 日，美国总统拜登签署行政令，扭转特朗普政府退出 2015 年旨在限制全球暖化及减少温室气体排放的《巴黎协定》格局。随着美国的重新加入，占全球2/3 的温室气体排放缔约方已经承诺将达成碳中和目标。

科学研究表明，即使全球采取减排行动，目前的气候变暖也不会停止或逆转，只能减缓变化的速度，以允许生态系统和人类社会有更多的时间去适应全球气候的变化。目前全球气候治理除积极采取温室气体的减排行动外，也应该积极采取多种应对气候影响的措施，特别是重视构建全球气候变化早期预警和防御系统，以确保在气候变化影响下仍然可以促进国家的可持续发展、保障国家及公众的生命和财产安全（丁一汇，2020）。

2.4　气候变化的综合评估模型

气候模型是地球气候系统中重要过程的数字化表征。为了预估气候变化，实现人为温室气体的减排、减缓和适应气候变化，需要考虑不同等级的气候模型结果，不仅需要单纯理想化的模型和中等复杂的模型，还需要综合性大气环流模型（GCM）、模拟碳循环的 ESM 和预估气候变化影响的 IAM。

IAM 起源于 20 世纪 60 年代对全球环境问题的研究。为了解决全球环境问题，必须综合从自然科学到社会人文科学广泛学科的科学见解，系统地阐明问题的基本结构和解决方法，为此引进了综合评估的政策评价过程，并开发了作为核心工具的跨多学科的大规模仿真模型，这种模型称为 IAM（森田恒幸等，1997；魏一鸣等，2013）。目前，IAM 已是评价气候政策最主流的分析工具。

IAM 是基于建模系统物理特性而进行输入条件假设的计算模型。应用相关学科中被证明合理的尺度转化方案、非线性无量纲化和参数化方案以及专家模型，IAM 可基本上描绘整个系统的关键动力学过程并生成相互关联的连续图像。IAM 通常建立在成本-效益分析的基础上，通过引入气候变化的减排成本函数和损失函数，以及最大化贴现后的社会福利函数，从而得到最优的减排成本路径。尽管 IAM 无法进行较为精确的预测，但可预估不同（或若干组）综合假设条件［又称情景（Scenario）下气候变化可能产生的影响］，为各种层次上的相关决策提供支撑。IAM 的优势就在于它能计算不同外部假设条件下多个因子同时相互作用时的结果（张雪芹和葛全胜，1999）。通过总结 29 个气候变化综合评估模型，魏一鸣等（2013）发现 IAM 在对气候政策进行评估时一般包括六个步骤：①对未来的温室气体（或 CO_2 当量）排放在基准情景（BAU）以及各种可能的减排情景下进行预测，得出未来的温室气体浓度；②由温室气体浓度变化得出全球或区域的平均温度变化；③评估温度升高带来的 GDP 和收入损失；④评估温室气体减排成本；⑤根据社会效用和时间偏好假设评估减排效益；⑥比较分析减排带来的损失和减排带来的未来效益增加（图 2-9）。

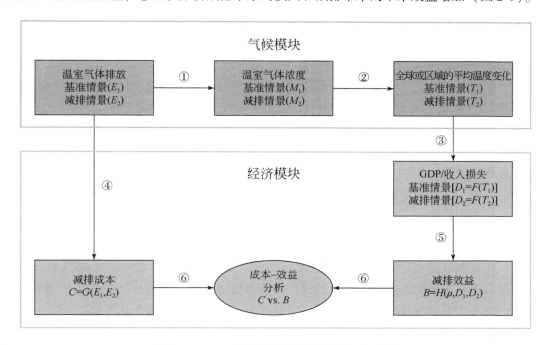

图 2-9　IAM 对气候政策进行评估的六个步骤

E、M、T、C、D、B 和 ρ 分别表示温室气体排放、温室气体浓度、全球温度、减排成本、GDP/收入损失、
减排效益和时间偏好率。F、G 和 H 分别表示损失函数、减排成本函数和社会福利函数

资料来源：魏一鸣等，2013

　　魏一鸣等（2013）认为 IAM 按其模型方法可分为最优化模型、可计算一般均衡（CGE）模型和模拟模型。最优化模型按其目标函数可以分为福利最大化模型和成本最小化模型。CGE 模型以微观经济主体的优化行为为基础，以宏观与微观变量之间的连接关系为纽带，以经济系统整体为分析对象，能够描述多个市场及其行为主体间的相互作用，可以估计政策变化所带来的各种直接影响和间接影响，这些特点使 CGE 模型在气候政策分析中迅速发展，并得到了广泛的应用与认同。模拟模型通过外生的排放参数决定了未来每个时期可用于生产的碳排放量，因此气候结果不受经济模块的影响。模拟模型主要是评估在未来各种可能的排放情景下的社会成本。

　　气候变化的不确定性是气候变化综合评估模型的一个巨大挑战，尤其是它导致了气候政策的成本和收益的不确定性（魏一鸣等，2013）。从前面的论述中可知，推动人为温室气体排放变化的关键因素有经济和人口的增长、人类生活方式和行为的变化、使用能源和土地的相关变化以及技术和气候政策，这些因素本质上都是具有不确定性的，这也给情景模拟中的长期预估增加了不确定性。IPCC 第四次评估报告（AR 4）发布以来，模拟大陆尺度地表温度、大规模降水、季风、北极海冰、海水热含量、部分极端活动、碳循环、大气化学和气溶胶、平流层臭氧效应以及厄尔尼诺−南方涛动（ENSO）等方面的气候模型取得了显著进步，这使得气候变化综合评估模型实验和研究结果能更加完整、严谨地描述长期预估中的不确定性。

基于温室气体、空气污染物排放和用地形式等资料，利用单纯理想化实验到 IAM 等一系列方法，IPCC 第五次评估报告（AR 5）模拟了全球温室气体不同的排放情景。AR 5 中使用的标准情景称为典型浓度路径（RCP）。RCP 描述了 21 世纪四种不同路径下温室气体排放 [图 2-10（a）]、大气浓度、空气污染物排放和土地利用的情况。RCP 已经得到了进一步发展完善，可以将 IAM 作为众多气候模型模拟的输入，并进而预估这些模拟对气候系统造成的影响。这些气候预估结果继而被用来进行影响和适应性评估。RCP 中的情景和评估特定浓度路径减排成本的情景是一致的，但情景覆盖范围更广。RCP 包含了四种不同的情景：一个严格减排情景（RCP 2.6）、两个中级情景（RCP 4.5 和 RCP 6.0），以及一个高温室气体排放情景（RCP 8.5）。需要指出的是，四种情景均是假设未来的气候变化完全是由过去以及未来的人为排放和自然气候变率造成的，而不考虑意外的事件和变化（如重大火山喷发、温室气体自然来源的重大变化或太阳总辐射的意外变化等）。

相对于 1986~2005 年，21 世纪晚期（2081~2100 年）RCP 4.5、RCP 6.0 和 RCP 8.5 情景均预估全球地表温度变化可能超过 1.5℃。其中 RCP 6.0 和 RCP 8.5 情景下全球地表升温有可能超过 2℃，在 RCP 4.5 情景下升温多半可能超过 2℃，但在 RCP 2.6 情景下升温不可能超过 2℃ [表 2-1，图 2-10（b）]。

四类 RCP 情景中全球地表升温速率存在明显的区域性特征，北极地区的平均变暖速率将继续高于全球平均变暖速率。陆地的平均变暖速率将高于海洋平均变暖速率，也高于全球平均变暖速率。随着全球地表平均温度上升，大部分陆地地区逐日和季节时间尺度上发生高温极端事件的频率将增高，而发生低温极端事件的频率将下降。

在 21 世纪不断变暖的过程中，全球水循环响应气候变暖而产生的变化将是不均匀的，尽管有可能出现区域异常情况，但潮湿和干旱地区之间、雨季和旱季之间的降水对比度会更强烈。在 RCP 8.5 情景下，21 世纪末高纬度地区和太平洋赤道地区的年平均降水有可能增加，很多中纬度地区和亚热带干燥地区的年平均降水有可能减少，而很多中纬度湿润地区的年平均降水有可能增加。随着全球平均地表温度的上升，中纬度大部分陆地地区和湿润的热带地区的极端降水很可能强度加大、频率增高。

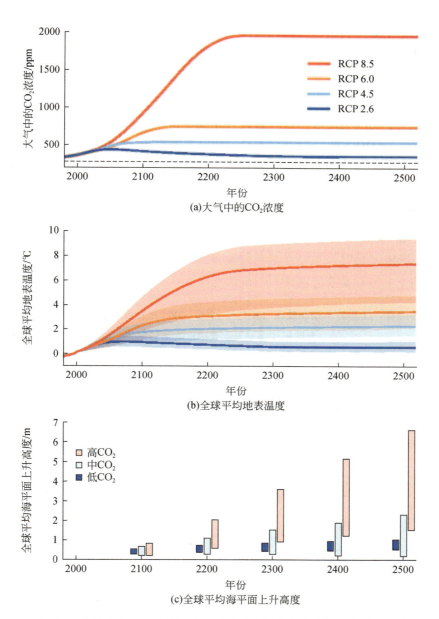

(a)大气中的CO_2浓度

(b)全球平均地表温度

(c)全球平均海平面上升高度

图 2-10　大气中的 CO_2 浓度、全球平均地表温度和全球平均海平面上升
高度的预估变化

（c）中根据 2100 年温室气体浓度将海平面变化预估结果分为三类（低：浓度达到峰值后降低并保持在
500ppm 以下，如 RCP 2.6 情景；中：浓度为 500～700ppm，包括 RCP 4.5 情景；高：浓度为 700～
1500ppm，如 RCP 6.0 情景和 RCP 8.5 情景）

资料来源：IPCC，2014b

在所有 RCP 情景下，全球范围内受季风系统影响的地区可能增加，季风降水可能增强，区域范围内与 ENSO 相关的降水变率将可能加强。

21 世纪全球海洋将继续变暖，预估海洋增暖最强的区域将出现在热带和北半球副热带地区的海洋表面，深海区增暖最为明显的是南大洋。大西洋经向翻转环流（AMOC）在 21 世纪将会减弱，而减弱的最佳估计值在 RCP 2.6 情景下为 11%，在 RCP 8.5 情景下为 34%。尽管如此，AMOC 在 21 世纪将不会发生突变或崩溃。

对于所有 RCP 情景，北极海冰面积预估全年都会减少。在 RCP 8.5 情景下，21 世纪中叶前，9 月可能出现北冰洋几乎无冰的情况。

进入 21 世纪后，全球平均海平面继续上升 [图 2-1（c），表 2-1]。自 AR 4 以来，人们在海平面变化的理解和预估方面取得了重大的进展。在所有 RCP 情景下，海平面上升的速率将很可能超过 1971~2010 年观测的速率（2.0mm/a）；在 RCP 8.5 情景下，2081~2100 年海平面上升速率甚至可达到 8~16mm/a。

表 2-1　21 世纪中期和晚期（相对于 1986~2005 年）全球平均地表温度与
全球平均海平面上升幅度的预估变化

项目	情景	2046~2065 年		2081~2100 年	
		平均值	可能的区间	平均值	可能的区间
全球平均地表温度变化/℃	RCP 2.6	1.0	0.4~1.6	1.0	0.3~1.7
	RCP 4.5	1.4	0.9~2.0	1.8	1.1~2.6
	RCP 6.0	1.3	0.8~1.8	2.2	1.4~3.1
	RCP 8.5	2.0	1.4~2.6	3.7	2.6~4.8
全球平均海平面上升幅度/m	RCP 2.6	0.24	0.17~0.32	0.40	0.26~0.55
	RCP 4.5	0.26	0.19~0.33	0.47	0.32~0.63
	RCP 6.0	0.25	0.18~0.32	0.48	0.33~0.63
	RCP 8.5	0.30	0.22~0.38	0.63	0.45~0.82

资料来源：IPCC，2014b。

海平面上升在各区域不具有一致性。到 21 世纪末，超过 95% 的海洋区域海平面很可能会上升。海平面的上升取决于 CO_2 排放选取的路径，而不仅仅取决于 CO_2 的累计总量；对于同样的 CO_2 累计总量，减排越早，海平面上升幅度的减缓程度越大。到 21 世纪末，全世界大约 70% 的海岸线预估发生海平面变化，全球平均海平面变化幅度在 ±20% 以内，且一些地区未来海平面极端事件的发生率将大幅增加。

在所有 RCP 情景下，到 2100 年海洋将继续吸收人为 CO_2 排放，浓度路径越高，吸收量越大。

根据模拟，气候变化和碳循环之间的反馈作用将会加剧全球变暖。大气中 CO_2 的增加会造成陆地和海洋碳汇的增加，但全球变暖会在一定程度上减弱陆地和海洋碳汇的增加，这样使得更高比例人为排放的 CO_2 留在大气中，进而加剧全球变暖。同时，受全球海洋表面增暖的影响，海洋中溶解的氧含量在 21 世纪末会有一定程度的下降，这主要发生在中纬度海域的海洋表面。

模拟结果显示，在所有 RCP 情景下，21 世纪末全球海洋酸化都将比现在严重，但在 RCP 2.6 情景下，到 21 世纪中叶之后全球海洋酸化将会缓慢恢复。在 21 世纪末，四种 RCP 情景下全球海洋表层的平均 pH 均会下降，在 RCP 2.6 情景下平均 pH 的下降（上升）区间为 0.06～0.07（15%～17%），在 RCP 4.5 情景下为 0.14～0.15（38%～41%），在 RCP 6.0 情景下为 0.20～0.21（58%～62%），在 RCP 8.5 情景下甚至达到 0.30～0.32（100%～109%）。

IPCC 在 2019 年发布的《气候变化中的海洋和冰冻圈特别报告》中对不同情景下全球表面平均气温、全球海洋平均高度、全球海洋表面平均温度、海洋表面 pH 和海洋溶解氧含量的预估变化进行了更新（IPCC，2019b），如表 2-2 所示。到 21 世纪末，在 RCP 8.5 情景下，全球海洋平均升高幅度较 AR 5 有了较大的变化，这主要是由于预估中南极冰盖的贡献增大了。与 AR 5 相比，不同情景下其他要素的变化相对较小。

表 2-2　21 世纪近期和 21 世纪末（相对于 1986～2005 年）不同情景下全球表面平均气温、全球海洋平均高度、全球海洋表面平均温度、海洋表面 pH 和海洋溶解氧含量的预估变化

	情景	21 世纪近期：2031～2050 年		21 世纪末：2081～2100 年	
		平均值	范围（5%～95%）	平均值	范围（5%～95%）
全球表面平均气温变化/℃	RCP 2.6	0.9	0.5～1.1	1	0.3～1.7
	RCP 4.5	1.1	0.7～1.5	1.8	1.0～2.6
	RCP 6.0	1	0.5～1.4	2.3	1.4～3.2
	RCP 8.5	1.4	0.9～1.8	3.7	2.6～4.8
全球海洋平均高度变化/m	RCP 2.6	0.17	0.12～0.22	0.39	0.26～0.53
	RCP 4.5	0.18	0.13～0.23	0.49	0.34～0.64
	RCP 6.0	—	—	—	—
	RCP 8.5	0.20	0.15～0.26	0.71	0.51～0.92
全球海洋表面平均温度变化/℃	RCP 2.6	0.64	0.33～0.96	0.73	0.2～1.27
	RCP 8.5	0.95	0.60～1.29	2.58	1.64～3.51
海洋表面 pH 变化	RCP 2.6	−0.072	−0.072～−0.072	−0.065	−0.065～−0.066
	RCP 8.5	−0.108	−0.106～−0.110	−0.315	−0.313～−0.317
海洋（100～600m）溶解氧含量变化/%	RCP 2.6	−0.9	−0.3～−1.5	−0.6	0.0～−1.2
	RCP 8.5	−1.4	−1.0～−1.8	−3.9	−2.9～−5.0

资料来源：IPCC，2019b。

人类即使现在停止排放温室气体，气候变化的很多方面及其相关影响也仍然会延续多个世纪。升温的程度越高，气候突变和不可逆的风险会越大。

在除 RCP 2.6 外的所有 RCP 情景下（RCP 4.5、RCP 6.0、RCP 8.5），2100 年后变暖仍将继续。人为 CO_2 净排放完全停止后，地表升高后的温度仍然会维持多个世纪保持不变。就多个世纪至千年时间尺度而言，由 CO_2 排放导致的人为气候变化的很大部分是不可逆转的。

全球地表平均温度进入稳定状态并不意味着气候系统的所有组分都稳定了。迁移的生物群落、再平衡的土壤碳、冰盖、海洋温度及相关的海平面上升都具有固有的漫长时间尺度，这会导致在全球地表温度稳定后的几百年乃至几千年全球气候仍然持续发生变化。

如果持续排放 CO_2，海洋酸化将持续几个世纪，这将严重影响海洋生态系统，升高的极端温度将会加剧这一影响。全球平均海平面上升也将会在 2100 年后持续多个世纪。分析表明，在 RCP 2.6 情景下，温室气体浓度在达到峰值后会下降并保持在 500ppm CO_2-eq 以下，与工业化开始前的海平面高度相比，2300 年海平面上升高度将小于 1m，其他情景下的海平面上升高度将会大大增加，而且全球气候模式对南极冰盖融化导致的海平面上升高度可能还存在一定程度的低估。

冰盖的持续损失会使海平面更大程度的上升，有些冰盖损失是不可逆的。可以肯定的是，当全球增暖高于某一阈值时，会导致一千多年或更长时间后格陵兰岛冰盖几乎完全消失，使全球平均海平面上升 7m。

在 RCP 4.5、RCP 6.0 和 RCP 8.5 情景下，21 世纪气候变化的幅度和速率可对海洋、陆地与淡水生态系统（含湿地）及温水珊瑚礁产生重大影响，可使其组成、结构和功能在区域尺度上发生突然、不可逆的变化。

多年冻土的面积会随着全球温度的持续上升而不断减少，且多年冻土区域会逐渐由碳汇转变为碳源（CO_2 和 CH_4）。

如果不对温室气体减排做出更多的努力，即使采取适应措施，到 21 世纪末变暖仍将导致全球出现严重、广泛和不可逆的高风险问题。在没有更多减排行动的情况下，预估 2100 年的全球平均地表温度与工业化开始前水平相比将高出 3.7~4.8℃，这将对特殊的和脆弱的系统造成严重而广泛的影响，会导致大量物种的灭绝，会使全球和区域粮食安全出现很大风险，以及引起人类活动范围受限、适应潜力受限。当温度高于工业化之前水平 2℃时，一些气候变化的风险就只会处于中等或较高水平。全球地表平均温度上升的幅度主要取决于温室气体的累积排放量。在未来几十年显著减少温室气体排放将有效限制 21 世纪下半叶及之后的变暖，从而显著降低气候变化的风险。在 2100 年，若能够实现大约 450ppm CO_2-eq 或者更低浓度的情景，将有可能使 21 世纪的温度上升控制在不超过工业化开始前水平 2℃。若到 2100 年时，CO_2 当量浓度低于 430ppm，这种情景下全球表面温度会在 21 世纪达到峰值，继而下降，21 世纪末的温度上升将很可能不超过工业化开始前水平 1.5℃。

与升温 2℃相比，将全球升温限制在 1.5℃将减小海洋温度的升幅和海洋酸度的上升以及减少海洋含氧量的下降。因此，将全球升温限制在 1.5℃可降低全球气候变化对海洋生物多样性、渔业、生态系统及其功能以及服务人类等方面的风险，降低全球升温对人类健康、生计、粮食安全、水供应、人类安全和经济增长的风险（IPCC，2018）。值得一提的是，中国气候变化综合评估模型近几年也有了快速发展。董文杰等（2016）对国家重点研发计划项目"气候变化经济影响综合评估模式研究"中关于地球系统模式与综合评估模型双向耦合及应用的相关问题进行了分析说明。杨世莉等（2019）对地球系统模式与综合评估模型双向耦合的必要性和存在的问题进行了深入的探讨。2018 年底，魏一鸣领衔的国家重点研发计划项目"气候变化经济影响综合评估模式研究"解决了地球系统模式与综合评估模型双向耦合的问题。通过与国家气候中心、国家信息中心、中国科学院上海高等研究院、清华大学、北京大学等多家单位联合攻关，该项目开发了中国气候变化综合评估模型，实现了海–陆–气–冰–生多圈层耦合的地球系统模式与社会经济系统的双向耦合，在复杂动态系统的未来可能发展状态下评估气候政策的影响。该模型包括全球多区域经济最优增长模型、全球能源与环境政策分析模型、中国多区域能源与环境政策分析模型、北京气候中心气候系统模型、生态和土地利用模型、国家能源技术模型和气候变化损失模型七个子系统。中国气候变化综合评估模型系统平台基于模型的应用开发，能够模拟不同发展路径下气候变化可能产生的影响，是动态可视化的建模工具，具有广泛的适用性。研究结果可为国家制定减缓和适应气候变化政策、参与国际气候谈判和全球气候治理提供科学支持及决策支撑。

第 3 章 气候变化对经济系统影响的过程机理及其评估方法

世界经济本身是一个复杂的系统，各国经济也构成各自复杂的系统。以变暖为主要特征的气候变化对世界及各国的社会经济系统都会产生不同程度的影响。气候变化对经济系统的影响包括直接影响和间接影响两方面。在全球变暖的大背景下，气候变化的直接影响是地表温度变化，地表温度变化一般表现为日变化、季节性变化、年际变化；气候变化是年代际尺度的气温变化，直接影响冰冻圈、海平面、水资源、陆面状况、生态系统、微生物、人体健康七个领域；几乎觉察不到日变化、季节性变化、年际变化，而呈现出年代际变化的事物才是受气候变化影响的事物；由于时间尺度不匹配，气候变化对经济系统的直接影响微乎其微。就间接影响而言，气候变化导致的极端气候事件加剧和人类为应对与适应气候变化的积极响应，对经济系统的影响则要显著得多（丑洁明等，2016）。探讨气候变化与经济系统之间的关系，特别是气候变化对社会经济的影响，必须首先探讨气候变化影响经济系统的机理和途径，构建定量评价气候变化影响经济系统的评估模型。新构建的经济–气候模型和气候变化影响量模型（YICC 模型）是一个成功的探索。

3.1　气候–经济关系

人类是自然进化的产物，气候是人类赖以生存和发展的地球系统中的重要因素。人类社会的生产生活离不开气候这个自然条件。气候对人类社会的影响自古有之，而气候变化带来的影响却是近代工业革命后才产生的。《联合国气候变化框架公约》指出，气候变化是指"除在类似时期内所观测的气候的自然变异之外，由于直接或间接的人类活动改变了地球大气的组成而造成的变化"。IPCC 是 WMO 及联合国环境规划署（UNEP）于 1988 年联合建立的政府间机构。IPCC 评估报告中的气候变化是指在全球范围内，气候平均状态在统计学意义上的巨大改变或者持续较长一段时间（典型的为十年或更长）的气候变动（IPCC，2014）。观测发现，1880～2012 年全球平均气温上升了 0.85℃，而人类活动极有可能是引发 150 年以来全球变暖的主要因素（IPCC，2013）。气候变化概念的指向是由于人类活动排放过量的温室气体、气溶胶等，大气中温室气体浓度过高，从而在全球平均气温的基础上产生了以增温为主要特征的全球范围的气候变化现象。

探讨气候与经济的关系已经进入气候学、社会学等交叉科学的领域。从气候学的角度思考，气候与气候变化不仅是科学问题，也是环境、社会、经济和政治问题（丑洁明等，2004）。人们应当采取怎样的行动和措施以适应气候变化，趋利避害，对这个不甚清楚的问题，需要进行专门的研究。对于气候的预测，只有能导致人们行为有所改变的行为才会对社会有实质性的贡献。显然，这种预测应该并且必然地改变人们的一些行为。如果预测之后，人们的行为没有任何变化，那么对这一预测的投入就是无效的，其投入–产出之比就是0。然而，根据预测，人们的行为应如何改变，不再只是自然科学问题，其已经扩展到社会科学领域。从经济学的角度思考，人类的生产活动无不受到气候条件的影响和制约，而人类也在认识气候条件的基础上，相应地改变着自己的行为，适应气候和气候的变化；此外，经济学理论有助于对气候变暖问题的理解和相关政策的制定。例如，全球平均地表气温的上升通常是由某些国家过度排放温室气体造成的，但其影响却因跨越了国境而波及其他国家，而这一问题正是经济学中外部性效应的延伸；气候本身属于典型的全球公共物品，如何提供这类物品同时阻止"搭便车"行为就成为亟待解决的问题（丑洁明等，2004）。

人类一切的经济行为和经济活动都是在气候环境条件下进行与完成的，气候与经济存在着密切的联系。在全球气候变暖的背景下，气候的影响是全面的、巨大的，但它作为人类孕育和发展的自然资源，早已为人类所适应，也无所谓正负；而气候变化可能带来的全方位、多尺度和多层次的影响，既包括正面效应，又包括负面效应，其负面效应甚至可能危及人类未来的生存与发展。气候变化会不同程度地影响全球各地区社会经济的方方面面，如主要农作物及畜牧业的生产、主要江河流域的水资源供给、沿海经济开发区的发展、人类居住环境与人类健康以及能源需求等（丑洁明等，2016）。

本节主要从气候变化的经济学特征和气候变化与农业经济的关系两方面阐述气候与经济的关系，为研究气候变化对经济系统的影响提供思路。

3.1.1 气候变化的经济学特征

首先，气候变化具有外部性特征。大气环境是一个公共物品，不属于哪一个国家或者私人所有，也就不可能参与交易或者具有价格（Ciscar et al.，2011）。一方面，一个人或集体无论是否付出代价，都可以享受公共产品带来的福利；另一方面，无论个人或集体是否享受公共产品带来的福利，都不会影响其他个人或集体同样享受这种福利。市场不会自动地提供正确类型和数量的公共物品，这是因为在没有政府政策影响的情况下，私人投资者很少或者根本不会去关注大气环境（谢怀筑和于李娜，2010）。于是它的相关物品和服务的市场情况不能反映对大气的不同消费与投资的后果。许多经济行为或经济活动会导致温室气体的排放，进而温度升高，造成全球及后代的成本增加。温室气体排放者虽然导致了气候变化的加剧，但是没有受到任何经济利益的刺激而减少气候排放，也不需要为自己行为的后果负责。IPCC 第五次评估报告显示，1951～2010 年观测到的全球地表平均气温上升的一半以上极可能是由人为增加的温室气体浓度和其他人为强迫共同造成的。其中，人为温室气体排放总量增长主要直接源于能源、工业、运输和建筑业，并且建筑业和工业对间接排放量的贡献也有所提升。在这种情况下，人为导致的气候变化就是一个外部性物品，除政策影响外，不受任何机构或市场的影响。因此，气候变化是一个有关外部性和公共物品市场失灵的例子。

其次，气候变化具有全球性特征。气候系统变暖是毋庸置疑的，由于人类的经济活动和人口增长，温室气体排放量持续增加。经济发展和人口增长是推动化石燃料燃烧造成全球 CO_2 排放增加的两个最重要因素，1970～2010 年化石燃料燃烧和工业过程的 CO_2 排放量约占温室气体总排放增量的 78%。1880～2012 年地球表面温度升高了 0.85℃，主要是由温室气体浓度的人为增加和其他人为强迫共同导致的。因此，不同国家排放到大气中的人为温室气体增量不同甚至持续升高，并且大气是无国界和不受人为控制的，这导致全球的气候系统变暖，没有任何一个国家会不受影响。由于大气环境是一种外部性物品，无论温室气体浓度在大气层中某一点有所上升，这种上升都会在全球扩散开，由此带来的各种全球变暖的后果也将波及地球上的各个国家。也就是说，由一些国家过量排放温室气体造成的气候变暖会影响那些未过量排放温室气体的国家。由于气候变化，极地地区的冰川都在持续融化和退缩，影响其下游的径流和水资源。气候变化正在造成高纬度地区和高海拔地区的多年冻土层变暖与融化。1990～2003 年世界发达经济体和国家（澳大利亚、加拿大、智利、欧盟、冰岛、以色列、日本、韩国、墨西哥、挪威、新西兰、瑞士、土耳其和美国）的 CO_2 排放量高于其他国家（图 3-1），发达经济体和国家排放大量 CO_2 到大气中，必然会使得气候系统持续变暖。气候变暖所带来的海洋酸化、旱涝等极端天气和气候事件频繁发生、冰川大量融化、海平面上升、细菌病毒繁衍等后果不仅会影响自身，必然还会波及其他国家。这就是气候变化的全球性特征所表现出的现象。

最后，气候变化与国际公平和代际公平有关。由于节能减排的成本和技术要求较高，一些发展中国家为了保障经济发展未能达到低碳发展的标准，大量排放温室气体会在未来几十年导致全球温度升高，但是由此带来的经济损失却是全球性的，这对现在就已着手于 CO_2 减量化发展的部分国家是不公平的。当前的全球变暖主要来自近 100 年工业化发展造成的大量碳排放，这部分温室气体主要来自欧美发达国家和地区快速发展过程中的大量碳排放，然而当这些国家经济达到发达水平时却要求发展中国家和他们一样采取成本高昂的低碳减排的发展模式，这对发展中国家的发展权也是不公平的。此外，由上一代人甚至上几代人造成的全球变暖后果要由我们这一代人来承担，而如果我们这一代人在明知后

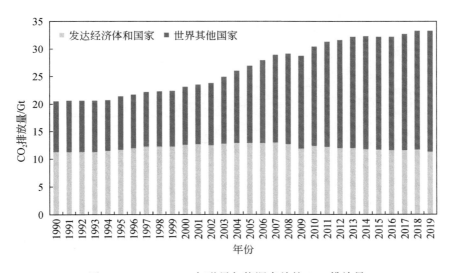

图 3-1　1990～2019 年世界与能源有关的 CO_2 排放量

资料来源：国际能源署（IEA），https：//www.iea.org/t_ c/termsandconditions/

果的情况下还继续面对气候变化情况采取不作为措施，那么更为严重的后果将要由我们的子孙后代承担，这对我们的后代也是不公平的。

3.1.2　气候变化与农业经济关系

气候与各行业、各部门间的经济具有密切的联系，农业作为国民经济重要产业之一，是自然再生产和社会再生产重合的产业部门，是以农作物生长发育为基础的。光、热、水和土壤等资源要素是决定农业生产的基本自然要素，因此农业尤其是粮食生产对气候变化非常敏感。气候变化，无论是变暖还是变冷以及温室气体浓度变化，都将直接导致辐射、光照、热量、温度、湿度、风速等气候要素时空格局发生变化，从而对农业生产形成全方位、多层次的影响。农业作为我国的主要行业，农作物产量受气候变化影响导致的粮食安全问题日益突出，2030 年我国粮食生产将存在 7%～8% 的缺口（王铮和郑一萍，2011）。因此，本节以农业经济为例，着重分析气候变化与农业经济的关系，以能更好地理解气候与经济的关系。

气候与农业经济的相互作用关系是气候变化对农业发展影响的经济评价的重要组成部分。只有厘清两者之间存在如何的相互关系，才能系统科学地分析气候变化对农业经济产生怎样的影响。从当代农业经济学研究对象的角度思考，两者的相互关系包括以下几对主要关系：全球气候变化与农业部门经济增长的关系、全球气候变化与农业资源合理配置的关系，以及在全球气候变化影响下农业部门与其他经济部门之间的协调和发展的关系（图 3-2）。

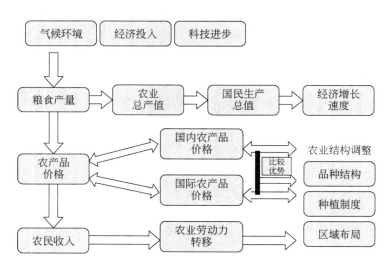

图 3-2 简化的气候变化与农业经济的关系

资料来源：丑洁明等，2004

从农业生态系统角度而言，温室效应可能有三个方面的影响：第一，大气中 CO_2 浓度的升高可能直接影响农作物和杂草的生长速率；第二，CO_2 引起的气候变暖可能改变温度、降水、日照分布和土壤湿度变化，并影响植物和动物的生产能力；第三，气候变暖引起的海平面上升使沿海农田被淹没和毁坏，并使沿海地区地下水含盐量增加。显然，这三方面的综合影响必将引起农业生态系统的改变。

从经济学视角看，自然生态因素的变化只是问题的一方面，而经济要研究的是"生产什么、怎样生产以及为谁生产"的问题。也就是研究有限的资源怎样合理地、有效地配置，怎样调整资源配置以增进公平和效率，并使两者协调。农业的发展当然是以此为研究对象和目标。例如，当前我国农业可持续发展非常重要的一个表现就是我国经济和人文因素发生了巨大的变化，农业面临着新的矛盾与问题。农村、农民和农业发展不平衡，农产品销路不畅、价格下跌，农民收入增加日益困难。我国农业生产究竟是"供需平衡、丰年有余"，还是生产能力已进入供过于求的时代，这已成为制定农业发展战略不能回避的问题。然而，关于全球变化对农业影响的研究若只限于自然约束与影响，未考虑社会经济因子的反应和互动，现实意义就不强。研究得出的结果难以面对中国农业的实际发展，亦难做出指导。

3.2 气候变化对经济系统的影响

气候变化及其影响是当今世界面临的最大环境问题。以变暖为主要特征的气候变化对世界各国的社会经济系统都会有不同程度的影响。1991～2000 年，气象灾害造成全球财产损失达 500 亿～1000 亿美元/a，21 世纪该数字将达到 3000 多亿美元/a（秦大河，2004）。中国作为发展中的大国，气候变化给其经济带来的影响不容忽视。Fankhauser（1995）计算出气候变化对中国社会经济系统的影响达到国内生产总值（GDP）的 4.7%；罗慧等（2010）利用带一阶自回归变量模型分析得到中国 1984～2006 年的 GDP 对气象条件变化的敏感性影响约为 12.36%。预计到 2050 年，中国人均 GDP 约为 1 万美元，总人口为 15.4 亿～15.8 亿人，气候变化对中国经济的影响将更为严峻（林而达等，2006）。目前国际上关于气候变化对社会经济影响的研究，主要包括两部分内容：一部分是市场损失（Adams et al.，1988；Mendelsohn，2000），另一部分是非市场损失，如对社会公平、生态服务功能的影响等（Nordhaus，2007a，b，c；Weitzman，2007）。多数研究表明，气候变化对社会经济的总体影响是负面的，但气候变化影响范围界定的不同使研究结果存在较大差异（如对人类生命、生态环境的影响是否纳入考虑），全球每年 GDP 损失从 0.5% 浮动到 20%（Stern，2007）。国内一些学者针对气候变化经济学理论做了归纳，已有研究成果主要围绕气候变化的外部性、贴现率与代际公平、国际合作与博弈开展（王军，2008；刘昌义和潘家华，2012），但多数是对国际文献的总结。一些研究指出气候变化给我国的经济、社会及可持续发展带来挑战（叶笃正等，2007；丁仲礼等，2009）；我国在应对气候变化、温室气体减排方面面临很大的经济成本，碳减排将给中国经济增长带来较大的负面影响，低碳经济、绿色发展是中国经济的必由之路，应着力构建具有中国特色的低碳经济模式（潘家华等，2007；丑洁明等，2011）。一些研究侧重于具体领域，如减排政策，特别是开征碳税政策后的经济影响、中国区域产业结构调整政策措施对区域减排影响（刘卫东等，2010）。

本节主要介绍气候变化影响经济系统的三条途径，以及气候变化对中国经济系统的影响状况。

3.2.1 气候变化对经济系统的影响途径

目前，关于气候变化对经济系统影响的途径，尚未达成一致认识。气候变化对经济系统的影响，是气候变化影响研究中的重要领域和主要环节，它取决于气候变化本身及经济系统的性质。探讨气候变化对经济系统的影响，揭示气候变化对经济系统影响的机理和途径，科学测定和预估气候变化影响量，可以为更好地应对气候变化问题提供科学支持和政策建议。

准确地把握气候变化对经济系统的影响，需要找到这种影响的途径，并全方位、多层次、多尺度地计算各种各样的气候变化影响量。在研究气候变化对经济系统的影响时，人们所选择的时间区段和空间范围，一般都是根据自己的研究兴趣、研究需要和可能条件等诸多因素共同决定的。每个经济系统的本征时空决定了人们研究它所需要的最短研究周期以及所涉及的空间范围，只有符合这种时空尺度，才能真正揭示气候变化影响经济系统的实际情况和规律，使得研究工作具有科学意义。例如，如果试图用几天、几年的时间，或者一个城市、一个地区的资料系列，来研究全球变暖对经济系统的影响，就误用了全球变暖的时空尺度，难以得出有价值的结论。又如，用全球变暖的时间尺度（几十年甚至上百年的气候指标及变化趋势）来揭示某个微观经济系统所受影响的程度和规律，则不符合这个经济系统本身所具有的特征时间尺度和特征空间尺度，也很难得到理想的结果。

丑洁明等（2011）在研究气候变化对中国粮食产量影响的经济评价时提出了"气候变化产量"的概念，以区别于"气象产量"；并进一步提出"气候变化影响量"，用其表征年代际时间尺度的影响量，以区别于年际时间尺度的影响，从而构建了定量评估气候变化影响经济产出的方法。对于粮食生产这个独立的经济系统而言，气候因子的年际变化影响远大于其年代际变化的影响，但定量分析粮食生产的气候变化影响量需要与以年代际计量的气候变化时间尺度相匹配才有可能得出比较合理的结论。由此引申出一个认识，这种气候变化对经济系统影响的研究必须考虑气候变化与经济系统的特征时空尺度相匹配的问题。在这种认识的基础上，笔者从直接影响和间接影响两个层次上讨论气候变化对经济系统影响的途径，发现直接表现全球变暖的地表温度变化，对经济系统的影响十分微弱；气候变化导致的间接影响，即极端气候事件加剧和人类为应对与适应气候变化的积极响应，对经济系统会产生显著影响。

在全球变暖的大背景下，气候变化的直接影响是地表温度变化，地表温度变化一般表现为日变化、季节性变化和年际变化；气候变化是年代际尺度的气温变化，直接影响冰冻圈、海平面、水资源、陆面状况、生态系统、微生物、人体健康七个领域；几乎觉察不到日变化、季节性变化和年际变化，而呈现出年代际变化的事物才是受气候变化直接影响的事物；由于时间尺度不匹配，气候变化对经济系统的直接影响微乎其微；就间接影响而言，气候变化导致的极端气候事件加剧和人类为应对与适应气候变化的积极响应，对经济系统的影响则要显著得多（图3-3）。因此，可以总结出气候变化对经济系统的影响途径主要有三个。

影响途径一是气候变化导致地表温度升高，从而对经济系统产生影响。全球变暖的直

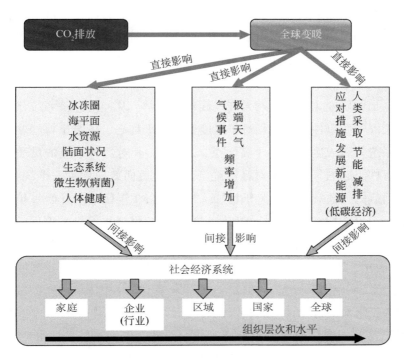

图 3-3 气候变化影响经济系统的途径示意图

资料来源：丑洁明等，2016

接表现是地表温度升高，它直接作用于地圈和生物圈，而对经济系统的影响并不显著。气候变化对经济系统的影响，是全球变暖直接影响冰冻圈、海平面、水资源、陆面状况、生态系统、微生物和人体健康七个领域，然后通过对这七个领域的影响间接地影响各经济系统。从对生物圈及其影响来说，对于全球气候变暖、大气成分变化、土地覆盖变化等，10～100 年的时间尺度尤为重要，但气候变化漫长的时间尺度对日新月异的现代人类经济系统而言，其直接影响和影响的敏感度几乎是没有意义的。各层次经济系统受气候变化影响的时间尺度大于等于其特征尺度时间范围才有意义。现实的各个层次经济系统的特征时间尺度基本都小于或等于年际温敏度（表示对气温变率的时间尺度的敏感时间尺度）变率，因此很可能不会受到全球变暖的直接影响。例如，对于企业经营、行业运行、区域经济发展等，从气温变化影响的角度来看，它们主要受气温日变化、季节性变化或年际变化的影响，一般不受全球变暖时间尺度上的温度变化的影响。我国每五年制定一个五年计划，同时还制定十年发展规划。不难发现这两种时间尺度的应用范围，五年计划适用于特征尺度小于五年的经济系统活动，十年发展规划适用于特征尺度小于十年的经济系统活动，从当今全球范围而言这已经属于比较长时间尺度的经济规划，但仍与年代际的全球变暖时间尺度不匹配。全球经济系统的时间尺度应该更长一些，可它需要世界各国步调一致，按照全球经济一体化和多样化的要求，实现无冲突和可持续发展，就目前情况而言，形成全球经济发展规划遥遥无期。显然，由于经济系统周期变化的时间尺度和全球变暖表现的时间尺度不匹配，全球变化对经济系统的直接影响非常小，温敏度几乎不敏感，经济系统几乎不受全球变化的直接影响。

影响途径二是气候变化导致极端天气气候事件加剧，从而对经济系统产生影响。全球变暖导致极端天气气候事件增多，相对于温度升高的平均态，极端事件经常会对经济、社会和自然生态系统等造成更大影响（高学杰，2007），其对经济系统的负面效应可能更为明显。由极端事件引起的气象灾害对社会经济造成的负面效应增加。据统计，自1949年以来极端事件引起的气象灾害损失趋于增加，20世纪90年代中期开始每年的损失接近或超过2000万亿元，其中1998年受长江和嫩江流域持续强降水等极端事件的影响，中国气象灾害损失了3000万亿元，2008年中国南方地区持续的低温雨雪冰冻事件造成的损失也超过了3000万亿元，2010年受舟曲突发强降水影响引起的泥石流滑坡事件等造成的损失达到5000万亿元（翟盘茂和刘静，2012）。预计未来100年中国境内的极端天气气候事件发生的频率增大，将对经济社会发展和人们的生活产生很大影响（IPCC，2013）。

影响途径三是气候变化引起人类响应，从而对社会经济系统产生影响。全球变暖引起国际社会的积极响应，应对与适应气候变化、减缓 CO_2 排放的各种措施直接作用于经济系统，影响十分显著。气候变暖需要很大的适应代价，将使发展面临越来越严峻的挑战。能源，特别是化石能源的生产、消耗及由此引发的污染物排放，涉及经济系统的各个环节。大气中日益增多的 CO_2 主要源自人类在工业、交通和建筑三个领域的能源消费。能源需求与宏观经济的最终使用（即消费、投资和出口）密切相关，同时也与耗能的相关技术、管理水平和生活习惯存在一定程度的关联。对未来减排潜力的估算大多从产业结构、工业技术、能源结构、建筑、交通、生活方式及生态系统七方面进行阐述。在这些领域投资增加、成本加大、节能减排、防灾减灾，乃至能源革命，将对经济系统的运转和改善产生巨大的影响。气候变化将引领全球经济向低碳经济转变，而向低碳经济转变的过程将带来新的财源，并将开辟新的市场。由于全球气候变化主要是由人为大量排放温室气体引起的，解决气候变化问题的根本措施自然就是减少人为温室气体排放，或增加碳吸收、碳埋存。在过去二十多年，国际社会持续开展了诸多积极行动，包括由联合国组织谈判制定《联合国气候变化框架公约》、区域间政府组织制定温室气体减排的国际政策、民间组织合作研究等，如《京都议定书》的生效、欧洲温室气体排放贸易体系的建立、《中美气候变化联合声明》的发布，都为开展碳交易、减排技术合作不断开辟道路。气候变化政策有助于克服外部性，根除低效率。从企业角度而言，实施气候变化政策使得人们开始注意节约资金机会；而从国民经济角度而言，气候变化政策是一种宏观调控工具，可以改革低效的能源体制，取消产生扭曲作用的能源补贴。此外，气候变化政策有助于减少空气污染导致的疾病和死亡,从而保护森林、保护生物多样性,并有利于减少温室气体排放的总经济成本。

3.2.2　气候变化对中国经济的影响

在复杂且严峻的全球气候变暖背景下,中国作为世界第二大经济体,气候变化对中国经济系统的影响不容忽视。中国地表年平均气温总体增加但时空分布极不均匀,其中北方地区的增温幅度大于南方地区,内陆地区大于沿海地区;年平均降水量变化比气温变化更为复杂,西部和华南地区年平均降水量增加,西北中部、青藏高原西南部、华中至华北和东北中部地区年平均降水量减少;极端气候事件主要表现为北方干旱、江淮流域洪涝、沿海热带气旋频发,并且这种趋势日益明显(王英等,2006;翟盘茂和邹旭恺,2005)。未来,中国年平均气温和年平均降水量的变化将更加突出,与 1961~1990 年年平均气温相比,2100 年将增加 1.3~8.9℃,变暖幅度由南向北增加;不少地区年平均降水量出现上升趋势,但华北和东北南部地区仍存在缺水现象(秦大河,2003;罗勇等,2005)。根据我国气候变化特征,目前气候变化对我国经济影响的研究主要侧重两方面:一是气候变化对经济系统总的影响存在不利性,即从全球角度考虑不利影响会更加不利,有利影响会由于气候变化进一步加剧变得不利(Tol et al.,2000);二是气候变化对经济系统不同尺度的影响存在不均匀分布性,这表现为气候变化影响依据时间、区域的不同而产生差异(Tol et al.,2002)。表 3-1 总结了前人的主要工作成果,包括气候变化对我国不同地区现有影响的评估和未来趋势的预估结果(《第二次气候变化国家评估报告》张建波和田琪,2005;Moseley,2006;Zhou et al.,2007;时小军等,2008;张强等,2008;程琨等,2011;编写委员会,2011;吕军等,2011;潘根兴等,2011)。

表 3-1　气候变化对中国经济系统影响的区域特征

地区	影响
华北	水资源短缺、供求不足,工业用水比例增加 12%,海河流域地表径流 1980~2000 年比 1956~1979 年减少 41%;农业产量与种植布局明显北移,冬小麦种植北界北移 30~50km;年受灾面积维持在 530 万 hm² 左右,年损失值为数百亿元。预计未来一定程度增温利于农业生产,但是作物在 20 世纪末普遍减产;生态系统将退化甚至消失,森林生态系统结构发生变化
东北	作物生产条件发生改变,近十多年来,水稻向北扩张,种植北界北移了 4°,2004 年玉米和大豆单产相对 1978 年而言,分别增长了 1.1 倍和 1.7 倍;病虫灾害和旱灾不利农业生产;生态环境恶化,1995~2003 年牧草地总面积持续减少约 254.05 万 hm²。未来干旱化加剧,水资源需求更加紧张,气候变暖导致作物生产潜力和品质下降、新的病虫害发病概率增大等问题

地区	影响
华东	近30年农业旱灾面积波动较大，占播种面积的比例为3%～14%，农业水灾面积呈递增趋势，波动范围为2.5%～9%；1949～2006年的年均粮食减产率波动范围为1.05%～2.51%。基础设施受损严重，2005年"麦莎"台风导致1.5万间房屋倒塌，直接经济损失达13.4亿元。未来降水增加，洪涝增多，由此导致的各类传染性疾病可能增多，能源需求更加紧张，出现百年一遇甚至千年一遇洪水的可能性加大
华中	近30年农业减产率范围为2.08%～2.51%；洪涝灾害严峻，2002年全区受灾面积直接经济损失占全国洪涝灾害损失的32%；湿地面积减少，湖北省湖泊面积和湿地面积近50年分别减少84%和40%。血吸虫病害占全国的85%左右。预计未来高温热浪天气频率和强度加大，涝旱交替频繁，后60年洪涝灾害频率明显增大；湿地物种资源减少，生物多样性降低；血吸虫病害由于"退田还湖"等政策出现一定程度的加重
华南	海平面上升加速，高出近30年来平均上升速率1.3mm/a，海岸生态系统严重退化，海南东寨港红树林面积锐减49%，珊瑚礁破坏率达80%；珠江三角洲（简称珠三角）城市群热岛强度呈逐年增强趋势，大于等于35℃的高温日数年均在30天以上，导致人员伤亡和气象灾害频发。预计2100年海平面上升0.6～0.74m，珠三角经济发展严重受损；水资源供需严重失衡，各种传染疾病肆虐；红树林北界北移，珊瑚白化范围扩大
西南	干旱、洪涝频发，程度加重，2006年四川省受干旱影响造成的经济损失为79.6亿元；物种减少，林线海拔大约每年上移8.5m，石漠化山区森林覆盖率不及10%。预计未来山地灾害活动强度、规模、频率和范围将加大，损失更为严重；2050年的经济损失将达到20世纪80年代的8倍；生物多样性受气候变化影响，大熊猫栖息地向西北方向转移
西北	近50年灌养气候产量提高10%～20%，雨养产量减少10%～20%；畜牧业发展受益；土地沙漠化整体得到遏制，但是局部地区呈加重趋势，西北东部植被面积减少约4.77%。未来降水增多，但仍缺水；2030年前，年缺水量约为200亿m³；2050年后，农牧交错带边缘和绿洲边缘沙漠土地面积有所增加。半干旱地区潜在沙漠化趋势增大，单位草地生产力最大可能增加13%～23%。主要造林物种北移，森林虫害程度加重

资料来源：丑洁明等，2016。

3.3　气候变化对经济系统影响的定量评估方法

以变暖为主要特征的气候变化对世界各国的社会经济系统都会有不同程度的影响。中国作为发展中的大国，气候变化给其经济带来的影响不容忽视。目前，国内外研究气候变化经济影响的方法众多，研究思路大多是从单个区域和单个部门向多区域与多部门发展。Adams等（1995）基于成本效益法分析了美国农业的气候经济影响情况，这种方法既无法反映其他部门受气候变化的影响，也无法体现农业与其他行业间的联系。Nordhaus（1995）和Fankhauser（1994）尝试将不同地区和领域采用一定的模型与方法计算气候变化带来的经济损失，通过一定的集合方法进行综合，得到气候变化给全球带来的整体经济影响，基本上常用的方法有简单求和、算术平均和加权平均三种，此类研究方法在一定程度上反映了多区域多部门的气候对经济的综合影响情况，但是仍然没有体现经济系统的整体性和各个子系统之间的相互作用，也没有反映经济系统的运行机理。Mendelsohn 等（2000）利用综合评估模型的思想对气候变化的经济影响进行分析与评估；CGE 模型是目前国外进行综合评估较为常见的经济模型，Berrittella 等（2006）利用 CGE 模型对世界不同经济区域的旅游业和人类健康进行了综合分析，这一模型也能将不同经济区域和部门的相互作用结合起来，反映一个相对动态的结果；Bosello 等（2012）将局部均衡模型与 CGE 模型进行综合，既反映了气候变化对社会经济的影响，同时也表现出一定的适应措施带来的经济应对状况。这种动态的综合评估模型是目前国际发展的趋势，Hassler 和 Krusell（2012）利用综合评估模型对世界多区域模式进行了经济评估，但只是对化石燃料交易市场进行动态分析，这种市场的不完备性并不能完全地模拟市场的真实变化情况。因此，气候变化经济影响评估的经济系统复杂性既是这一领域发展完善的限制，又是方法不断改进的动力，全球研究趋势正向着动态的、长期的经济评估模型的设定与开发前进。

相对国外综合评估模型的发展，我国研究气候变化经济影响的方法稍显不足。李克让和陈育峰（1999）总结了 21 世纪之前国内研究中气候变化经济影响的方法，其主要包括实验室、农田和野外观测试验，冰芯、树木年轮和历史文献方法，数值模型研究等，这些方法基本是基于自然机理与自然现象进行气候变化的经济评估，几乎没有考虑气候变化所导致的经济系统和经济市场的作用情况。自 21 世纪以来，这方面的研究得到了我国研究者的更多重视。陈迎（2000）利用统计方法对能源需求的影响进行分析，研究发现该方法直接从经济数据出发，通过不同数据之间的关系探讨气候变化的经济作用情况，但仍然不能反映经济系统的变化机理。张永勤和缪启龙（2001）通过经济学领域的投入–产出模型分析气候对区域经济的影响，这是均衡分析的一种，为一般均衡分析在我国的发展奠定了基础。我国学者对 CGE 模型的研究也有一定的进展，王灿（2003）基于动态 CGE 模型对我国政策进行了模拟分析，但是利用此模型分析气候变化对我国经济损失影响的评估工作还处在理论研究阶段，相对于国外而言还存在一段距离。丑洁明等（2004）为我国气候变化经济评估提供了一种新思路，利用改进的经济–气候模型分析了气候变化对我国粮食产量的经济影响，并且从理论上确认这一模型对其他领域和部门的适用性，自此，这一模型在研究领域的变更与扩充、研究要素的复杂化和研究方法的精准化上得到了比较快速的发展，并广泛地应用到我国各经济部门和区域。

本节主要基于综合评估方法和经济评估方法总结定量评估气候变化对经济系统的影响模型方法，以能更好地为评估工作奠定方法理论基础。

3.3.1 评估影响的综合方法

目前，评估影响比较简单的方式就是对比历史、问卷调查、查阅文献等非模型基础的研究方法，这些方法相对简单易上手，数据直接，在一定范围内现实性较强，具有直观意义；但是主观性比较大，前期需要很多准备工作，且结果不一定准确。而模型分析法虽然研究起来较难，不易实现，但这类方法种类繁多、选择性较强、评估精度高，因而更多的研究都尽可能利用可生成的模型进行影响分析。在基于模型定量分析气候变化经济影响时，研究者站在不同的学科角度、利用不同的知识方法探究了全球气候变化对经济系统造成的影响，具体可分为如表 3-2 所示的三种模型评估方法（丑洁明等，2006；杜文献，2011；汤小橹等，2008；王灿等，2003；王新华等，2011；温美丽等，2005；赵俊芳等，2010；Adams et al.，1995）。从强调气候变化对社会经济系统的影响评估方面而言，这不仅是一个多学科综合的复杂评价问题，更是一个经济问题，研究者需站在经济学的角度开展这种经济机理的分析，从而了解气候变化影响经济系统的什么方面，以及如何影响经济活动和经济部门的市场分配等。同时，对于前两种方法的探究，目前很多气象学家已经开展了很多工作，所得到的结果也比较成熟。然而，由于自然科学家建立的模型没有考虑经济现实的影响因子和互动因素，而经济学家在分析经济问题时又鲜少考虑气候变化的影响，因此总结这一研究领域已经开展的工作，对之后进一步深入研究和拓展研究起到至关重要的作用，这也是本研究基于经济学角度研究并总结气候变化影响及方法的根本意义所在。

表 3-2　气候变化对经济系统影响的模型评估方法比较

方法	原理	优点	缺点
经验统计模型	按照最小误差原则，进行数理分析，不考虑过程机理	输入参数少，相对简单，易操作	无法反映气候变化经济影响的内在机制；基于当前气候条件建立的经验模型研究未来变化情况的外推可信度低；区分气候变化和非气候变化的经济影响的难度大
自然机理模型	模拟气候变化对经济系统造成影响的自然过程	基于自然科学试验、模型和数据，反映自然机理过程	输入参数多，数据获取困难；结果受参数和模型限制；不考虑经济行为；评估经济系统整体的影响时，没有考虑部门间的相互作用
经济机理模型	真实反映气候变化带来的经济行为的变化	从经济的角度分析气候变化的经济影响，反映经济行为变化机制	输入、输出参数多；理论本身反映现实经济行为的能力受限

资料来源：丑洁明等，2016。

3.3.2 评估影响的经济方法

与经验统计模型和自然机理模型不同，经济机理模型是通过真实地反映气候变化对整个经济系统包括经济活动和部门的影响，从经济学的角度来看，体现整个经济系统受气候变化影响的运作情况。目前最常用的经济机理模型包括成本效益法、生产函数法和均衡分析法。

1. 成本效益法

成本效益法的理论基础主要是所谓的"帕累托潜在改善"经济理论。该理论认为，任何项目或政策，如果其整体增加的效益能够补偿总的成本或损失，那么就认为该项目或政策的实施在经济上是有效益的（Tobey，1992）。气候变化对经济系统的影响有正有负，因此对经济影响进行成本效益分析理论上是可行的。杜文献（2011）基于李嘉图模型视角对整个区域农业生态系统的效益进行了度量。然而，从我国目前研究情况来看，气候变化经济效益评价这一思路在国内并不成熟。秦大河（2004）指出，气候变化对我国经济系统可能存在负面影响，同时这一方面的影响评价多是气候变化的损失评估，多数学者忽略了气候变化可能带来的正面效益。相反，陈迎（2000）提出成本效益分析可作为对气候变化进行损失评估、适应分析和减排成本分析之后的综合评估方法。

2. 生产函数法

生产函数是指在一定时期内，在技术水平不变的情况下，生产中所使用的各种生产要素的数量与所能生产的最大产量之间的关系。学者多用到的生产函数是由美国数学家 Cobb 和经济学家 Douglas 根据 1899～1922 年的工业统计资料提出的柯布-道格拉斯生产函数（简称 C-D 生产函数），它是唯一能使均方估计误差达到最小的生产函数（成邦文等，2001）。目前人们对 C-D 模型的研究十分关注，也取得了很大的进展，丑洁明等（2006）率先构建了一个经济-气候新模型（简称 C-D-C 模型）；将干旱指数作为气候因子加入 C-D 模型中，并将之应用到粮食生产中。之后，丑洁明等（2011）进一步引入"气候变化影响量"概念，就未来气候变化对经济产出的影响给予了定量的评估。有学者在此基础上对其进行了改进，扩大了 C-D-C 模型的应用范围。Chou 等（2021）、Xu 等（2021）又利用多种气候要素（如气温、降水量和日照时数等）构建了一个综合气候因子（CCF），并替代单个气候因子引入 C-D-C 模型，来评价中国粮食主产区近 35 年气候变化对不同作物（如水稻、玉米、小麦等）单产的影响。

3. 均衡分析法

这种方法的思想是生产者根据利润最大化或成本最小化原则，在技术约束下，进行最优投入决策，确定最优的供给产量；消费者根据效用最大化原则，在预算约束条件下，进行最优支出决策，确定最优的需求量；均衡价格使最优供给量与需求量相等，资源得到最合理的使用，消费者得到最大的满足，经济达到稳定的均衡状态（王灿等，2003）。通常，均衡分为局部均衡与一般均衡。局部均衡分析是假定在其他条件不变的情况下分析某一时间、某一市场的某种商品（或生产要素）供给与需求达到均衡时的价格如何被决定。一般均衡法在分析某种商品的价格如何被决定时，在各种商品和生产要素的供给、需求、价格相互影响的条件下分析所有商品和生产要素的供给和需求同时达到均衡时所有商品的价格如何被决定。局部均衡法虽然局限于某一个部门的供需平衡，但是它也可以用于反映整个经济系统的状况，Tol 等（2000）就是利用这种方法，使用荟萃分析对一个国家或地区的综合影响进行了评估。陈迎（2000）认为这种利用局部均衡反映整个经济系统状况的方法无法考虑到各部门之间的相互作用，且无法反映整个经济部门的市场运作，一般均衡法则弥补了这一不足。常用的一般均衡法有投入产出（IO）模型和 CGE 模型。

3.4 经济系统对气候变化的响应

全球气候变化是人类迄今面临的最大的环境问题，人们已切身感受到冰川融化、干旱蔓延、作物生产力下降、动植物行为发生变异等气候变化带来的影响。全球气候变化已对全球社会经济系统产生明显的影响，并将继续造成深远而巨大的影响，其中不少影响是负面的或不利的。全球气候变化将使人类面临前所未有的严峻挑战。本节将从经济系统的三大产业角度分别介绍其对气候变化的响应情况。

3.4.1 第一产业对气候变化的响应

中国是一个具有悠久农耕历史的农业大国，地处季风气候区，天气、气候条件年际变化很大，气象灾害发生频繁，农业受气候变化与气象灾害影响剧烈；同时，中国农业生产基础设施薄弱，抗御自然灾害能力较差，使得中国成为世界上受气象灾害影响最为严重的国家之一。过去 60 年，我国耕地和粮食生产重心向西北偏移，全国主要作物的平均生育期延长了 6.6 天（唐国平等，2000）；2007 年低温冻害和雪灾带来的直接经济损失达到186.5 亿元（刘彦随等，2010）。粮食主产北区 1981～2015 年生长期气候偏暖，可能会延长作物生长季,有利于粮食作物(如玉米)的生产;气候变暖使得北区(如黑龙江)的热量条件有所改善,减少低温冷害发生,利于保持粮食作物高产或稳产;北区作物生长季的降水相对全国而言处于缺水状态,但山东降水量每 10 年上升 31.64mm,可能会有利于山东粮食作物的生态补水和生长发育;粮食主产南区降水多呈上升趋势(如江苏、安徽、江西、湖南),若降水过多可能会使南区的水稻等粮食作物缺氧甚至淹死(Chou et al.,2019a)。CO_2 浓度倍增情景下,中国作物全年生长季延长了 8 ~ 32 天(宁金花和申双和,2009),2050 年中国一熟制区的面积将由当前的 62.3% 缩小到 39.2%,三熟制区的面积将由当前的 13.5% 扩大到 35.9%,二熟制区的面积基本不变;主要作物的平均产量将可能减少 5% ~ 10%(张厚瑄,2000)。

森林作为我国林业的主体,也受到气候变化的影响。气候变化会影响森林生态系统(尤其是高纬度的寒温带森林)的结构、组成、功能和生产力,也将威胁退化森林生态系统的恢复和重建等(朱建华等,2007)。受气候变化影响,我国森林分布北移,林线海拔上升,春季物候整体上提前,在区域上呈现北方提前、南方推迟趋势;同时病虫危害加重,20 世纪 90 年代以来,全国森林病虫害年均发生面积相当于年均人工造林面积的80%。研究表明,温度每上升 1℃,平均物候提前 3.5 天;CO_2 浓度倍增时,林业生产力上升 12% ~ 35%(朱建华等,2009)。据估计,红树林综合价值为 1 万元/($hm^2 \cdot a$),全球红树林每年的综合价值可达到 16 亿美元;我国红树林受气候变化影响退缩严重,温度每上升 2℃,红树林北移 2.5°,未来直接经济损失不小(龚婕等,2009)。

CH_4 和 N_2O 作为温室气体,是造成全球气候变化的重要因素,其主要是由人类的农业生产活动产生的,其中畜牧业所占份额不小。我国 90% 的草地产量变化由降水量变化造成,北方草场退化后的产草量减少 50% ~ 60%(赵艳霞和裘国旺,2001),草地质量也会下降,20 世纪 90 年代青藏高原牧草高度相比 80 年代末下降了 30% ~ 50%(张秀云等,2007);CO_2 浓度倍增时,年平均温度上升 4℃,降水量增加 15%,改良牧场的干草产量约增加 2/3,未改良的增加 50%。

3.4.2 第二产业对气候变化的响应

能源需求和温室气体排放情景已经成为未来温室气体减排政策制定的重要研究议题。气候变化使得社会经济的各个领域包括人民生活等对能源的需求发生了显著的变化。20 世纪 80 年代中期以来,温度变化对我国北方冬季采暖需求变化的影响随纬度增加而减少,需求变率范围为 10% ~ 20%,东部采暖需求大于西部,中国取暖区南界北移,110°E 以东地区北移达到 2°;夏季降温耗能变率整体上北方大于南方;电力负荷随气温增加而敏感性上升。未来,2030 年能源需求相比 2005 年增加 1.4 倍,2050 年增加

1.9 倍；2031~2040 年南方地区水库上游流域降水减少可能使水库发电能力受到影响（姜克隽等，2008）。

从世界发达国家的经济发展轨迹以及我国改革开放 40 多年经济建设经验看，制造业的发展在国民经济建设中扮演着举足轻重的角色。研究发现，气候变化非平均态带来的短期影响强于平均态引起的长期影响。孙宁等（2008）以南京为例，利用协整方程和变参数模型分析得到气候变暖与制造业产出的关系，发现气候变化的产出弹性为 0.15，占 GDP 的 7.65%，并且产出弹性有下降趋势，未来气候变暖对制造业的负面效应较大。

气候变化对交通运输有着直接的影响。高温、热浪、干旱、海平面上升，强降雨、暴雪、冰冻、强热带风暴、雷暴及沙尘暴等极端气候事件导致洪水、滑坡、泥石流、雪崩等自然灾害，对公路、铁路、航海和航空的正常运行造成极大影响，对交通运输的设备、地面设施造成不同程度的损坏（李克平和王元丰，2010）。1963 年海河流域暴雨洪水导致铁路被冲毁 822 处，中断行车 2108h，公路被淹没 6700km，桥梁损坏 112 座；20 世纪 90 年代以后交通运输气候灾害更为严重，1991 年江淮地区特大洪水使得 65 条铁路干线、支线发生水害，断道 356 次，中断行车 13000h 以上，直接经济损失为 12.76 亿元（张清和黄朝迎，1998）。预计未来气候变化、强降水引起的洪涝、泥石流灾害可能更加频繁，公路交通基础设施可能受到更大破坏，灾害性天气增加交通事故发生的频率，河流水位降低增加内河运输成本，台风等极端天气增加海运危险，大雾降低能见度而贻误航班、增加运输成本等。

3.4.3　第三产业对气候变化的响应

保险业作为分散风险、补偿损失的重要行业，最先受到全球气候变化的巨大冲击与影响（刘颖和周延，2009）。气候变化造成的全球经济损失从 20 世纪 50 年代的 39 亿美元/a 增加到 90 年代的 400 亿美元/a，发展中国家的经济损失约占 1/4；同期入保部分也从每年几乎为 0 增加到 92 亿美元/a。1985~1999 年财产/意外事件保险费和天气有关的损失比例降低了 3 倍。气候变化可能增加风险评估中保险精算的不确定性，导致成本增加，发展中国家金融服务扩展减速，减弱保险业对各种突发事件的保障作用，增加社会对政府赔偿金额的需求，公平与发展的矛盾将会越来越突出。

旅游业是严重依赖自然环境和气候条件的产业，受气候变化的负面影响仅次于农业。气候变化带来的代价和风险相当于每年至少损失全球 GDP 的 5%，我国旅游业受气候变化影响的损失占 GDP 的 4%，影响旅游资源、旅游流、旅客安全及决策、旅游经济。1998 年特大洪灾使我国入境旅游损失了 29.9 万人次；2008 年初冰雪灾害造成旅游直接经济损失约 69.7 亿元（刘亚玲，2011）。到 2030 年气候变化对旅游业的负面影响将更为突出：气候变化引起的自然灾害不确定性增大，冲击旅游业发展；未来 50 年旅游资源将受到气候变化的不利影响，观赏价值降低，旅游者在气候条件下的暴露程度高，受气候变化影响的风险增高，东中西部地区旅游业的风险也将增大（吴普，2009）。

3.5　探索新的经济–气候模型评估气候变化的影响

中国是一个农业大国，有着悠久的农耕历史。中国农业生产基础设施薄弱，抗灾能力差，使中国受全球气候变化的严重影响。农业是一个深受气候变化影响的敏感行业，而中国农业生产由于分布广、类型多而更容易受到气候变化的影响，进而影响到农业经济的稳定发展。为此，迫切需要弄清楚已经发生的全球气候变化对中国农业的影响，以及未来全球气候变化可能对中国农业的影响，探讨中国农业生产趋利避害的适应措施，提出今后要重点加强的研究领域，为在全球气候气候变化背景下保障中国粮食安全和提高农业防灾减灾能力提供决策依据。

评价和估算气候变化对农业经济的影响，既要考虑生产者又要考虑消费者。经济影响评估一般要考虑变化条件对生产、消费、收入、GDP、就业及农户价值的潜在影响。这些可能仅仅是反映社会经济状况的一部分指标，然而根据生产和消费理论，并不是所有社会系统都可以用经济模型进行很恰当的表达，特别是不能完全照搬国外的经济模型模拟中国的社会经济影响。目前国外有几种经济模型已应用于气候变化影响研究，包括农户、地区和国家水平的数学项目模式，以及地区、国家、国际水平的计量经济学模式。有些气候变化影响研究采用现成的经济模型，这样相对容易也经济。但现有的经济模型大多没有考虑气候的长期变化及其预测结果，即没有考虑全球变化背景下评估经济发展及其持续发展的动力模式。全球变化（气候变化）的经济影响评价，是一个介于气候学与经济学之间的边缘交叉学科问题。评价方法应是定性分析和定量分析的统一，要采用气候统计学和农业经济学相结合的方法。在进行气候变化对农业的影响研究时，研究者站在不同的学科角度、利用不同的方法探究了全球气候变化对农业造成的影响，具体可分为如表 3-3 所示的两类评估方法——统计学方法和模型数值模拟方法（丑洁明等，2006，2011；方修琦等，2004；黄德林等，2016；刘颖杰和林而达，2007；潘敖大等，2013；肖天贵等，2010；谢云等，1999；熊伟等，2008；张建平等，2012；Ahmed et al.，2016；Chen Y F et al.，2013；Hoogenboom，2015；Hossain et al.，2019；Huang et al.，2019；Kunimitsu，2014；Nicholls and Neville，1997；Rosenzweig and Tubiello，1996；Salmivaara et al.，2016；Sun et al.，2020；Tao et al.，2008；West et al.，2019；Xu et al.，2021）。

表 3-3　气候变化对农业影响的评估方法比较

方法		研究现状	不足之处
统计学方法	回归方法（向后时间序列回归、逐步回归、线性回归等）	澳大利亚、南亚甚至全球的气温或降水对不同作物品种的产量变化的影响	忽略气候的长期趋势变化、不考虑社会经济因素影响
		中国不同地区不同粮食品种的产量受不同气候因子影响的程度	
	气象产量方法	探索 ENSO 现象是否与粮食产量变化有联系	未区分开其中具有长期趋势的技术产量和具有短期波动的气象产量，存在年际短时间尺度问题，对技术产量难以进行准确的拟合
		分析粮食单产对气候资源波动变化的敏感性	
		气候因素变化对黑龙江水稻单产增加的贡献	
模型数值模拟方法	作物模型（CERES-Wheat、APSIM、CARES、WOFOST、JULES-crop、GLAM 等）	气候变化对美国中部、埃塞俄比亚未来小麦、玉米产量的影响（CERES-Wheat、APSIM）	不考虑社会经济因素，气候模式本身存在不确定性和时空尺度匹配问题
		未来气候变化对不同粮食作物的影响（CARES）	
		未来气候变化对中国不同地区冬小麦生长发育和产量的影响（WOFOST）	
	计量经济模型（李嘉图模型）、C-D 模型和 CGE 模型等	南非、尼日利亚、孟加拉国等地区不同作物产量对气温、降水因素的边际变化比较敏感；气温升高、降水增多会对中国不同地区的不同作物有正面影响（李嘉图模型）	模型存在农作物价格假定不随时间变化、忽略农业技术进步对减缓气候变化的影响、土地异质性存在偏差、横截面板数据的变量遗漏问题
		未来气候变化对中国、日本、巴基斯坦地区的农业的影响（CGE 模型）	模型参数校准的不确定性、气候变化的长期动态模拟有难度
		中国不同地区的气候变化对不同作物产量的影响评估（C-D-C 模型）	研究区域需要根据研究对象有针对性地选取，气候因子指标的选取需要多元化

　　研究气候变化对中国农业发展乃至整体经济的影响，必须创建新理论，提出新方法，并为此构建一些新的研究模式，特别是加入气候因子的经济模型和考虑经济因素的气候变化影响评估模式，甚至气候模式与经济模型的嵌套模式。此外，气候变化对我国农业经济影响的经济评估定位在年代际时间尺度上，即 20 ~ 50 年。这有别于目前国内外单个农作物如玉米、小麦的生长模式。也就是说要研究未来 20 ~ 50 年全球气候变化背景下，我国农业发展受到可能影响的经济计量上的度量大小。气候变化影响的经济评价并不直接去研

究气候变化本身,而是将气候作为一个经济因子来研究它对经济发展的影响,也就是从社会经济角度来研究气候的经济问题。

基于以上研究思路,丑洁明等(2006)将气候干旱指数作为气候因子引入柯布-道格拉斯生产函数(C-D 模型)中,结合经济因素构建了 C-D-C 模型。该模型不仅能反映粮食生产过程中经济因素与自然因素间的非线性关系,还能从社会经济角度定量地分析气候因素投入的变化影响粮食产量变化的程度。后又在 C-D-C 模型的基础上推出了气候变化影响量模型和气候变化影响率方法,其能预测未来长时间尺度内的气候变化对粮食产量的影响。本节从区域划分角度对 C-D-C 模型的应用及推广进行了系统地归纳和总结(丑洁明等,2006,2011;符琳等,2011;付雨晴等,2014;刘杰等,2010;齐邦宇等,2013;郁珍艳等,2016;周曙东等,2010;Xu et al.,2021)(表3-4),发现该模型在诸多领域和研究中得到了广泛的应用和极大的扩展与改进。本节主要介绍基于经济生产函数方法创新的 C-D-C 模型和气候变化影响量模型及其案例应用。

表 3-4　C-D-C 模型的应用进展

研究区域		科学问题	主要结论	不足之处
全国	全国	构建 C-D-C 模型,定量评估气候变化对粮食产量的影响	能准确地定量分析气候变化产生的经济后果;完善了气候变化影响的经济评价方法	区域划分的变动性;气候变化的不确定性;气候因子指标选取的复杂性
	全国	气温和降水变化对农业经济产出的弹性大小	气温对华北、华南、西南和西北地区农业经济的产出弹性较大,降水对华北和华中地区的产出弹性较大	时间尺度和空间尺度的数据精细化;极端天气气候事件需考虑
	八大农业区	构建气候变化影响量模型	气候变化影响量模型通过 1980~2000 年的历史回报检验,效果合理、可靠	模型不确定性
	八大农业区	评估不同农业区不同粮食品种对各种投入要素的敏感性	东北、华北、西北、西南和华南地区的农业生产受到干旱化的负面影响	模型不确定性;资料不完整性
区域	南方水稻主产区	气候变化对水稻的经济影响	气温对西南、华南、华东和华中地区水稻产量有负弹性作用	气候变化不确定性
	粮食主产区	评估综合气候因子变化对不同作物单产的影响程度	不同品种的作物产量对气候变化的敏感性在空间分布上存在明显的差异	经济因素不稳定性;模型不确定性

研究区域		科学问题	主要结论	不足之处
省市	吉林省	模拟粮食单产和评估产量年景	气候变化对粮食产量影响具有促进作用	区域差异导致的评估结果误差较大
	浙江省	极端天气对农业总产值产生的经济后果	高温日数和强降水日数对农业产出具有负效应	气候因子指标选取的复杂性和精细化
	昆明市	模型实证分析冬小麦产量变化	模型模拟的产量的拟合度较高	模型不确定性

3.5.1 C-D-C 模型

1. 模型原理

C-D 生产函数模型最早是由数学家 Cobb 和经济学家 Douglas 在 1928 年提出的。后来，该模型在现代经济分析中仍被广泛使用，并在经济生产函数模型中占有重要地位。C-D 生产函数模型是农业生产过程中影响产量的经济分析中应用最广泛的生产函数模型之一，比其他函数模型更适于描述粮食生产的投入产出过程。传统的 C-D 生产函数模型有三个投入要素：土地、劳动力和资本。假设这些要素在给定的区域内和给定的时段保持不变。改进后的 C-D 生产函数模型可以写为

$$Y = ax_1^{b_1} x_2^{b_2} x_3^{b_3} \qquad (3-1)$$

式中，Y 为粮食产量；x_1、x_2、x_3 分别为土地、劳动力、资本的投入量；b_1、b_2、b_3 为投入因子对应的产出弹性值，它们分别表示一定的土地、劳动力、资金投入的变化率所引起的产量的变化率；a 为转换系数，表示除生产要素 x_1、x_2、x_3 外的其他生产要素对产出量 Y 的影响。

影响粮食生产过程的因素很多，既有可控的因素，又有不可控的因素，还有一些使用不受限制的因素。生产函数作为对生产过程高度简化的数学模型，应当尽可能抽象地反映各类因素的作用。传统的生产函数模型旨在揭示某些可以控制且数量有限的生产因素与产品间的数量关系，对生产过程中的自然因素通常不予考虑，并将自然因素视为既定不变的因素忽略，这种限定是不妥的。自然因素，如光能、温度、气候等，是农业生产过程中不可或缺的生产要素，将这些要素舍弃，显然会使生产函数的局限性增大。将这些要素考虑进来，既可以更科学地反映投入产出要素间的关系，又可以使农业生产函数趋于完善。因此，研究者就要考虑气候因素的影响，将气候变化因子作为一个重要的投入因子加入模型，建立了 C-D-C 模型。这使得该模型成为连接经济分析和气候变化影响分析的桥梁与通

道，成为研究者分析气候变化对粮食产量影响时使用的模型。这对传统的 C-D 生产函数模型的应用来说是一个突破。

设反映气候变化因素的参数为 C，C-D-C 模型表达式为

$$Y = X_1^{\beta_1} X_2^{\beta_2} X_3^{\beta_3} C^\gamma \mu \tag{3-2}$$

式中，Y 为粮食产量；X_1、X_2、X_3 分别为农业劳动力、粮食作物播种面积、化肥施用量；β_1、β_2、β_3 分别为 X_1、X_2、X_3 对应的产出弹性；μ 为除经济和气候要素外的其他影响粮食产量的因素总和；C 为气候变化投入因子，是选取的气候变化投入因子（参数）；γ 为气候因子的产出弹性，其经济含义为在非气候因子不变的条件下，气候因子每增加 1%，产出增加 γ%。在研究气候变化对粮食产量的影响时，重点分析气候变化因素 C 的投入带来的影响。

将气候变化因素纳入 C-D 生产函数模型改变了与模型输入因素相关的经济假设和限制。有必要对 C-D-C 模型的一些经济特征进行仔细界定。第一，气候变化是一种自然资源，气候变化投入因素是外生的，具有很强的权变性，不确定性强。气候变化对经济增长的影响是随机的和不精确的，这与经济增长的行为基本一致。第二，气候资源的利用和经济增长对气候变化的影响是没有成本的。也就是说，气候变化是一种不需要经济投资的自然资源。这也符合经济增长的行为。第三，将气候变化作为一个外因变量等同于将气候资源视为外部环境因素。经济增长的主要动力应该来自经济活动，气候变化只是经济增长的外部因素。外因气候变化只有通过经济的内因才能发挥作用。

2. 初步模拟与验证

选择农业劳动力（X_1）、粮食作物播种面积（X_2）、化肥施用量（X_3）作为粮食产量（Y）的解释变量。气候变化投入因子 C 的选取，可以有多种指标，如温度、降水等，这些指标均可当成自然投入因子加入模型进行分析。选择月气候干旱指数作物引进的气候指标，进行初步的模拟与验证。

首先将模型线性化，选择对数线性为模型的数学形式，即

$$\ln Y = \beta_1 \ln X_1 + \beta_2 \ln X_2 + \beta_3 \ln (X_3/X_2) + \gamma \ln C \tag{3-3}$$

这里选取 1981 ~ 1995 年共 15 年的经济数据，以及中国 160 个气象站点 1981 ~ 1995 年的月平均干旱指数。计算中分别加入各月的干旱指数作为气候变化投入因子 C，各月的干旱指数对产量的贡献是单独模拟的。本研究验证了不考虑气候变化投入因子的 C-D 生产函数模型和添加不同月份干旱指数后经过线性化的 C-D-C 模型模拟的粮食产量与实际粮食产量的差值（图 3-4）。结果表明：①从全国的粮食产量情况看，生产函数模型添加 3 月和 6 月的干旱指数后，模拟的结果明显好于不考虑气候变化投入因子的模拟，与实际产量的差距缩小，而添加其他月份的干旱指数后影响不明显。②3 月和 6 月正好分别处于重要的春

天播种季节和初夏生长季节，说明 3 月和 6 月的降水量对全年粮食产量有重要影响。这和实际生产情况以及诸多农业气象学科研结果是吻合的。

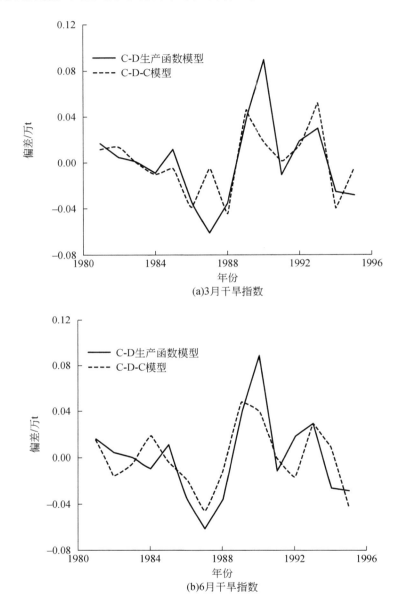

(a)3月干旱指数

(b)6月干旱指数

图 3-4　C-D 生产函数模型和 C-D-C 模型添加 3 月和 6 月的干旱指数后模拟的粮食产量与实际粮食产量的差值

资料来源：丑洁明和叶笃正，2006

3. 模型应用——以粮食生产区为例

粮食生产区的划分和选择要根据农业条件和实际农业生产的分布特点进行。为了全面考虑区域经济的地理差异和区域气候变化，并在全球变化的影响下有效地调查和预测气候变化对中国粮食生产的影响，以区域经济理论为基础来定义粮食生产区，遵循以下原则：①区域内气候条件的相似性；②粮食生产的区域规律性差异；③保证区域经济的完整性；④保持经济粮食生产区域与行政区域的一致性。根据上述区域划分的原则，将中国①粮食生产区划分为八个粮食生产区（图3-5）：东北生产区，由黑龙江、吉林和辽宁组成；华北生产区，包括北京和天津，以及河北、山西和山东；华中生产区，由河南、湖北、湖南和江西组成；华东生产区，由上海、江苏、浙江和安徽组成；华南生产区，包括福建、广东和海南；西南生产区，包括重庆、广西、云南、贵州和四川；西北生产区，由陕西、甘肃、宁夏和青海组成；新疆生产区。

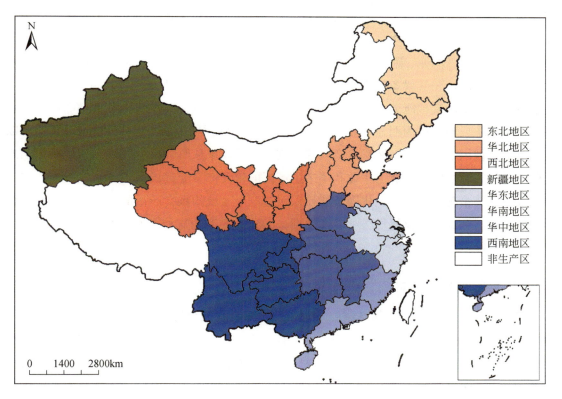

图 3-5　中国粮食生产区分布图

港澳台无数据

---

① 本章研究不含港澳台地区。

这里选取了 1983～2002 年共 20 年的经济数据，以及中国 160 个气象站点 1983～2002 年作物生长季（4～9 月）的气温和降水量，一起引入 C-D-C 模型中。需要说明的是，选取 4～9 月作为作物生长季，在数学上，模型中的输入因子必须是正的。从经济上讲，气候变化因素必须被视为粮食生产的投入因素，生产要素在农业生产过程中的投入必须始终为正，农业生产的产出也必须为正。经济学家不关心消极的经济行为。因此，气候变化投入因子 C 一定是正的。气候变化投入因子 C 为作物生长季（4～9 月）的气温和降水量，很明显，这两个因子均满足模型数学公式和粮食生产输入因子的要求。

以中国八大粮食生产区为例，分别利用 C-D-C 模型和 C-D 模型评价了 1983～2002 年气候变化对中国粮食产量的影响，结果表明：①在 C-D 模型中加入气候因子改变了其他因子的产出弹性，C-D-C 模型拟合效果明显好于 C-D 模型，说明 C-D-C 模型不仅具有较好的统计特性，而且与粮食生产数据也有较好的一致性。因此，气候因子确实对作物产量有一定的影响，并表现出一定的调节能力。②通过对 C-D 模型和 C-D-C 模型模拟产量的比较发现，粮食产量不仅与农业劳动力、粮食作物播种面积和化肥施用量有关，还与气候变化有关。实际产量与模拟产量的相关系数的增加也表明，将气候因子引入经济模型的方法是合理可行的。③西北、西南和新疆生产区的粮食生产力和生产技术水平相对较低。这些地区的人们更加依赖气候条件来获取食物。因此，在 C-D 模型中加入气候因子后，C-D-C 模型对粮食产量的模拟能力有了较大的提高。对于这些区域，气候变化对粮食产量的影响在产量模拟中反映得更为明显。④通过 C-D-C 模型对气候因子的产出弹性进行分析，可以解释添加气候因子对一个地区粮食产量的影响，也可以单独解释单个气候因子规模报酬的变化。模拟结果表明，东北、华北和华中生产区的粮食产量受气候因子的影响较大。在其他条件不变的情况下，气候变化因子的投入对这三个区域的粮食产量的影响为负效应，可为粮食生产适应气候变化提供科学参考依据。C-D-C 模型的这种能力，为其实际应用提供了极大的可能性。

4. 模型的应用——以中国粮食主产区为例

粮食主产区是粮食生产区的核心，也是保障国家粮食安全的重要区域。在中国八大粮食生产区的基础上，选出了 13 个省（自治区、直辖市）作为粮食主产区，1981～2015 年年均粮食生产集中度都超过了 3%（图 3-6），平均粮食年产量占全国的 72.2%（Chou et al.，2019a）。这些省（自治区、直辖市）能代表全国粮食生产的主要力量，其产量大小直接影响全国粮食生产状况的总体水平。同时，结合秦淮一线的南北方划分原则，将 13 个粮食主产区划分归属为北区和南区两大区域，且与中国的气候带分区大体匹配，北区处于温带季风性气候，南区处于亚热带季风性气候。北区包括黑龙江、吉林、辽宁、河北、山东和河南，南区包括安徽、江苏、江西、湖北、湖南、广东和四川，区域分布如图 3-7 所示。

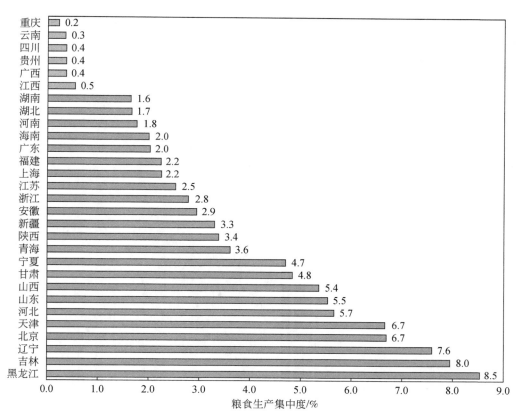

图 3-6　中国各省（自治区、直辖市）年平均粮食生产集中度（1981～2015 年）

资料来源：Xu et al., 2021

这里选取了 1981～2015 年共 35 年的经济数据，以及中国 417 个气象站点 1981～2015 年生长期（4～9 月）的平均气温、降水量和日照时数。首先利用主成分分析（PCA）方法将三种气候要素构建成一个综合气候因子（CCF），并将该因子作为气候变化投入因子 C（Chou et al., 2019b），与经济因素［农业劳动力（X_1）、粮食作物播种面积（X_2）、化肥施用量（X_3）、机械总动力（X_4）和受灾面积（X_5）］一起引入 C-D-C 模型中，模拟不同影响因素对不同作物单产（Y）的影响程度，如式（3-4）所示：

$$Y = \left(\frac{X_1}{X_2}\right)^{\beta_1} X_2^{\beta_2} \left(\frac{X_3}{X_2}\right)^{\beta_3} \left(\frac{X_4}{X_2}\right)^{\beta_4} X_5^{\beta_5} C^{\gamma} \mu \qquad (3-4)$$

式中，$\beta_1 \sim \beta_5$ 分别是经济因素 $X_1 \sim X_5$ 对应的产出弹性。

以中国粮食主产区的水稻、小麦、玉米和粮食单产为例，运用 C-D-C 模型模拟评估了作物单产对气候变化影响的敏感性（Xu et al., 2021）。作物产量对气候变化的敏感性是指在非气候因子条件不变的情况下，气候因子的变化所引起的产量的变化，模型中综合气候因子（CCF）的产出弹性揭示了该敏感性。基于 C-D-C 模型模拟的不同投入要素对应的产

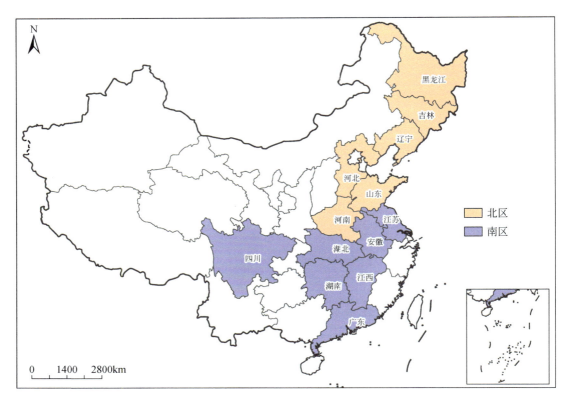

图 3-7　中国粮食主产区分布图

港澳台无数据

出弹性如表 3-5 所示，结果表明气候变化促进粮食主产区的粮食总单产整体上都提高，农业劳动力和机械总动力对单产的贡献更大，这表明粮食主产区的单产主要取决于劳动力资源和机械化水平。然而，不同品种作物的单产对气候变化的敏感性在空间分布上存在明显的差异。北区的玉米单产对气候变化的敏感性大于南区，表现为气候变化促进北区的玉米单产增加的程度大于南区。相反，南区的稻谷单产对气候变化的敏感性大于北区。此外，北区中玉米单产对气候变化的敏感性比稻谷和小麦大，而稻谷是南区三种作物中单产对气候变化敏感性最高的。

表 3-5　基于 C-D-C 模型模拟的不同投入要素对应的产出弹性

产出弹性	稻谷单产		小麦单产		玉米单产		粮食单产	
	北区	南区	北区	南区	北区	南区	北区	南区
β_1	1.101 *	0.801	1.269	0.765	0.7 *	0.725	0.412 *	0.344
β_2	1.53 **	0.448 *	2.534 *	1.433 *	0.765	0.709	0.275 *	0.207
β_3	1.431 ***	1.273 *	1.361	1.429 *	0.977 *	0.606 *	1.099 **	0.995 **

产出弹性	稻谷单产		小麦单产		玉米单产		粮食单产	
	北区	南区	北区	南区	北区	南区	北区	南区
β_4	1.114	0.742 *	1.508	0.979	0.646 **	0.333 *	0.485	0.654 *
β_5	−0.244	−0.091	−0.172	−0.173	−0.307 *	−0.091	−0.205 **	−0.118 *
γ	0.059 *	0.104 *	0.056 *	−0.007 **	0.075 **	0.061 **	0.055 **	0.067 **
R^2	0.827	0.931	0.913	0.916	0.892	0.928	0.97	0.952

* 表示显著性水平为 10%，** 表示显著性水平为 5%，*** 表示显著性水平为 1%。

注：β_1 为单位面积农业劳动力的产出弹性，β_2 为粮食作物播种面积的产出弹性，β_3 为单位面积化肥施用量的产出弹性，β_4 为单位面积农业机械总动力的产出弹性，β_5 为受灾面积的产出弹性，γ 为气候因子的产出弹性，R^2 为相关系数。

资料来源：Xu et al.，2021。

  为了进一步了解作物产量受气候变化影响的敏感性的空间分布规律及其区划，以省级行政区域为研究单元，运用 C-D-C 模型模拟粮食主产区各省（自治区、直辖市）的气候产出弹性。气候产出弹性考虑了自然因素和社会经济因素的综合影响，能从粮食经济效益角度反映气候变化投入因子与粮食作物产量之间的关系，其数值的绝对值大小反映了粮食产量受气候变化影响的敏感程度。因此以产量的气候产出弹性为区划指标，按照均值-标准差法确定区划阈值标准，划分不同品种的粮食作物对应的经济-气候敏感带（图 3-8）。

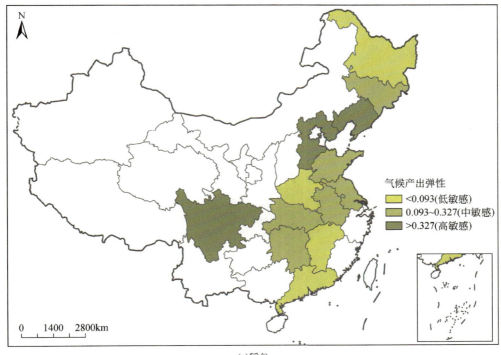

(a)稻谷

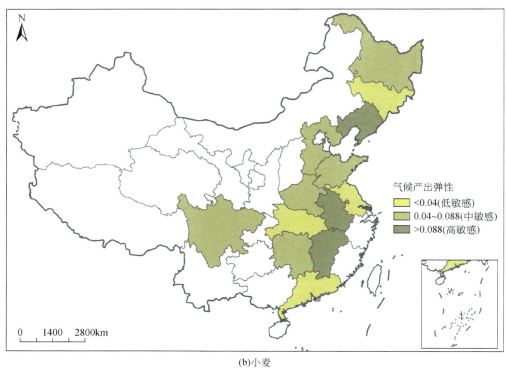

(b)小麦

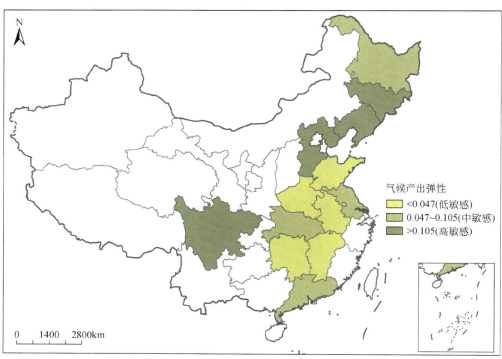

(c)玉米

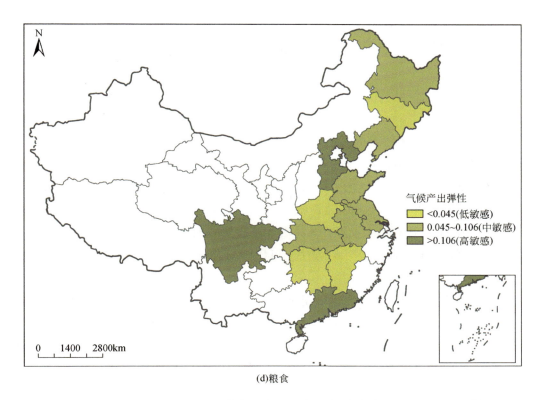

(d)粮食

图 3-8　中国粮食主产区不同粮食作物对应的经济-气候敏感带区划（1981~2015 年）

港澳台无数据

研究发现，对于不同品种的作物而言，不同地区的作物单产受气候变化影响的敏感性存在明显的差异。粮食单产受气候变化影响的高敏感区分布在河北、广东和四川，中敏感区分布在黑龙江、辽宁、山东、安徽、江苏和湖北，低敏感区分布在吉林、河南、湖南和江西。稻谷单产受气候变化影响的高敏感区分布在辽宁、河北和四川，中敏感区包括吉林、山东、安徽、江苏、湖北和湖南，低敏感区包括黑龙江、河南、江西和广东。小麦单产受气候变化影响的高敏感区分布在辽宁、安徽和江西，中敏感区包括黑龙江、河北、山东、河南、湖南和四川，低敏感区包括吉林、江苏、湖北和广东。玉米单产受气候变化影响的高敏感区分布在吉林、辽宁、河北和四川，中敏感区包括黑龙江、江苏、湖北和广东，低敏感区包括山东、河南、安徽、江西和湖南。

此外，C-D-C 模型可以应用于其他投资产出领域，可对其他类型的产量解释变量进行评价，如畜牧业、林业、渔业等。许多产业可能会受到气候变化等自然因素的影响，C-D-C模型可以通过改变模型的输出解释变量和投入因素来对此类产业的产出进行经济分析。

3.5.2 "气候变化影响量" 评估模型

1. 模型原理

全球气候变化存在着显著的年代际变化特征，同时导致中国区域也存在多时间尺度的变化特征（李崇银等，2002）。气候在年代际时间尺度上具有自身的变化趋势，会影响经济系统。经济产出量作为生产系统的产出，应该是社会经济因素与自然因素间非线性作用的结果，而不是它们单一作用的线性叠加。为了区分非线性条件下气候变化对经济产出量的影响，以及弥补 C-D-C 模型在预测未来气候变化影响时的局限性，将 C-D-C 模型推广成一个预测"气候变化影响量"的方法，可以定量地评估未来气候变化对经济产出的影响。

经济产出量的变化不仅取决于生产要素的投入，还受到科技进步水平、政策、自然环境等诸多因素的影响，是各种因素综合作用的结果。因此，在气候因素与经济因素的综合作用下，定量地区分气候因素变化所导致的影响的方法是：经历 n 年后（$n \geq 15$），经济产出量表现出一种经济增长状态。再经历 n 年后，假设气候状态保持前 n 年的状态不变，经济产出量在非气候因素持续变化下会表现出另一种经济增长状态，记为 Y_1。需要强调的是，Y_1 是一个假想的情况。如果考虑气候状态的持续变化，经济产出量又会表现出另一种增长状态，记为 Y_2。需要强调的是，Y_2 是一个实际情况，即气候因素和非气候因素都在变化时的经济状态。后者相对于前者会发生一种变化，简言之，Y_2 去除 Y_1 后剩下的状态就是由气候因素变化所导致的影响。这种变化就是气候变化对经济产出的影响，称为"气候变化影响量"。换句话说，气候变化影响量就是 Y_2 与 Y_1 的差值，记为 $\Delta = Y_2 - Y_1$。所研究的就是经济产出量在不变的气候状态与变化的气候状态下的差异，以此来表示气候变化对经济产出的影响。

为了对该定量评估方法的可行性进行验证，提出了一个从实际资料中提取实际的"气候变化影响量"的方法进行历史回报检验。用中国八个农业区域（与3.5.1 的粮食生产区一致）1980~2000 年的不同粮食作物资料和粮食总量资料，以及中国 160 个气象站点 1980~2000 年的气象资料对该经济模型方法进行了历史回报检验。具体如下。

假设评估的经济产出量符合 C-D 生产函数。由 C-D 生产函数推导出的 C-D-C 模型的建立和运用已经有所进展。以粮食总产量为例，将气候变化投入因子引入 C-D-C 模型，就可以表达为

$$Y = X_1^{\beta_1} X_2^{\beta_2} X_3^{\beta_3} C^{\gamma} \mu = N_c C^{\gamma} \tag{3-5}$$

式中，Y 为粮食产量；N_c 为非气候因子对粮食产量影响的总和；C 为某种气候变化投入因

子，其对应的产出弹性为 γ。

设过去 n 年中粮食产量为 Y、非气候因子对粮食产量的贡献值为 N_c 和气候变化投入因子 C 的平均状况分别为 Y_1、N_{c1} 和 C_1，气候因子的产出弹性为 γ。对于未来 n 年，气候因子数据可通过气候模式的情景数据计算得到，而社会经济数据难以预测或预测不准确。基于此，假定气候因子的产出弹性仍为 γ，Y、N_c 和 C 的未来 n 年平均状况分别为 Y_2、N_{c2} 和 C_2。通过式（3-5）能得出：

$$Y_1 = N_{c1} C_1^{\gamma} \tag{3-6}$$

$$Y_2 = N_{c2} C_2^{\gamma} \tag{3-7}$$

通过控制变量的方法，在未来 n 年后，非气候因子（即经济因素）的影响持续变化（即 N_c 表达为 N_{c2}），气候因子的影响相对没变（C 仍表达为 C_1）。假设 Y^* 是在 N_c 持续变化而 C 相对不变条件下的粮食产量，其公式表达为

$$Y^* = N_{c2} C_1^{\gamma} \tag{3-8}$$

定义"气候变化影响量"为 ΔY，其表达式为

$$\Delta Y = Y_2 - Y^* = Y_2 \cdot \frac{C_2^{\gamma} - C_1^{\gamma}}{C_2^{\gamma}} \tag{3-9}$$

无法准确地获知未来的粮食产量 Y_2 及其他社会经济要素的数据资料，使得直接计算 ΔY 比较困难，并且 Y^* 是一个设想值，也没有实际资料可以提供，因此将式（3-9）进行进一步推导：

$$\frac{\Delta Y}{Y_2} = \frac{C_2^{\gamma} - C_1^{\gamma}}{C_2^{\gamma}} \tag{3-10}$$

式中，$\frac{\Delta Y}{Y_2}$ 为一个比值，称为"气候变化影响率"，表示未来气候变化的影响在粮食总量中所占的比例，反映了粮食产量的变化对气候变化影响的敏感程度。

2. 模型应用——以八大粮食生产区为例

运用中国 1980～2000 年的 160 个气象站点的气象资料，将中国粮食生产地分成八个区域，用中国八个粮食生产区 1980～2000 年的不同粮食作物资料和粮食总量资料以及中国 160 个气象站点 1980～2000 年的气象资料对此方法进行了检验，考虑到对未来气候变化情景的预测可能提供的预报量，统一选取作物生长季（4～9 月）的平均降水和平均温度，并用经验正交函数（EOF）展开选取第一分量作为气候变化投入因子。将实际资料估计值（Y_1）与模型预测估计值（Y_2）进行比较（表 3-6），通过两者作差得到的误差检验结果表明：①小麦在东北、华北、华中、华东、华南、西南地区的误差在 8% 以内；②稻谷在东北、华北、华中、华东、西北和华南的误差在 2% 以内；③对于粮食总产量，在华北、华中、华东和华南四个地区，其实际资料估计值和模型预测估计值均很准确，误差均

不大于 1%；东北地区的误差在 1%～2%；西南、西北和新疆地区的误差都超过 2%；误差最大的是西北地区，超过了 5%。整体上，表明气候变化影响量模拟具有一定的合理性和可靠性，具有很好的应用前景。

表 3-6 八个地区的实际资料估计值（Y_1）和模型预测估计值（Y_2）的综合比较

农业区域		粮食/%	小麦/%	稻谷/%
东北	Y_1	2.33	2.36	1.86
	Y_2	0.90	1.63	1.86
华北	Y_1	3.22	1.91	2.45
	Y_2	2.94	0.5	2.35
华中	Y_1	2.22	2.95	−0.10
	Y_2	3.22	3.22	0.18
华东	Y_1	2.49	3.68	2.01
	Y_2	2.91	3.18	2.3
华南	Y_1	0.51	7.98	0.56
	Y_2	0.50	8.22	0.52
西南	Y_1	4.38	5.07	3.61
	Y_2	8.76	5.94	7.10
西北	Y_1	6.39	12.58	0.74
	Y_2	0.94	4.13	2.64
新疆	Y_1	7.35	7.93	9.02
	Y_2	9.45	12.79	5.73

资料来源：丑洁明等，2011a。

3. 模型应用——以粮食主产区为例

基于第六次国际耦合模式比较计划（CMIP6）中五个全球气候模式集合平均的气候资料，以及 1981～2014 年农业劳动力、粮食作物播种面积、农业机械总动力、农用化肥施用折纯量、受灾面积和粮食总产量等经济统计数据，以气候变化影响率为指标，运用气候变化影响量模型预估 2021～2035 年和 2021～2050 年气候变化在三种未来气候情景（SSP1-2.6、SSP2-4.5 和 SSP5-8.5）下对粮食产量的可能影响（图 3-9），研究发现未来 2021～2035 年和 2021～2050 年气候变化对南区粮食产量的影响在三种未来情景下是有利的，但对北区粮食产量存在明显负影响。2021～2035 年，南区粮食增产率在三种未来情景下的范围为 1.80%～9.01%，北区减产率范围为−2.09%～−0.60%。2021～2050 年，南区增产率在 1.35%～9.56%，北区减产率在−1.99%～−0.52%。

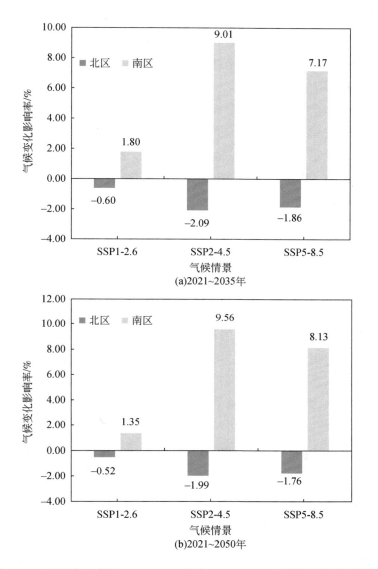

图 3-9　中国粮食主产区 2021～2035 年和 2021～2050 年不同气候情景下的
气候变化影响率

资料来源：Chou et al.，2021

3.6 总　　结

气候变化对经济的影响虽然存在全球性和外部性，但是影响程度在区域上有明显的差异。发达国家所受影响相对其他国家要弱，高纬度地区比低纬度地区所受气候变化影响小，与气候变化直接相关的农业部门相比其他部门受到的影响要大得多。我国的经济系统受气候变化的影响也存在区域差异，重点表现在海岸带区、北方缺水农区和西部生态脆弱区对气候变化的敏感度最大。气候变化对经济系统影响的评估方法很多，在使用基于模型的方法时，为了使得评估精度得以提高，可以将不同的分析方法进行组合加权。其中，经验统计模型和自然机理模型是气象学家常用的分析方法，但是它们都无法反映气候变化带来的经济活动和市场变动，对于气候保护政策的提出局限性很大，因而从经济学角度探讨气候变化的经济影响问题十分必要。在这样的背景下，提出并构建 C-D-C 模型来评价气候变化对粮食产量的影响，即采用经济模型加进气候变化投入因子评估气候变化对粮食产量影响的思路。同时，进一步推出一个气候变化影响量模型和气候变化影响率预测方法，可以定量地评估未来很长一段时间内的气候变化对经济产出的影响。以此将经济现实与自然科学中的气候变化研究连接起来，希望架起一座连接经济学研究和气候变化研究的桥梁。总体来说，这些分析方法都缺乏一定的动态性和主动性，还需进一步提高与完善长期的经济影响和复杂的市场响应模拟能力。

全球变暖对现存的人类社会经济系统基本没有直接影响，或者说直接影响不敏感，远远不能与经济运行规律和经济政策作用相比较，但这个问题在气候变化谈判中却十分突出。如何全面而准确地揭示这种影响，考虑到对地区、行业、产业的巨大差别甚至相反的影响，找到全球平均或者全球总体的结果，为全球治理提供科学支撑就显得十分急迫。气候变暖导致的极端天气气候事件加剧影响了经济系统，但要确定哪些极端天气气候事件是气候变暖导致的，气候变暖如何改变极端天气气候事件的频度和强度，这种改变又如何影响不同层次的经济系统，还需要深入的研究工作。积极应对气候变化的行动和政策对经济系统的影响直接而显著，但经济活动首先受到经济规律的支配，无论是人类的共同行动，还是各国政府的经济社会政策，首先考虑的都是经济活动本身。如何充分利用应对气候变化与经济发展的一致性，如华北雾霾治理与我国能源结构调整的一致性，就成为一个重要的方向。

第4章 气候系统模式动力框架

目前人们通过数值模拟来研究气候系统，探索气候变化的成因，气候数值模拟已成为认识气候形成和演变规律的重要方法之一。地球系统模式的发展可粗略地划分为三个阶段（王斌等，2008）：物理气候系统模式阶段、气候系统模式阶段和地球系统模式阶段。气候系统模式注重在模式中实现物理气候系统、生物地球化学系统和人文系统的自然耦合，考虑生物地球化学过程和人类活动对全球气候变化的影响与响应，研究碳、氮等循环过程机制及其在气候系统演变中的作用。但其核心依然是大气–海洋–陆面–海冰多圈层耦合的物理气候系统，物理气候系统模式的应用、评估、改进和完善仍然是研究的重点之一。本章主要介绍气候系统模式建立和运转的动力学方程、子模块构成和模拟运算等基础内容。

4.1 原始方程

气候系统将大气圈、水圈、冰冻圈、岩石圈和生物圈五个圈层作为一个整体加以研究。气候系统模式通过耦合器将大气环流模式（GCM）、陆面过程模式、海洋环流模式（OGCM）和海冰模式等子模式耦合在一起，对未来的气候变化进行模拟。气候系统模式的各个子模式的发展是基于对各自基本方程组的简化和求解实现的。基本方程组描述了各个子系统的能量平衡和动量平衡。

4.1.1 大气运动控制方程组

在球坐标系下，大气运动控制方程组（吕美仲等，2004）为

$$\begin{cases} \dfrac{\mathrm{d}u}{\mathrm{d}t}-\dfrac{uv\tan\varphi}{r}+\dfrac{uw}{r}=-\dfrac{1}{\rho r\cos\varphi}\dfrac{\partial p}{\partial\lambda}+fv-\hat{f}w+F_\lambda \\[2mm] \dfrac{\mathrm{d}v}{\mathrm{d}t}-\dfrac{u^2\tan\varphi}{r}+\dfrac{vw}{r}=-\dfrac{1}{\rho r}\dfrac{\partial p}{\partial\varphi}-fu+F_\varphi \\[2mm] \dfrac{\mathrm{d}w}{\mathrm{d}t}-\dfrac{u^2+v^2}{r}=-\dfrac{1}{\rho}\dfrac{\partial p}{\partial z}-g+\hat{f}u+F_z \\[2mm] \dfrac{\mathrm{d}\rho}{\mathrm{d}t}+\rho\left(\dfrac{1}{r\cos\varphi}\dfrac{\partial u}{\partial\lambda}+\dfrac{1}{r}\dfrac{\partial v}{\partial\varphi}+\dfrac{\partial w}{\partial r}-\dfrac{v}{r}\tan\varphi+\dfrac{2w}{r}\right)=0 \\[2mm] c_p\dfrac{\mathrm{d}T}{\mathrm{d}t}-\rho\dfrac{\mathrm{d}p}{\mathrm{d}t}=Q \\[2mm] \dfrac{\mathrm{d}q}{\mathrm{d}t}=\dfrac{1}{\rho}M+E \\[2mm] p=\rho RT \end{cases} \tag{4-1}$$

方程组中：

$$\frac{\mathrm{d}}{\mathrm{d}t}=\frac{\partial}{\partial t}+\frac{u}{r\cos\varphi}\frac{\partial}{\partial\lambda}+\frac{v}{r}\frac{\partial}{\partial\varphi}+\omega\frac{\partial}{\partial z}$$

$$f=2\Omega\sin\varphi$$

$$\hat{f}=2\Omega\cos\varphi$$

式中，λ 和 φ 分别为球坐标系下的经度和纬度；$z=r-a$，r 为与地心的距离，a 为地球半径；u、v 和 w 分别为沿 λ、φ 和 z 轴的速度分量；F_λ、F_φ 和 F_z 为沿 λ、φ 和 z 轴的摩擦力；t 为时间；ρ 为空气密度；p 为气压；g 为重力加速度；Q 为非绝热加热项（或称为热源项）；q 为比湿；M 为凝结或冻结造成的单位体积水汽的时间变率；E 为单位体积水汽含量的时间变率，它是由表面蒸发和大气中的次网格尺度的垂直与水平扩散引起的；R 为干空气比气体常数，取值287J/kg；T 为气温；Ω 为地球旋转角速度。

大气运动控制方程组虽然是一个闭合方程组，但实际求解十分复杂，因此需要对方程进行近似与简化。首先，大尺度大气运动在垂直方向上近似满足静力平衡，可以将大气运动控制方程组写到 p 坐标系上。p 坐标系有许多优点，其大气运动控制方程组中减少了一个场变量，密度的影响隐含在等压位势变化中，气压梯度力项成为线性项，并且连续方程具有较简单的形式，成了一个诊断方程，使得大气运动控制方程组只由三个预报方程和两个诊断方程构成。其次，考虑到大气厚度远小于地球半径，可采用薄层近似，即 $r=a+z\cong a$，且忽略与垂直运动有关的小项（uw/r，vw/r，$\hat{f}w$）。化简后的大气运动控制方程组为

$$\begin{cases} \dfrac{\mathrm{d}u}{\mathrm{d}t} - \dfrac{uv\tan\varphi}{a} = -\dfrac{1}{a\cos\varphi}\dfrac{\partial \Phi}{\partial \lambda} + fv + F_\lambda \\[2mm] \dfrac{\mathrm{d}v}{\mathrm{d}t} - \dfrac{u^2\tan\varphi}{a} = -\dfrac{1}{a}\dfrac{\partial \Phi}{\partial \varphi} - fu + F_\varphi \\[2mm] \dfrac{\partial \Phi}{\partial p} = -\dfrac{RT}{p} \\[2mm] \dfrac{1}{a\cos\varphi}\dfrac{\partial u}{\partial \lambda} + \dfrac{1}{a\cos\varphi}\dfrac{\partial v\cos\varphi}{\partial \varphi} + \dfrac{\partial \omega}{\partial p} = 0 \\[2mm] c_p\dfrac{\mathrm{d}T}{\mathrm{d}t} - \dfrac{RT}{p}\omega = Q \\[2mm] \dfrac{\mathrm{d}q}{\mathrm{d}t} = S \end{cases} \tag{4-2}$$

式中，Φ 为重力位势；$\omega = \mathrm{d}p/\mathrm{d}t$ 为 p 坐标系下的垂直速度；S 为与降水过程有关的水汽源汇项。

大气环流模式就是通过给定的初始边界条件求解大气运动控制方程组，对未来温度、水平风速和地面气压等变量进行预报。

4.1.2 海洋运动方程组

海洋运动方程组（吉尔，1988）：

$$\begin{cases} \dfrac{\partial u}{\partial t} + L(u) - \dfrac{uv\tan\varphi}{a} - fv = -\dfrac{1}{\rho_0 a\cos\varphi}\dfrac{\partial p}{\partial \lambda} + \mu\dfrac{\partial^2 u}{\partial z^2} + A_m\left\{\nabla^2 u + \dfrac{(1-\tan^2\varphi)u}{a^2} - \dfrac{2\sin\varphi}{a^2\cos^2\varphi}\dfrac{\partial v}{\partial \lambda}\right\} \\[3mm] \dfrac{\partial v}{\partial t} + L(v) - \dfrac{u^2\tan\varphi}{a} + fu = -\dfrac{1}{\rho_0 a}\dfrac{\partial p}{\partial \varphi} + \mu\dfrac{\partial^2 v}{\partial z^2} + A_m\left\{\nabla^2 v + \dfrac{(1-\tan^2\varphi)v}{a^2} + \dfrac{2\sin\varphi}{a^2\cos^2\varphi}\dfrac{\partial u}{\partial \lambda}\right\} \\[3mm] \dfrac{\partial w}{\partial z} + \dfrac{1}{a\cos\varphi}\left[\dfrac{\partial u}{\partial \lambda} + \dfrac{\partial}{\partial \varphi}(v\cos\varphi)\right] = 0 \\[3mm] \dfrac{\partial p}{\partial z} = -\rho_s g \\[3mm] \dfrac{\mathrm{d}T}{\mathrm{d}t} = A_H\nabla^2 T + k\dfrac{\partial^2 T}{\partial z^2} \\[3mm] \dfrac{\mathrm{d}S}{\mathrm{d}t} = A_H\nabla^2 S + k\dfrac{\partial^2 S}{\partial z^2} \end{cases} \tag{4-3}$$

方程组中：

$$L(\alpha) = \dfrac{1}{a\cos\varphi}\left[\dfrac{\partial}{\partial \lambda}(u\alpha) + \dfrac{\partial}{\partial \varphi}(v\alpha\cos\varphi)\right] + \dfrac{\partial}{\partial \varphi}(\omega\alpha)$$

$$\nabla^2 = \frac{1}{a^2} \frac{\partial^2}{\partial \varphi^2} + \frac{1}{a^2 \cos^2 \varphi} \frac{\partial^2}{\partial \lambda^2}$$

$$f = 2\Omega \sin\varphi$$

式中，λ、φ 和 z 分别为球坐标系下的经度、纬度和深度，在海平面上 $z=0$，海面向下为负；a 为地球半径；u、v 和 w 分别为沿 λ、φ 和 z 轴的速度分量；α 代表任意变量；大气运动控制方程组中的摩擦项在海洋运动方程组中由垂直、水平黏性扩散替代；ρ_s 为海水密度；ρ_0 为海水密度的常数近似值；μ 为垂直涡动黏滞系数；A_m 为水平涡动黏滞系数；p 为压强；T 为海水温度；S 为盐度；k 和 A_H 分别为垂直和水平涡动扩散系数。

海洋环流模式就是以海洋运动方程组为基础开发的。要求解海洋运动方程组还需要给定海洋底层、海洋顶部的边界条件及海洋的侧边界条件。

4.1.3　海冰系统方程组

1. 海冰系统的热力学方程

1）无雪盖海冰系统的热力学方程组

在无雪覆盖的海冰系统中，主要的能量过程有入射的太阳短波辐射通量 $S^{\downarrow}$、向下的长波辐射通量 $F^{\downarrow}$、向上的长波辐射通量 $F^{\uparrow}$、大气和冰之间的感热通量 H 和潜热通量 LE、通过冰层的热传导 G_i、冰融化的能量通量 M_i。因此，冰气交界面的能量平衡方程为

$$H + LE + \varepsilon_i F^{\downarrow} + (1 - \alpha_i) S^{\downarrow} - I_0 - F^{\uparrow} + (G_i)_0 - M_i = 0 \tag{4-4}$$

式中，ε_i 为冰的长波发射率；α_i 为冰的反照率；I_0 为透过冰层的太阳短波辐射通量；$(G_i)_0$ 为表面的 G_i 值。

冰的热传导方程：

$$\rho_i C_i \frac{\partial T_i}{\partial t} = k_i \frac{\partial^2 T_i}{\partial z^2} + K_i I_0 \, e^{-k_i z} \tag{4-5}$$

式中，ρ_i 为冰的密度；C_i 为冰的比热容；T_i 为海冰温度；k_i 为冰的热传导系数；K_i 为冰的整体消光系数。

冰海交界面的能量平衡方程是通过内界面融化所吸收的能量或冻结所释放的能量及来自海洋的能量通量 $F_0^{\uparrow}$ 与通过冰的向上传导通量的差相平衡的。其方程为

$$-Q_i \left(\frac{\partial h_i}{\partial t} \right)_{h_i} = F_0^{\uparrow} - k_i \left(\frac{\partial T_i}{\partial t} \right)_{h_i} \tag{4-6}$$

式中，Q_i 为冰溶解潜热通量；h_i 为海冰厚度。

2）有雪盖海冰系统的热力学方程组

雪气交界面的能量平衡方程：

$$H + \text{LE} + \varepsilon_s F^{\downarrow} + (1 - \alpha_s) S^{\downarrow} - I_0 - F^{\uparrow} + (G_s)_0 - M_s = 0 \qquad (4\text{-}7)$$

式中，ε_s 为雪的长波发射率；α_s 为雪的反照率；G_s 为通过雪层的热传导通量；$(G_s)_0$ 为表面的 G_s 值；I_0 为透过冰层的太阳短波辐射通量。

积雪的热传导方程：

$$\rho_s C_s \frac{\partial T_s}{\partial t} = k_s \frac{\partial^2 T_s}{\partial z^2} + K_s I_0 \, e^{-K_s z} \qquad (4\text{-}8)$$

式中，ρ_s 为雪的密度；C_s 为雪的比热容；T_s 为雪的温度；k_s 为雪的热传导系数；K_s 为雪的整体消光系数。

冰雪界面的能量平衡方程：

$$k_s \left(\frac{\partial T_s}{\partial z} \right)_{h_s} = k_i \left(\frac{\partial T_i}{\partial z} \right)_{h_s} \qquad (4\text{-}9)$$

冰的热传导方程（和无雪盖一样）：

$$\rho_i C_i \frac{\partial T_i}{\partial t} = k_i \frac{\partial^2 T_i}{\partial z^2} + K_i I_0 \, e^{-K_i z} \qquad (4\text{-}10)$$

冰海交界面的能量平衡方程：

$$-Q_i \left(\frac{\mathrm{d} h_i}{\mathrm{d} t} \right)_{h_s + h_i} = F_0^{\uparrow} - k_i \left(\frac{\partial T_i}{\partial z} \right)_{h_s + h_i} \qquad (4\text{-}11)$$

式中，$h_s + h_i$ 为冰和海水的交界面。

2. 海冰系统的动力学方程

海冰系统的动力学方程为

$$m \frac{\mathrm{d} \vec{V}_i}{\mathrm{d} t} = \vec{\tau}_a + \vec{\tau}_w + \vec{D} + \vec{G} + \vec{I} \qquad (4\text{-}12)$$

式中，$\vec{\tau}_a$ 为海冰上层的大气风应力；$\vec{\tau}_w$ 为海水的应力；$\vec{G}$ 为潮汐力；$\vec{D}$ 为地球旋转引起的科氏力；$\vec{I}$ 为海冰之间相互作用的内应力；m 为单位面积海水质量；$\vec{V}_i$ 为冰的速度。

4.1.4 陆面过程的基本方程

陆面过程的基本方程主要是利用能量和质量平衡方程，对土壤温度、湿度、积雪量等陆面状态参量，以及地气之间的能量通量（辐射通量、感热通量、潜热通量）、质量通量（水汽通量、生物气体通量等）和动量通量进行描述。陆面过程基本方程描述了陆面状态的变化情况，同时也为大气环流模式提供陆地部分的下边界条件。

1. 地气界面的能量平衡

地气界面的能量平衡方程为

$$R_N = H + LE + S_t + Q_g \qquad (4\text{-}13)$$

式中，R_N 为地表净辐射通量；LE 为地表与大气的潜热通量；H 为地表与大气之间的感热通量；S_t 为地表与上层生物、化学过程有关的湍流热通量；Q_g 为地表与下层的热量交换。能量平衡方程中各个量的计算方法如下。

地表净辐射通量（R_N）：

$$R_N = (1-\alpha)S^\downarrow + \varepsilon(F^\downarrow - \sigma T_g^4) \qquad (4\text{-}14)$$

式中，α 为地表反照率；$S^\downarrow$ 为向下的太阳辐射通量；ε 为地表长波发射率；$F^\downarrow$ 为向下的长波辐射通量；σ 为斯蒂芬–玻尔兹曼常数；T_g 为地表温度。

潜热通量和感热通量（LE，H）：

$$LE = \rho L C_E |V_a|(q_g - q_a) \qquad H = \rho C_p C_H |V_a|(\theta_g - \theta_a) \qquad (4\text{-}15)$$

式中，ρ 为大气密度；$|V_a| = \sqrt{u_a^2 + v_a^2}$ 为大气的风速；C_p 为空气的定压比热；C_E 为潜热交换系数；C_H 为感热交换系数；q_a 和 θ_a 分别为边界层的混合比和位温；q_g 和 θ_g 分别为地表的混合比和位温。

生物、化学通量（S_t）：

$$S_t = P_h + S_R \qquad (4\text{-}16)$$

式中，P_h 为植物光合作用所消耗的能量；S_R 为植物生长过程所储藏的能量。

地表向下热通量（Q_g）：

$$Q_g = \rho_g C_g k_g \frac{\partial T_g}{\partial z} \qquad (4\text{-}17)$$

式中，ρ_g 为下垫面的密度；C_g 为下垫面的比热容；k_g 为垂直方向上的热传导系数。

2. 陆面热量平衡

陆面热量平衡方程为

$$\frac{\partial T_g}{\partial t} - k_g \frac{\partial^2 T_g}{\partial z^2} - k_h \nabla^2 T_g = \frac{1}{\rho_g C_g} R_G \qquad (4\text{-}18)$$

式中，k_g 和 k_h 分别为垂直和水平热传导系数；R_G 为下垫面内的热源项（一般很小，可以忽略不计）。

3. 陆面水分平衡方程

裸地和雪盖陆地表面的水分收支方程：

$$\frac{\partial W}{\partial t}=P_\mathrm{r}+M_\mathrm{g}-E-Y \tag{4-19}$$

式中，W 为地表有效土壤水分；P_r 为地表降水率；M_g 为融雪率；E 为蒸发率；Y 为径流率（包括地表径流和土壤表层向下的渗透流）。

雪质量收支方程：

$$\frac{\partial S}{\partial t}=P_\mathrm{s}-E_\mathrm{s}-M_\mathrm{s} \tag{4-20}$$

式中，S 为单位面积的雪的质量（$S=\rho_\mathrm{s}h_\mathrm{s}$，$\rho_\mathrm{s}$ 为雪的密度，h_s 为雪的厚度）；P_s 为地表降雪率；E_s 为地面升华率；M_s 为融雪率。

4.2 动力框架

动力框架是大气环流模式的核心组件，其中心任务是将描述大气运动变化的大气运动控制方程组由连续形式转换为便于计算机求解的离散形式，进而从数值的角度演算大气在网格尺度的运动变化，并通过参数化方案考虑次网格尺度过程对网格尺度运动的影响。从这个意义来说，动力框架可以被看作大气环流模式的发动机。

动力框架主要可分为静力平衡和非静力平衡的动力框架。在大气环流模式发展早期，计算机运算能力有限，通常在对大气运动控制方程组进行离散化之前，都要采取一定的简化近似，如静力平衡近似。早期大气环流模式分辨率较低，采用静力平衡近似对于大尺度环流的数值模拟而言，并不会造成模拟结果的严重失真，同时又能较大程度地节省计算资源，提高计算效率。由于计算机运算能力的提升以及数值天气预报业务对精细度、准确度的不断追求，数值天气预报模式的分辨率也越来越高。由于模式分辨率得到极大提高，原先被忽略的次要因素（如声波）对大气动力学过程的影响已不可忽略。因此，在这些模式当中静力平衡近似不再适用，非静力平衡的动力框架不断发展起来。

气候模式也呈现出与数值天气预报模式相类似的发展趋势，即朝着高分辨率和非静力平衡的方向发展。少数高分辨率非静力平衡气候模式也应运而生，如 NICAM 模式、AM3模式等。当前高分辨率非静力平衡气候模式大多采用与高分辨率天气预报模式较为类似的处理方式来处理非静力平衡扰动对大气动力学过程的影响。

然而，气候数值模拟与天气数值模拟的需求和特点截然不同。气候数值模拟通常积分时间跨度较长，对计算效率的要求较高。天气数值模拟则对预报的数值精度要求较为苛刻。因此，气候模式的动力框架的发展思路应有所区别，应更加贴合气候数值模拟的特点和需求。

4.2.1 非静力平衡动力框架

在 η 坐标系下的非静力平衡动力框架如下：

$$
\begin{cases}
\dfrac{\partial U}{\partial t}+(\nabla \cdot \boldsymbol{V}_u)+\mu_{\mathrm{d}}a\dfrac{\partial p}{\partial x}+\dfrac{a}{a_{\mathrm{d}}}\dfrac{\partial p}{\partial \eta}\dfrac{\partial \varphi}{\partial x}=F_U \\[2mm]
\dfrac{\partial V}{\partial t}+(\nabla \cdot \boldsymbol{V}_v)+\mu_{\mathrm{d}}a\dfrac{\partial p}{\partial x}+\dfrac{a}{a_{\mathrm{d}}}\dfrac{\partial p}{\partial \eta}\dfrac{\partial \varphi}{\partial y}=F_V \\[2mm]
\dfrac{\partial W}{\partial t}+(\nabla \cdot \boldsymbol{V}_w)-g\left[\dfrac{a}{a_{\mathrm{d}}}\dfrac{\partial p}{\partial \eta}-\mu_{\mathrm{d}}\right]=F_W \\[2mm]
\dfrac{\partial \Theta}{\partial t}+(\nabla \cdot \boldsymbol{V}_\theta)=F_\Theta \\[2mm]
\dfrac{\partial \mu_{\mathrm{d}}}{\partial t}+(\nabla \cdot \boldsymbol{V})=0 \\[2mm]
\dfrac{\partial \phi}{\partial \eta}+\mu_{\mathrm{d}}^{-1}\left[\boldsymbol{V} \cdot \nabla\phi-gW\right]=0 \\[2mm]
\dfrac{\partial Q_{\mathrm{m}}}{\partial t}+(\nabla \cdot \boldsymbol{V}q_{\mathrm{m}})=F_{Q_{\mathrm{m}}} \\[2mm]
\dfrac{\partial \phi}{\partial \eta}=-a_{\mathrm{d}}\mu_{\mathrm{d}} \\[2mm]
p=p_0\left(\dfrac{R_{\mathrm{d}}\theta_{\mathrm{m}}}{p_0\,a_{\mathrm{d}}}\right)^{\gamma}
\end{cases}
\tag{4-21}
$$

式中，$\boldsymbol{V}=\mu v=(U,V,W)$；$\Theta=\mu\theta$；$Q_{\mathrm{m}}=\mu_{\mathrm{d}}q_{\mathrm{m}}$；$\gamma=\dfrac{c_p}{c_v}=1.4$ 为干空气比定压热容与比定容热容之比；w 为 η 坐标系下的垂直速度；μ 为单位面积气柱的重力；μ_{d} 为单位面积干空气柱的重力；$v=(u,v,w)$ 为速度向量；p 为气压；p_0 为参考气压；θ 为位温；$\phi=gz$ 为位势；$a=\dfrac{1}{\rho}$ 为比体积；$a_{\mathrm{d}}=\dfrac{1}{\rho_{\mathrm{d}}}$ 为干空气比体积；q_{m} 为混合比；$\theta_{\mathrm{m}}=\theta\left(1+\dfrac{R_v}{R_{\mathrm{d}}}q_v\right)\approx 1+1.61\,q_v$，其中，$q_v$ 为水汽混合比；F_U、F_V、F_W、F_Θ、$F_{Q_{\mathrm{m}}}$ 为源汇项；g 为重力加速度。

4.2.2 静力平衡动力框架

在 η 坐标系下的静力平衡动力框架主要是对垂直动量方程进行静力平衡近似：

$$
\frac{a}{a_{\mathrm{d}}}\frac{\partial p}{\partial \eta}-\mu_{\mathrm{d}}=0
\tag{4-22}
$$

静力平衡动力框架如下：

$$\begin{cases} \dfrac{\partial U}{\partial t}+(\nabla \cdot \boldsymbol{V}_u)+\mu_\mathrm{d}\left(a\,\dfrac{\partial p}{\partial x}+\dfrac{\partial \phi}{\partial x}\right)=F_U \\[2mm] \dfrac{\partial V}{\partial t}+(\nabla \cdot \boldsymbol{V}_v)+\mu_\mathrm{d}\left(a\,\dfrac{\partial p}{\partial x}+\dfrac{\partial \phi}{\partial y}\right)=F_V \\[2mm] \dfrac{\partial W}{\partial t}+(\nabla \cdot \boldsymbol{V}_w)=F_W \\[2mm] \dfrac{\partial \Theta}{\partial t}+(\nabla \cdot \boldsymbol{V}_\theta)=F_\Theta \\[2mm] \dfrac{\partial \mu_\mathrm{d}}{\partial t}+(\nabla \cdot \boldsymbol{V})=0 \\[2mm] \dfrac{\partial \phi}{\partial \eta}+\mu_\mathrm{d}^{-1}([\,\boldsymbol{V} \cdot \nabla \phi-gW\,])=0 \\[2mm] \dfrac{\partial Q_\mathrm{m}}{\partial t}+(\nabla \cdot \boldsymbol{V}q_\mathrm{m})=F_{Q_\mathrm{m}} \\[2mm] \dfrac{\partial \phi}{\partial \eta}=-a_\mathrm{d}\mu_\mathrm{d} \\[2mm] p=p_0\left(\dfrac{R_\mathrm{d}\theta_\mathrm{m}}{p_0\,a_\mathrm{d}}\right)^{\gamma} \end{cases} \qquad (4\text{-}23)$$

静力平衡框架将传播速度较快但气象意义不甚显著的非静力扰动（主要表现为声波）的影响从大气动力学过程中予以排除。因此，采用有限差分法得到的动力框架便可以克服因声波引起的柯朗–弗里德里希斯列维（CFL）条件（计算稳定性条件）对模式积分时间步长的限制，从而节省计算，提高模式的计算效率。

4.3　气候系统主要子模块

气候系统模式通过耦合器将大气环流模式、海洋环流模式、海冰模式和陆面过程模式等主要子模块耦合在一起，对未来气候变化进行预测。随着研究的深入，人类越来越认识到全球变化正在深刻地影响人类生存和发展。实现地球系统模式和综合评估模型的双向耦合，评估气候变化对社会经济的影响成为社会关注的焦点（董文杰等，2016）。

4.3.1　大气环流模式

大气环流模式是气候系统模式中最基本的分量模式之一。大气环流模式的主要控制方程式是热力学能量方程、水平动量方程和地面气压倾向方程。在适当的边界条件下，将这三个方程和质量连续方程、状态方程及静力近似方程联立，构成了绝热无摩擦的自由大气的闭合方程组，这就是大气环流模式的基本动力学框架。

目前，国际上主要的大气环流模式主要采用谱框架和格点框架。谱框架的应用比较广泛，在大气环流模式发展的早期主要运用谱框架。格点框架最初主要为有限差分格点框架，目前运用比较广泛的为基于半隐式时间积分方案的半拉格朗日格点框架和基于全球准均匀多边形网格的有限体积格点框架。BNU-ESM 模式的大气环流模式基于美国国家大气研究中心（National Center for Atmospheric Research，NCAR）通用的大气环流模式 CAM3.5，包含对流层臭氧及相关痕量气体化学传输模块，改进了积云对流参数化方案，并完善了火山气溶胶模块（Yang et al.，2015）。

目前，提高大气环流模式空间水平分辨率和改进模式物理参数化方案是气候系统模式发展的主要方向。通过对比分析同一版本大气环流模式下不同水平分辨率和相同分辨率下不同版本大气模式的模拟结果，发现模式物理参数化方案升级后，改善了模式对亚洲降雨和极端降雨气候态的模拟，能够更好地模拟降雨日循环，更准确地模拟降雨概率分布。水平分辨率的提高减少了模式在中国北方降雨模拟的偏差（Lin et al.，2019）。

4.3.2　海洋环流模式

海洋环流模式主要是基于海水运动所遵循的基本物理定律建立的。由于海洋和大气都为流体，因此海洋环流模式在许多方面类似于大气环流模式，但是相较于大气运动，海洋运动更为复杂，模拟难度更高。其原因主要有以下几点：首先，海洋的热惯性比较大，使得在海洋中占支配地位过程的时间尺度要比大气中长得多，即海洋所包含的运动的频率范围远比大气宽。其次，海洋的几何边界极不规则，特别是粗糙海底和陡峭斜坡上的深海不均匀垂直混合，使得难以对热盐环流进行模拟。最后，相较于大气，海洋的观测资料也相对匮乏。

求解海洋环流模式的数值方法和求解大气环流模式所用的方法是类似的，利用数值方法求解控制海水运动的热力学方程、动力学方程，对海洋的热力、动力要素进行描述。在海洋环流模式中海洋中热量、动量和盐度的垂直与水平湍流输送这样的次网格尺度过程主要采用参数化技术来处理。海洋的几何边界极不规则，导致经典的谱方法不再适用，一般用有限差分方法求解。因此，常规的时间积分方法往往不实用，需要发展某些特殊的加速收敛技术。

BNU-ESM 模式的海洋分量模式采用美国地球物理流体动力学实验室（GFDL）的 MOM4p1 模式，改善了海洋生物化学方案 IBGC。

4.3.3　海冰模式

海冰的显著变化会改变极地气候系统中大气、海洋、海冰等系统的能量平衡。由于海冰-反照率正反馈机制的作用，全球增暖对气候的影响在极地被放大。极地气候显著的快速变化反过来又会通过大气环流和海洋温盐环流等途径影响全球气候。因此，不断完善气候系统模式中的海冰模式以至其能够合理地模拟大气-海冰-海洋相互作用，特别是近年来海冰的快速变化，是非常重要的。只有这样，对未来极地乃至全球气候变化的预测才更具有可靠性。

海冰模式从 20 世纪 60 年代开始发展，海冰模式包括海冰动力学模式、海冰热力学模式及海冰厚度分布模式三个主要组成部分。

海冰动力学模式基于表面风、海流和海冰的物质强度模型来模拟冰盖的运动。海冰的运动受到五种力的作用，即风应力、海流应力、海面高度梯度力、科氏力和海冰内力。其中海冰内力的计算是海冰动力学模式的关键和难点。

海冰热力学模式主要研究海冰的热力过程，以及海冰受到降水过程、大气和海洋热通量的影响，海冰的热力学特性显著影响了海洋和大气间的能量交换。海冰的热力过程主要受海冰厚度、冰盖上雪的厚度、冰层和雪层内部的温度结构的影响。目前通用的大尺度海冰模式主要是一层冰和一层雪的方程组。

海冰厚度分布模式。海冰的厚度分布影响海冰的强度、厚度增长率、表面温度、海洋与大气间的涡动及辐射能量交换、海冰的盐度，尤其是薄冰对模式的模拟结果影响巨大。在考虑薄冰存在的情况下，海洋和大气之间的热量交换将加强。春季薄冰会融化消失，这增加了水道的面积，从而产生冰-反照率反馈，并且薄冰易于弯曲、重叠，比多年冰更容易形成冰脊。海冰的厚度分布影响海冰的强度，进一步影响海冰的运动。

BNU-ESM 模式的海冰分量模式采用洛斯阿拉莫斯国家实验室（LANL）的海冰模式 CICE4.1。

4.3.4　陆面过程模式

陆面过程是影响大气环流和气候变化的基本物理、生化过程之一，在大气-陆面下垫面的研究中扮演着重要的角色，其主要研究陆地下垫面一侧与大气圈运动密切相关的所有过程。

陆面过程主要包括地面上的热力过程（包括辐射及热交换过程）、动量交换过程（如摩擦及植被的阻挡等）、水文过程（包括降水、蒸发、蒸腾和径流等）、地表与大气间的物质交换过程以及地表以下的热量和水分输送过程。陆气相互作用的研究主要是在控制气候和天气预报模拟的大气环流模式中，如何正确描述陆地下垫面和大气之间的辐射通量、热通量以及水汽和动量等通量，而这些通量由于陆面的不均一性，一般通过引入陆面过程参数化方案来实现。

根据陆面过程模式的发展历程和研究重点，可以将其概括为三个阶段：早期的水箱（Bucket）模式、第二阶段的土壤–植被–大气传输模式（Soil Vegetation Atmosphere Transfer Model）和近年来逐步发展的生物化学模式。

水箱模式的主要原理是利用地表水平衡来描述地表的水循环过程。其假设陆地表层为一个水箱且它所能容纳的最大水量相同，水箱内的水量是降水、蒸发和地表径流三个通量的函数。地面蒸发与水箱内的水量存在简单的线性关系，水箱模式描述的是一个非常简化的陆面水循环过程。

土壤–植被–大气传输模式是根据物理概念和理论建立的关于植被覆盖表面辐射、水分、热量和动量交换以及土壤中水热过程的参数化方案，该方案较为真实地考虑了植被在陆地水热过程中的作用，尤其对植被生理过程（如蒸腾）进行了较细致的描述。

生物化学模式除考虑土壤、植被与大气间交换的物理过程外，还考虑植被的生物化学过程，把光合作用和碳循环引入陆面方案，模拟光合作用的同时也描述了叶面气孔如何控制蒸发和蒸腾。

BNU-ESM 模式陆面分量模式采用北京师范大学自主研发的公用陆面过程模式（CoLM）（Dai et al.，2001），该陆面过程模式除具备一般陆面模式的所有生物物理功能模块外，还包括基于隆德–波茨–坦耶（Lund-Postdam-Jena，LPJ）全球动态植被模式的碳–氮耦合生物地球化学模块，并改进了植被碳库、凋谢物碳库、土壤碳库的描述及各碳库之间相互转化的描述，更好地维持了陆地生态系统碳库的守恒。

4.3.5 社会经济模型

目前气候变化对社会经济的影响的研究处于起步阶段，缺乏直接服务于科学决策的研究成果。亟须实现自然科学与社会科学研究的融合，丰富和发展地球系统模式，并实现其与综合评估模型的耦合（Yang et al.，2016），这也是我国科学家自主提出的有序人类活动，推动气候变化对社会经济影响的评估，为科学应对气候变化决策提供服务。如何将社会经济模型耦合进气候系统模式，构建新一代人–地系统耦合模型成为当前研究的热点。

通过长期的探究尝试，开发了人–地系统模型 BNU-HESM1.0（Yang et al.，2015，2016），该模型将气候变化与经济动态综合模型中的经济和气候损害分量同 BNU-ESM 相结合，评价 BNU-HESM1.0 模拟全球 CO_2 浓度和地表温度的能力。

4.3.6 耦合器

对于大气环流模式、海洋环流模式、海冰模式和陆面过程模式等，每一个子模式都是独立开发且具有自己的界面通量计算方案。例如，大气环流模式和海洋环流模式各自利用状态变量计算通量的参数化方案往往是不同的。当把这些子模式利用耦合器组装成一个完整的气候系统模式时，如果不对这些跨界面交换的通量进行适当的处理，就很容易导致整个系统物质和能量的不守恒。

早期的海气耦合模式在这方面的处理比较粗糙，因此需要耦合器对各个子模式发送来的通量或是由耦合器利用状态变量重新计算的通量进行处理，随后在保证通量守恒的前提下，把这些通量分配给所有的子模式。例如，当动量、热通量和水通量在耦合系统的各子模式之间交换的时候，不应破坏这些量的全球守恒性。

由于五大圈层是相互作用、相互影响的，任何一个模式都不能单独运行。例如，大气环流模式需要陆面过程模式和海洋环流模式为其提供下边界条件，海洋环流模式的上边界条件需要有大气环流模式提供。海冰方程组的求解，必须由大气环流模式和海洋环流模式分别为其提供上边界和下边界。因此，如何更好地描述不同圈层之间的动态反馈过程，是科学家亟须解决的问题。

BNU-ESM 模式的耦合器采用的是 NCAR CPL6.5，是在美国国家大气科学研究中心（NCAR）的 CPL6 的基础上发展而来的，依据所耦合的各个分量模式的需要，修改耦合通量及其与各分量模式间的数据传递接口模块，实现海洋和大气、大气和陆面交互界面之间能量与物质的交换，以及碳等元素在各分量模式之间的循环。

4.4 初始场和边界场

气候系统模式就是利用气候系统的当前状态来模拟大气、海洋、陆面和海冰的未来演变情况。其主要思想就是通过给定当前气候系统的各变量状态的估计（初始条件）和合适的侧边界条件来驱动气候系统模式，模拟气候系统未来的演变结果。

4.4.1 初始场

气候系统模式的初始条件是指初始时刻各个要素场在规则网格点上的值，简称初始场或初值。初始场的精确性直接决定预报的准确性。

现有的初始场主要是对观测资料进行质量控制后得到的。由于观测技术的不断进步，观测资料的种类也十分丰富。观测资料根据观测的区域范围主要可以分为三大类：第一类观测数据为某个点的观测数据，其主要为固定站点的观测数据；第二类观测数据基于某个区域或体积，其主要为遥感探测数据（如雷达、卫星数据）；第三类观测数据基于跟踪观测，即拉格朗日方法，其主要是对某个研究对象进行持续跟踪观测（如探空气球、卫星探测云轨迹）。

观测资料存在各种误差，因此其不能完全代表初始场。观测误差主要包括两方面：一方面是仪器的测量误差，其包含系统误差和随机误差。系统误差是一种非随机性误差，是由观测过程中某些固定的原因引起的一类误差。随机误差也称为偶然误差和不定误差，是由在观测过程中一系列微小因素的随机波动而形成的具有相互抵偿性的误差。另一方面是代表性误差，即实际上正确的观测可能反映了大气现象的次网格过程但模式无法分辨它。代表性误差表明观测不能代表模式网格点所要求的面积平均测量。对于误差的矫正，系统性误差一般采用取平均值的方法，而随机误差一般采用假设正态分布的方法。

1. 初始化方法

对观测数据进行质量控制得到客观分析场。但在利用原始方程模式进行预报时，直接用未经初始化的客观分析场作为数值预报初始场时，模式积分过程中会出现明显的高频振荡，使计算不稳定。产生明显的高频振荡的原因主要有两个：第一，观测或分析资料的误差导致风场和气压场之间的不平衡。风场和气压场的不平衡会导致计算得到的地转偏向力和气压梯度力之间的不平衡，从而出现较大的地转偏差。第二，初始资料和数值模式之间的不平衡。在数值模式中，预报方程的解应满足初值、边界条件以及从方程和假设条件导出来的一切关系，但实际上，对于很多模式来说这些关系不能完全满足，这导致初值和模式之间的不协调，使问题成为不适定问题。

初始化方法主要可以分为三大类：第一类为静力初始化，其主要是利用一些已知的风场和气压场的平衡关系，或利用运动方程等求得的诊断方程来处理初值，使风场和气压场达到平衡或近似平衡。第二类为动力初始化，其主要是利用预报方程本身的特性来调整风场以达到近似平衡。第三类为变分初始化，其主要是将初始化问题划归为满足一定大气动力约束条件下的泛函求解问题。变分处理既可用于静力初始化，又可用于动力初始化。

1) 静力初始化

地转风初值方法。在中高纬度地区，气压场的观测精度高于风场，因此可采用地转风关系由位势高度场确定风场：

$$u_\text{g} = -\frac{g}{f}\frac{\partial z}{\partial y}, \quad v_\text{g} = \frac{g}{f}\frac{\partial z}{\partial x} \tag{4-24}$$

式中，u_g 为经向风；v_g 为纬向风；f 为地转参数；g 为重力加速度；z 为高度。

在低纬度地区，气压场的观测稀少且质量不高，风场的观测较多且质量较高，可采用地转风关系由风场确定位势高度场。虽然在低纬度地区地转关系不再适用，但在实际工作中，考虑到等高线大多和风向平行，仍假设地转关系成立，但地转参数 f 须按经验修改。

利用地转关系计算风场或高度场虽然比较简单，但地转关系仅仅是风场和气压场平衡关系的第一近似。在很多情况下，风场和气压场的平衡关系与地转平衡有很大区别。因此，在积分的过程中也会产生虚假的重力惯性波，甚至会出现虚假的气压变化。

平衡初值方法是采用平衡方程作为风场和气压场之间的协调关系。平衡方程为

$$f\xi - \beta u + 2J(u,v) = \nabla^2 \Phi \tag{4-25}$$

在水平无辐散的假定下引入流函数，利用如下关系：

$$J(u,v) = \begin{vmatrix} \dfrac{\partial u}{\partial x} & \dfrac{\partial u}{\partial y} \\[2mm] \dfrac{\partial v}{\partial x} & \dfrac{\partial v}{\partial y} \end{vmatrix}$$

$$u = -\frac{\partial \psi}{\partial y} \tag{4-26}$$

$$v = -\frac{\partial \psi}{\partial x}$$

$$\xi = \frac{\partial v}{\partial x} - \frac{\partial u}{\partial y} = \nabla^2 \psi$$

式（4-25）可化为

$$f\nabla^2 \psi + \nabla f \cdot \nabla \psi + 2(\psi_{xx}\psi_{yy} - \psi_{xy}^2) = \nabla^2 \Phi \tag{4-27}$$

式中，ψ 为流函数；Φ 为重力位势；f 为地转参数；ξ 为涡度；β 为 β 平面近似参数。

式（4-27）表示风场的旋转部分与气压场之间的平衡关系。与地转风关系相比，平衡方程考虑了地转参数 f 随纬度的变化以及由非线性项所表示的流线散开或汇合曲率作用。因此，平衡方程描述了比地转风关系更高精度的风场和气压场的平衡关系。

考虑辐散的初始风场，由地转风关系［式（4-24）］确定的极端风场的散度很小，由平衡方程确定的风场是严格无辐散的，但是在原始方程模式中，如果初始风场没有适量的散度，仍会产生高频振荡。因此需要在平衡方程的基础上，计入一定的风的辐散部分。

将风的辐散部分引入初始风场的方法是：先由准地转系统或平衡系统的 ω 方程计算出垂直运动；再由连续方程解出水平散度 D，由水平散度与速度势 χ 的关系求出速度势，再由速度势求出散度风；最后将散度风叠加到由平衡方程求出的旋转风上。其计算方法如下：

$$\begin{cases} \nabla^2 \chi = D \\ V_\chi = \nabla \chi \\ V = k \times \nabla \psi + \nabla \chi \end{cases} \tag{4-28}$$

通过上述方法求得的风场可以作为初始风场使用。它既是辐散的风场，又是通过 ω 方

程等与位势高度场相协调的场。

综上，采用静力初始化方法确定初始风场和气压场。虽然该方法简单且满足某种平衡关系，但其与模式的预报方程并不协调一致，不一定恰好是初始时刻预报方程的解。在应用地转风关系和平衡方程等诊断关系确定初值时，丢掉了许多可用的信息，不能充分考虑地转偏差对天气系统发展的作用。

2）动力初始化

动力初始化方法是借助原始方程本身所具有的动力特性（如能描述地转适应过程），经过一些合理的步骤，使重力惯性波发生阻尼振动或被滤去，从而得到接近平衡的初值。其主要方法有新田–霍维迈尔（Nitta-Hovermale）法、冈山–里瓦斯（Okamura-Rivas）法和正规波（Normal Mode）初始化。

新田–霍维迈尔法由新田和霍维迈尔提出，又称恢复迭代法。该方法同时应用初始观测的风场和气压场资料，利用原始方程模式调整风场和气压场的能力，并选用能够阻尼高频振荡的时间积分格式，在初始时刻对原始方程模式交替向前、向后积分。在交替积分的过程中，因初始风场和气压场不平衡而产生的重力惯性波发生阻尼振动，从而得到相互适应的风场和气压场。其具体方法如下（以线性正压方程为例）：

$$\begin{cases} \dfrac{\partial u}{\partial t} = -g\,\dfrac{\partial z}{\partial x} + fv \\[2mm] \dfrac{\partial v}{\partial t} = -g\,\dfrac{\partial z}{\partial y} - fu \\[2mm] \dfrac{\partial z}{\partial t} = -H\left(\dfrac{\partial u}{\partial x} + \dfrac{\partial v}{\partial y}\right) \end{cases} \tag{4-29}$$

先用欧拉后差格式向前积分一步：

$$\begin{cases} u^* = u(0) - ag\,\nabla_x z(0) + \Delta tfv(0) \\[2mm] v^* = v(0) - ag\,\nabla_y z(0) - \Delta tfu(0) \\[2mm] z^* = z(0) - aH\left[\,\nabla_x u(0) + \nabla_y v(0)\,\right] \end{cases} \tag{4-30}$$

$$\begin{cases} u(\Delta t) = u(0) - ag\,\nabla_x z^* + \Delta tfv^* \\[2mm] v(\Delta t) = v(0) - ag\,\nabla_y z^* - \Delta tfu^* \\[2mm] z(\Delta t) = z(0) - aH\left[\,\nabla_x u^* + \nabla_y v^*\,\right] \end{cases} \tag{4-31}$$

式中，$a = \Delta t/2d$；d 为网格距；Δt 为时间步长；∇ 为水平差分算子；$u(0)$、$v(0)$ 和 $z(0)$ 分别为初始时刻分析的水平风分量和等压面位势高度。

再用欧拉后差格式向后积分一步：

$$\begin{cases} u^{**} = u(\Delta t) - ag\,\nabla_x z(\Delta t) + \Delta t f v(\Delta t) \\ v^{**} = v(\Delta t) - ag\,\nabla_y z(\Delta t) - \Delta t f u(\Delta t) \\ z^{**} = z(\Delta t) - aH\left[\nabla_x u(\Delta t) + \nabla_y v(\Delta t)\right] \end{cases} \quad (4\text{-}32)$$

$$\begin{cases} u^{(1)}(0) = u(\Delta t) - ag\,\nabla_x z^{**} + \Delta t f v^{**} \\ v^{(1)}(0) = v(\Delta t) - ag\,\nabla_y z^{**} - \Delta t f u^{**} \\ z^{(1)}(0) = z(\Delta t) - aH\left[\nabla_x u^{**} + \nabla_y v^{**}\right] \end{cases} \quad (4\text{-}33)$$

到此完成第一个循环，得到新的风场与气压场在初始时刻的值 $u^{(1)}(0)$、$v^{(1)}(0)$ 和 $z^{(1)}(0)$，即为第一次迭代值。这时令高度场 $z^{(1)}(0)$ 恢复到原来的初值 $z(0)$（若风场较为精确，则可恢复风场）。然后，以 $u^{(1)}(0)$、$v^{(1)}(0)$ 和 $z(0)$ 为初值，再进行循环运算，得到第二次迭代值。重复上述循环过程，直到高频的重力惯性波被阻尼掉，就得到了与气压场相适应的风场。

恢复迭代法所确定的风场和气压场之间，以及风场和气压场与预报方程之间是相互协调的，但是该方法的计算量很大，达到收敛往往需要几百次迭代，并且在进行时间积分时，积分的方向是交替变化的，笼统不加区别地使用这种积分方法缺少依据。

Okamura-Rivas 法是对恢复迭代法的改进，其提高了计算效率，能有效解决收敛速度慢的问题。将恢复迭代法的方程改写为

$$\begin{cases} \dfrac{\partial F}{\partial t} = BF \\[2mm] F = \begin{pmatrix} u \\ v \\ z \end{pmatrix} \\[4mm] B = \begin{bmatrix} 0 & f & -g\dfrac{\partial}{\partial x} \\[2mm] -f & 0 & -g\dfrac{\partial}{\partial y} \\[2mm] -H\dfrac{\partial}{\partial x} & -H\dfrac{\partial}{\partial y} & 0 \end{bmatrix} \end{cases} \quad (4\text{-}34)$$

其迭代格式为

$$\begin{cases} F^* = F^* + \Delta t B F^\nu \\ F^{**} = F^* - \Delta t B F^* \\ F^{\nu+1} = (n+1)F^* - nF^{**} \end{cases} \quad (4\text{-}35)$$

式中，ν 为迭代次数；n 为一个大于 1 的参数，允许其随 ν 变化。将该迭代格式写成一个公式，则有

$$F^{\nu+1} = (I + n\Delta t^2 B^2) F^{\nu} \tag{4-36}$$

式中，I 为单位矩阵。

通过对比冈山-里瓦斯法和新田-霍维迈尔法可以发现，冈山-里瓦斯法能够更好地阻尼高频振荡，得到比较协调的风场和气压场初值，其所用的时间仅是新田-霍维迈尔法的 1/3。冈山-里瓦斯法节省时间的主要原因是，在完成一次循环后没有令位势高度场恢复到初值，使得迭代收敛加快。

正规波初始化的主要原理为，先解出原始方程组的正规波解（正交规范化的波解），它可以分为重力波解和罗斯贝波解，然后把初始资料用这些波解展开，令不需要的波的振幅为0，剩余波解就组成了接近平衡的场。

2. 数据同化

随着观测技术的不断进步，资料的种类也更加丰富。如何有效地利用卫星和其他非常规资料把它们与常规资料融合成一个有机整体，为数值天气预报提供一个更好的初始场，已成为一个亟待解决的问题。通过资料同化把不同时刻、不同地区、不同性质的气象资料（包括常规资料和非常规观测资料及预报资料等），通过统计与动力关系使之在动力和热力上协调起来，以求得质量场和流场基本平衡的理想初始场。常见的资料同化方法有逼近方法（如牛顿张弛法）、统计方法（如最优插值法、卡尔曼滤波）和变分同化（三维变分同化、四维变分同化）。

变分方法广泛应用于资料的分析同化方面，利用变分方法对资料进行客观分析的过程与最小二乘估计理论有紧密联系，主要考虑的是在某种动力约束条件下如何使不同气象要素之间达到协调一致。常用的变分方法由三维变分同化和四维变分同化。

1）三维变分同化

三维变分同化的目的就是要在同化窗口内，使模式尽可能拟合观测值，拟合的好坏用目标函数表示。通过调整初始条件、边界条件等控制变量，使目标函数达到最小值，得出最好的拟合结果。从变分角度产生最优估计，进入目标函数：

$$J(\delta x) = \frac{1}{2}\delta x^{\mathrm{T}} B^{-1}\delta x + \frac{1}{2}\big[d - H(\delta x)\big]^{\mathrm{T}} R^{-1}\big[d - H(\delta x)\big] \tag{4-37}$$

$$\delta x = x - x_b, \quad d = y_0 - H(x_b) \tag{4-38}$$

式中，x 为分析变量；x_b 为背景场；y_0 为观测值；B 为背景场误差协方差矩阵；R 为观测误差协方差矩阵；H 为观测算子，$H = \dfrac{\partial H}{\partial x}$ 是 H 的切线性算子。

为找到 J 的最小值，计算其梯度：

$$\nabla_{\delta x} J = \frac{\partial J(\delta x)}{\partial \delta x} = -B^{-1}\delta x - H^{\mathrm{T}} R^{-}\big[d - H(\delta x)\big] \tag{4-39}$$

目标函数及其梯度计算出来后，使用不同的最优化方法来调整初始场，使目标函数和其梯度达到最小值，从而得到模式的最优解。常用的下降算法有最速下降算法、拟牛顿法、共轭梯度法等。

2）四维变分同化

相较于三维变分同化，四维变分同化考虑了时间的变化。由于三维变分同化假定观测资料在进行估计的时刻存在，每次分析的时间间隔等于资料更新的周期。但在实际工作中，不同的观测数据其观测频率不同，因此必须考虑时间的变化。大气环流模式作为实际大气的一定程度上的近似，它提供的时间演变的信息也不应忽略。

四维变分同化的基本思想是调整初始场，使由此产生的预报在一定时间区间 τ 内与观测场距离最小。引入目标函数：

$$J\left(\boldsymbol{x}_0\right) = \frac{1}{2}(\boldsymbol{x}_0-\boldsymbol{x}_b)^{\mathrm{T}}\boldsymbol{B}^{-1}\left(\boldsymbol{x}_0-\boldsymbol{x}_b\right)$$
$$+ \frac{1}{2}\int_0^\tau \left[\boldsymbol{y}_t - H(\boldsymbol{x}_t)\right]^{\mathrm{T}}R_t^{-1}\left[\boldsymbol{y}_t - H(\boldsymbol{x}_t)\right]\mathrm{d}t$$
$$= J^b + J^0 \qquad\qquad (4-40)$$

式中，$\boldsymbol{x}_0=\boldsymbol{x}\left(0\right)$，$\boldsymbol{x}_t=\boldsymbol{x}\left(t\right)$ 是由式（4-41）预报模式产生的解：

$$\frac{\partial \boldsymbol{x}}{\partial t}=F(\boldsymbol{x}),0\leqslant t\leqslant\tau \qquad\qquad (4-41)$$

这里，模式已经空间离散化，$F\left(\boldsymbol{x}\right)$ 为大气模式中除去时间导数外的所有项，$\boldsymbol{y}_t$ 为时间的函数。

四维变分同化方法的显著特点是利用过去时间的观测资料，而且同化后的场是模式的一个预报场，不会出现不协调的问题。该方法还能利用一部分观测变量去反演其他变量，并且可以同时同化多时刻的资料，但是其假设模式是完美的，并没有考虑模式的误差。

4.4.2 边界场

要求解气候系统模式还需要给定边界条件。边界条件可以分为垂直边界条件和水平边界条件。以大气环流模式为例，全球大气是不存在水平边界问题的，但在求解区域大气环流模式时区域的水平侧边界上必须人为地给出边界条件。

边界场的给定需要遵循以下原则：①所给出的边界条件要尽量和实况相接近；②在预报过程中要近似；③要求所给的边界条件使问题的提法是适定的；④要求所给的边界条件与模式方程结合能反映原来方程在全球范围内的重要物理特性。

1. 大气环流模式的边界条件

大气环流模式的边界条件主要可分为垂直边界条件和水平边界条件。

1）垂直边界条件

垂直边界条件主要包括下边界条件和上边界条件。垂直边界条件的确定不仅与上、下界面的物理性质有关，而且还与坐标系的选取有关。常用的坐标系有 z 坐标系、p 坐标系、θ 坐标系和 σ 坐标系。

（1）z 坐标系下的垂直边界条件。

地球表面常取为下边界，一般认为地球表面是一个物质面，设地球表面海拔为 $z_0(x,y)$，若不考虑大气的黏性，空气微团只沿地球表面滑行，则有

$$z=z_0(x,y)时,w_0=\vec{V}_0\cdot\nabla z_0(x,y)$$
$$\vec{V}_0=u_0(x,y,t)\vec{i}+v_0(x,y,t)\vec{j} \tag{4-42}$$

式中，u_0、v_0 为地球表面上空气微团的水平速度分量；t 为时间。不考虑地球表面起伏不平，则有

$$z=0 \text{ 时},w_0=0 \tag{4-43}$$

闭合方程组是在连续介质假设前提下建立起来的，连续介质假设成立的极限高度可视为大气的上界。由于重力作用，大气中90%左右的质量集中在对流层，因此可以认为大气上界与外界无质量交换。此外上界的海拔又远比对流层、平流层、中间层的大气高度要高得多。因而闭合方程组的上边界条件形式可写成

$$z\to\infty时,\rho w^2\to 0 \tag{4-44}$$

即在大气上界单位体积中铅直运动动能趋于 0。

（2）p 坐标系下的垂直边界条件。

在地表平坦时，若近似认为大气下边界气压分布均匀，地球表面与某一等压面相合，则 p 坐标系中下边界条件可以写成

$$p=p_0 \text{ 时},w=\frac{p_0}{RT_0}\left(\frac{\partial\Phi}{\partial t}+u\frac{\partial\Phi}{\partial x}+v\frac{\partial\Phi}{\partial y}\right)_{p_0} \tag{4-45}$$

大气下边界不是 p 坐标系的坐标面。当地面起伏不平时，就很难给出 p 坐标系的下边界条件。p 坐标系很难考虑地形对大气运动的影响。

p 坐标系中上边界条件为

$$p=p_T \text{ 时},w_{p=p_T}=0 \tag{4-46}$$

（3）θ 坐标系下的垂直边界条件。

位温在稳定层结的条件下，有 $\frac{\partial\theta}{\partial z}>0$，即 θ 是 z 的单调递增函数，故 θ 也可作为铅直坐标变量。θ 坐标系中上边界条件为

$$\theta=\theta_T \qquad \dot{\theta}=\frac{\mathrm{d}\theta}{\mathrm{d}t}=0 \tag{4-47}$$

因为大气下边界不是坐标面，所以下边界条件和 p 坐标系一样无法正确给出。

（4）σ 坐标系下的垂直边界条件。

在数值预报中，广泛采用 σ 坐标系，σ 是一个无因次物理量。可表示为

$$\sigma = \frac{p - p_{\mathrm{T}}}{p_{\mathrm{s}} - p_{\mathrm{T}}} = \frac{p - p_{\mathrm{T}}}{\pi} \tag{4-48}$$

式中，$p_{\mathrm{s}} = p_{\mathrm{s}}(x, y, t)$ 为场面气压；p_{T} 为上边界面气压。因为：

$$\begin{aligned} p = p_{\mathrm{T}} \ \text{时}, \sigma = 0 \\ p = p_{\mathrm{s}} \ \text{时}, \sigma = 1 \end{aligned} \tag{4-49}$$

所以 σ 坐标系下的上、下边界条件为

$$\begin{aligned} \sigma = 0 \ \text{时}, \dot{\sigma} = \frac{\mathrm{d}\sigma}{\mathrm{d}t} = 0 \\ \sigma = 1 \ \text{时}, \dot{\sigma} = \frac{\mathrm{d}\sigma}{\mathrm{d}t} = 0 \end{aligned} \tag{4-50}$$

2）水平边界条件

水平边界条件，以正压原始方程为例，设预报区域为矩形，边界分别与 x 轴和 y 轴平行，区域在 x 轴方向的宽度为 L，在 y 轴方向的长度为 D。

（1）固定的边界条件。

固定边界条件是假定边界上的预报量不随时间 t 变化。在正压原始方程中三个预报量的边界条件为

$$x = 0, L; y = 0, D; \frac{\partial u}{\partial t} = \frac{\partial v}{\partial t} = \frac{\partial \Phi}{\partial t} = 0 \tag{4-51}$$

式（4-51）表明在边界上，u、v 和 Φ 不随时间变化。在固定边界条件下，边界附近天气系统的移动和发展均受到较强的制约，因此使用时应避免所研究的天气系统处于边界附近。

（2）法向速度为 0 的边界条件。

在上述给定的矩形区域，法向速度为 0 的边界条件可表示为

$$\begin{cases} x = 0, L & u = 0 \\ y = 0, D & v = 0 \end{cases} \tag{4-52}$$

在 $x = 0$，L 的边界上，正压原始方程组可以简化为

$$\begin{cases} \dfrac{\partial v}{\partial t} + m\left(v \dfrac{\partial v}{\partial y} + \dfrac{\partial \Phi}{\partial y} \right) = 0 \\ \dfrac{\partial \Phi}{\partial t} + m^2 \dfrac{\partial}{\partial y}\left(\dfrac{\Phi v}{m} \right) = 0 \end{cases} \tag{4-53}$$

在 $y = 0$，D 的边界上，正压原始方程组可以简化为

$$\begin{cases} \dfrac{\partial u}{\partial t}+m\left(u\,\dfrac{\partial u}{\partial x}+\dfrac{\partial \Phi}{\partial x}\right)=0 \\[3mm] \dfrac{\partial \Phi}{\partial t}+m^2\,\dfrac{\partial}{\partial x}\left(\dfrac{\Phi u}{m}\right)=0 \end{cases} \tag{4-54}$$

由式（4-53）、式（4-54）可以看出，在法向速度为 0 的边界条件下，穿越边界的流入和流出为 0，即没有穿越边界的交换。对于质量和动量来说没有通过边界的交换，因此该边界条件又被称为刚体边界条件。

（3）海绵边界条件。

固定边界条件比较简单，使用方便，但如果在边界附近有较大的水平梯度，很容易造成计算的不稳定。为了减小边界附近要素的水平梯度，提出了海绵边界条件。海绵边界条件的基本原理是人为地由边界向内设置一个过渡带。在过渡带外边（预报区域边界）取固定边界条件；在过渡带内边（过渡带最内一圈）取预报值；过渡带中间各格点按给定条件变化。

假设一个有限区域，以其西边界的过渡区域为例。其格点的 i 值，由其边界处为 1 变到过渡区结束的 k，其任意预报量 F 的海绵边界条件为

$$\hat{F}_i^{n+1}=(1-a_i)\,F_k^{n+1}+a_i F_1^0 \tag{4-55}$$

式中，$\hat{F}_i^{n+1}$ 为过渡区中 i 点处，$(n+1)$ 预报时间步长由海绵边界条件协调后的值；a_i 为随 i 变化的一个系数（$a_1=1$，$a_k=0$）；F_k^{n+1} 为过渡区内 $(n+1)$ 时间步长的预报值；F_1^0 为区域最外圈 $i=1$ 处的初值。

海绵边界条件下，对于向外传播的重力惯性波，过渡带就相当于一个能量的吸收带。该边界条件的好坏与过渡带的宽度和 a_i 的变化有关。

（4）外推边界条件。

设某预报量 F（如 u、v、Φ 等）的移动速度为 c，当天气系统移动时，若其强度不变，则可以引用平流方程：

$$\frac{\partial F}{\partial t}+c\,\frac{\partial F}{\partial x}=0 \tag{4-56}$$

边界点的网格坐标用 i 表示，积分时间步长用 n 表示。平流方程的时间微分采用中央差分，空间微分采用向后差分。当边界点 i 处 c 大于 0 时，平流方程可改写为

$$\frac{F_i^n-F_i^{n-2}}{2\Delta t}=-\frac{c}{d}\left(\frac{F_i^n+F_i^{n-2}}{2}-F_{i-1}^{n-1}\right) \tag{4-57}$$

用外推方法估计移动速度 c。将式（4-57）中的 i 用 $i-1$ 代替，可得

$$c=-\frac{d}{\Delta t}\frac{F_{i-1}^n-F_{i-1}^{n-2}}{F_{i-1}^n+F_{i-1}^{n-2}-2F_{i-1}^{n-1}} \tag{4-58}$$

通过式（4-58），可利用 $i-1$ 和 $i-2$ 的资料估算 c 的值。

将式（4-58）中的 n 用 $n+1$ 代替，可得

$$F_i^{n+1} = \frac{\left[1-(\Delta t/d)\,c\right]}{\left[1+(\Delta t/d)\,c\right]}F_i^{n-1} + \frac{2\,(\Delta t/d)\,c}{\left[1+(\Delta t/d)\,c\right]}F_{i-1}^n \qquad (4\text{-}59)$$

将式（4-58）代入式（4-59）可得

$$F_i^{n+1} = \frac{F_{i-1}^n - F_{i-1}^{n-1}}{F_{i-1}^{n-2} - F_{i-1}^{n-1}}F_i^{n-1} + \frac{F_{i-1}^n - F_{i-1}^{n-2}}{F_{i-1}^{n-2} - F_{i-2}^{n-1}}F_{i-1}^n \qquad (4\text{-}60)$$

式（4-60）左边为预报量，右端全部为已知时刻的值，式（4-60）又被称为辐射边界条件。在实际工作中 c 值一般通过以下方法选取：

$$c = \begin{cases} d/\Delta t, & -\dfrac{\partial F}{\partial t}\Big/\dfrac{\partial F}{\partial x} > d/\Delta t \\[2mm] -\dfrac{\partial F}{\partial t}\Big/\dfrac{\partial F}{\partial x}, & 0 \leqslant -\dfrac{\partial F}{\partial t}\Big/\dfrac{\partial F}{\partial x} < d/\Delta t \\[2mm] 0, & -\dfrac{\partial F}{\partial t}\Big/\dfrac{\partial F}{\partial x} < 0 \end{cases} \qquad (4\text{-}61)$$

通过外推边界方法可以计算出各预报量的边界条件，但有时给出的风场和高度场之间可能不协调，在斜压方程中还可能出现温度场和厚度场之间的不协调，必须进行适当的调整。

（5）对称反对称边界条件。

利用数值模式对半球进行预报时，预报区域的水平边界位于赤道附近，该地区的流场和气压场较弱。气压场相对于赤道大体呈对称分布，南、北半球地转参数 f 的符号相反，与气压系统相对应的环流在南、北半球相反。因此水平边界条件可取为

$$\begin{cases} u(\lambda,\varphi,t) = u(\lambda,-\varphi,t) \\ v(\lambda,\varphi,t) = v(\lambda,-\varphi,t) \\ \varPhi(\lambda,\varphi,t) = \varPhi(\lambda,-\varphi,t) \end{cases} \qquad (4\text{-}62)$$

对称反对称边界条件可保证半球范围内总质量和总能量守恒，在实际工作中，半球预报通常采用这种边界条件。

2. 海洋环流的数值模拟的初值和边界条件

海洋环流模式的初始条件（卡曼柯维奇，1983），海洋环流的基本方程组中有七个变量，主要包括速度场（u，v，w）、密度场（ρ）、温度场（θ）、压力场（p）及盐度场（S）。海洋环流的初始条件，即给定七个变量在初始时刻的值。

海洋环流模式通常用适当的平均温度和盐度来规定初始的密度场；压力场通过静力方程的积分也可完全确定；确定初始速度场，通常有两种方法：假设其初值为 0（即 $u = v = w = 0$）或取水平压力梯度力达到地转平衡时的速度。如果初始密度场是水平的，即只作为 z 的函数，这两种方法就是等价的。

对于由湍流闭合假设导出的海洋环流方程，u、v、θ 和 S 四个变量在海洋表面、海底和侧边界都需要边界条件。虽然存在不同的取法，但选择适当的固体侧边界和底边界条件是争议最少的。传统上假设在这些固体壁上为诺伊曼条件（Neumann 条件），即温度和盐度的通量为 0。取常数涡旋扩散系数，这相当于在垂直于侧壁和海底方向上 θ 和 S 的梯度为 0。

海底动量边界条件，对于垂直于海底的动量通量，通常假定一个海底拖曳项。侧壁动量边界条件取狄利克雷条件（Dirichlet 条件），一般作无滑动处理，即取切向和正交方向速度分量为 0；或作自由滑动处理，只假设正交方向应力为 0。海洋表面动量边界条件，一般取海洋表面风应力，有时风作为作用于近海表层整体的驱动力。

海洋表面温度边界条件的选择方法有很多。对于海气耦合模式，计算穿过海气界面的热通量所需要的量都是模式预报的。在未耦合的海洋环流模式中，为使问题闭合，必须做些假设规定通量，最简单的假设是规定海洋表面温度（T_s）。这样假设的原因是海洋表面温度的观测比热通量更精确，对海洋内部环流可提供更可靠的强迫，但这种假设不大适合高分辨率研究，这是因为时间演变和温度分布的空间尺度与模式内部物理过程一般不能很好匹配。

温度边界条件最通用的方法是根据模式预报的海洋表面温度（T_s）和规定的大气状态（海洋表面气温、湿度、风速、云量等）计算表面热通量。由于海洋表面气温与海洋表面温度通常很接近，因此常用简单的线性近似去计算海洋表面能量平衡。穿过海洋表面的热通量 Q：

$$Q = Q_1 + \frac{\partial Q}{\partial T}\bigg|_{T=T_a}(T_a - T_s) \tag{4-63}$$

式中，T_a 为观测的海洋表面气温；Q_1 为穿过海洋表面的太阳辐射即部分长波辐射和潜热。

海洋表面盐度与海洋表面蒸发（E）、降水（P）、来自大陆的径流（R）和海冰厚度的变化率 $\left(\frac{\partial h_1}{\partial t}\right)$ 有关，因此，海洋表面盐度边界条件可由式（4-64）计算：

$$K_v \frac{\partial S}{\partial z}\bigg|_{z=0} = S_0\left(E - P - R + \frac{\partial h_1}{\partial t}\right) \tag{4-64}$$

式中，K_v 为垂直方向的涡度扩散系数；S_0 为参考盐度，为常数。

1）刚盖近似

对于研究气候问题的海洋环流模式，其边界条件常取刚盖近似。刚盖近似基本原理是规定海洋表面边界的垂直速度为 0，从而消除高频的表面重力波，可以使用较大的时间积分步长。刚盖近似用变量分离方法把水平速度分成与深度无关的正压模态和与深度有关的斜压模态，便于分别求解。

刚盖近似也存在许多缺陷，主要是不能直接预报海洋表面高度，因而不适用于海洋表面高度资料的同化；滤去了表面重力波，不适用于潮汐研究。

2) 开边界条件

对于区域海洋环流模式，非固体壁的侧边界称为开边界。目前主要的开边界条件有海绵边界条件、辐射边界条件和 Steven 开边界条件。其中海绵边界条件的原理和大气环流模式中的海绵边界条件相似，即在距离侧壁规定的宽度内设置一个海绵层。辐射边界条件主要是根据临近边界点计算波动传播相速，近似表示波在边界的耗散特征。Steven 开边界条件考虑了入流和出流的不同情形。当边界上为入流时，可将边界条件取为气候值。为了消除边界处和模式区域内部的不连续，采用松弛方法，以使得边界上的值随着积分的进行向观测资料接近，其方程为

$$\frac{\partial \Phi}{\partial t} = \frac{1}{a}(\Phi_{\text{ext}} - \Phi) \tag{4-65}$$

式中，Φ_{ext} 为边界处给定的气候资料；$\frac{1}{a}$ 为恢复系数。

当边界上为出流时，边界上不使用强迫，区域内产生的波动可以传向区域外，并且在边界处无反射，从而不影响区域内的解，采用的方程为

$$\frac{\partial \Phi}{\partial t} = -\frac{v + c_{\Phi}}{a} \frac{\partial \Phi}{\partial \varphi} + K_{\text{h}} \frac{\partial^2 \Phi}{\partial z^2} + A_{\text{h}} \nabla^2 \Phi \tag{4-66}$$

式中，a 为地球赤道半径；φ 为纬度；K_{h} 和 A_{h} 分别为垂直和水平扩散系数；c_{Φ} 为相速度。上一时刻的计算值可由式（4-67）反算出来：

$$\frac{\partial \Phi}{\partial t} = -\frac{c_{\Phi}}{a} \frac{\partial \Phi}{\partial \varphi} \tag{4-67}$$

规定 c_{Φ} 的取值与辐射边界条件中计算的相同。

Steven 开边界条件一方面区分了入流和出流的情形，而另一方面是对原始方程很好的近似。其不仅考虑了内波向外的辐射，还考虑了正交于边界方向的平流输送及各方向的湍流扩散。

建　模　篇

第5章 引入耦合气候系统模式

气候变化深刻影响着自然界，也深刻影响着人类社会，成为全球必须共同面对的重大挑战。因此有必要建立一类能够综合多方面因素的模型，以实现气候系统与经济系统间的联通研究。地球系统模式和综合评估模型是研究人类活动与气候变化关系的两类主要工具。本章概述耦合气候系统模式的发展历史、现状和未来的发展方向，详细介绍目前我国的几个耦合气候系统模式，阐述将目前的耦合气候系统模式应用到研究人类活动与自然系统相互关系中的不足，给出未来耦合气候系统模式的可能发展方向。

5.1 耦合气候系统模式概述

5.1.1 耦合气候系统模式的发展历史

除了观测之外，依赖于计算机的数值模型也是进行全球变化研究的主要手段。而目前用于研究气候系统各个圈层和圈层间相互作用关系以及全球变化的主要工具则是耦合气候系统模式。耦合气候系统模式的先驱是 Phillips（1956）提出的两层准地转大气环流模式（AGCM），该模式成功地再现了大气环流的月和季度变化。20 世纪 60 年代，随着数值计算机的发展，大气环流模式得到了迅速的完善和发展。例如，美国的地球物理流体动力学实验室和美国国家大气研究中心的 AGCM 都取得了一定的进展（Smagorinsky et al., 1963; Manabe et al., 1968）。与此同时，来自美国地球物理流体实验室的海洋学家 Byran 和 Cox（1967）也发展了三维的海洋环流模式，并且科学家们也意识到在 AGCM 中加入海洋过程的重要性。第一个海气耦合环流模式（AOGCM）在 20 世纪 60 年代末研发成功（Manabe and Bryan, 1969），这为后来海气耦合环流模式的发展奠定了基础。70 年代，Manabe 和 Wetherald（1975）首次成功利用 AGCM 对 CO_2 浓度倍增或者改变太阳常数情况下的气候进行了模拟，后续又利用简单的海气耦合环流模式进行了 CO_2 浓度的敏感性试验等（Manabe and Stouffer, 1980; Manabe et al., 1981），这些开创性的工作为后期利用耦合气候系统开展人类活动对气候变化的研究提供了基础。

然而，此时的 AGCM 和 AOGCM 模式都还没有加入详细的陆面过程模式，而仅仅将其作为一个分量或者一个初值过程（史学丽，2001；薛永康和曾凡荣，1998），无法体现各种地表过程如生态、水文等与大气之间的相互作用关系。20 世纪 80 年代，地面观测手段和技术的改进，促进了人们对陆面过程的深入认识和了解，相应地，不同复杂程度的陆面过程模式也得到了一定的发展，如开始在陆面过程模式中较为真实地考虑植被的生理过程等。

20 世纪 80 年代以后是大气环流模式、海洋环流模式、陆面过程模式和耦合模式快速发展的阶段，这得益于世界气候研究计划组织和实施的一系列模式的比较计划。这些比较计划包括大气模式比较计划（AMIP）（Gates，1992；Gates et al.，1998）、耦合模式比较计划（CMIP）（Meehl et al.，2000，2005）、全球能量和水循环（GEWEX）试验计划、20 世纪气候模拟（C20C）比较计划、大气模式水球（APE）比较计划、气候预测与社会应用计划（CliPAS）等。这些国际组织和计划推动了各类气候模式的快速发展，而这些模式的模拟结果也为 IPCC 出版的评估报告提供了数据支撑。

随着更多物理、生物化学模块等的扩展以及参数化方案的改进，气候系统模式的分辨率也在不断提高，最初 1990 年发布的 IPCC 第一次评估报告所采用的模式分辨率大约为 500km，第二次（1995 年）和第三次（2001 年）评估报告中模式分辨率分别提高到 250km 左右和 180km 左右，而在第四次（2007 年）评估报告中模式分辨率提高到 110km 左右，第五次（2014 年）评估报告中的一些模式分辨率已经提高到 60km 左右，而纳入最新第六次评估报告的模式分辨率已经达到 30km 左右。新一代的耦合气候系统模式不仅仅包含了大气、陆地、海洋和海冰等各个圈层以及圈层间的能量与水分循环等过程，而且已经考虑了完整的陆地和海洋碳氮循环过程（周天军等，2014；王斌等，2008；王会军等，2004），因此，也被称作地球系统模式。

综上所述，耦合气候系统模式经历了大气环流模式、海洋环流模式、海–气耦合模式、海–陆–气耦合模式，以及海–陆–气–冰耦合模式的发展，目前正在向包括更多生物物理化学过程的地球系统模式发展（图 5-1）。

5.1.2　国内外耦合气候系统模式的发展现状

耦合气候系统模式是开展多圈层和多学科研究的重要工具，其发展水平代表一个国家的科技综合发展实力和在有关全球变化研究方面的国际竞争力。目前国际上已经发展了几十个耦合气候系统模式，在 CMIP5 中，有将近二十多个国家或机构的四十多个耦合气候系统模式参加了该计划，而参加最近的 CMIP6 的模式已经达到一百多个版本，这一百多个版本来自三十多个不同的国家或机构。

我国科学家在气候系统模式的发展方面也做了大量的工作，并且取得了令人瞩目的成绩。尽管从 CMIP1（1995 年）到 CMIP3（2004 年），我国都只有来自中国科学院大气物理研究所的一个模式参加这些模式比较计划，但是到 2010 年左右，我国已经发展了 5 个自主开发的耦合气候系统模式，分别为 BNU-ESM、BCC-CSM1.1、FGOALS-g2、FGOALS-s2 和 FIO-ESM。这 5 个模式都参加了 CMIP5，并且为 IPCC 第五次评估报告提供了历史模拟和预估结果。参与 CMIP 的中国模式数量发生了从 1 到 5 的转变，反映了我国模式研发队伍的壮大和中国气候模式研发的格局，自此也从中国科学院一枝独秀进入中国科学院、有关部委和高校三足鼎立的局面（周天军等，2019）。

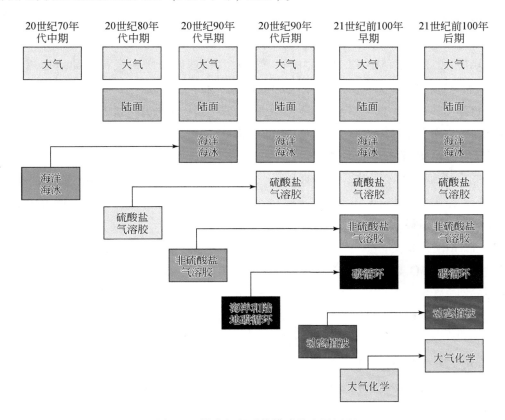

图 5-1　耦合气候系统模式的发展历程

　　BNU-ESM 模式的特点是陆面分量模块采用北京师范大学自主开发的公用陆面过程模式（CoLM），CoLM 模式不但包含主要的物理生物功能模块，而且还加入了基于全球 Lund-Postdam-Jena（LPJ）动态植被模式的碳–氮耦合生物地球化学模块；大气分量模块采用美国国家大气研究中心开发的 CAM3.5，包括化学传输模块（MOZART）和火山气溶胶模块等；海洋模块采用美国地球物理流体动力学实验室的 MOM4pl，包括海洋生物化学模块 IBGC；海冰分量模式采用洛斯阿拉莫斯国家实验室（LANL）的 CICE4.1 模式。耦合器采用美国国家大气研究中心的 CPL6.5，相对于 NCAR-CPL6，模式开发人员对耦合通量进行了修改和优化，从而实现了不同分量模块之间的能量和物质交换（Wu et al.，2015）。

BCC-CSM1.1 是由中国国家气候中心开发的多圈层耦合气候系统模式，它包括四个分量模式，分别为大气、陆面、海洋和海冰。其中大气分量模式为 BCC-AGCM2.0，这是在美国国家大气研究中心的 CAM3.0 基础上发展起来的，AGCM2.0 在 CAM3.0 的基础上引入了独特的参考大气和参考地面气压，并且在物理参数化方案方面也做了一定的修改和改进，如积雪覆盖度参数化方案等；陆面分量模式为 CLM3，加入了动力植被和土壤碳循环模块 AVIM；海洋分量模式是在美国地球物理流体动力学实验室的 MOM4 的基础上发展的 MOM4_L40；海冰分量模式为 CSIM4，BCC-CSM1.1 采用的耦合器是 CPL5（辛晓歌等，2019）。

FGOALS-g2 和 FGOALS-s2 是由中国科学院大气物理研究所大气科学和地球流体力学数值模拟国家重点实验室（LASG）发展的耦合气候系统模式（唐彦丽等，2019；包庆等，2019），FGOALS-g2 和 FGOALS-s2 的主要区别在于两者采用的大气分量模式不同，FGOALS-g2 采用的是格点形式的 GAMIL2，而 FGOALS-s2 采用的是谱模式 SAMILS，GAMIL2 和 SAMILS 都是 LASG 的研究者自主开发的，Zhou 等（2014）对 GAMIL2 和 SAMILS 的发展和主要区别做了详细的介绍。FGOALS-g2 和 FGOALS-s2 采用的海洋分量模式和陆地分量模式都是由 LASG 科学家自行开发的 LICOM2 和美国国家大气研究中心开发的 CLM。海冰分量模式分别采用的是 CSIM5 和 CICE。

FIO-ESM 模式是由自然资源部第一海洋研究所研发的耦合气候系统模式，该模式由大气环流模式（CAM3.0）、海洋环流模式（pop2.0）、海冰模式（CICE4）和陆面模式（CLM3.5）以及海浪模式（MASNUM）五个分量模块组成，各个分量模块通过通量耦合器 CPL 实现（宋振亚等，2019）。

CMIP6 从 2013 年开始设计，2016 年开始实施，除上述 5 个模式外，我国又增加了另外 5 个模式参加 CMIP6，这 5 个模式分别为中国科学院开发的地球系统模式 CAS-ESM、中国气象科学研究院开发的 CAMS-CSM、南京信息工程大学开发的 NESM v3、清华大学开发的 CIESM 和台湾"中研院"环境变迁研究中心开发的 TaiESM（周天军等，2019）

CAS-ESM 是由中国科学院发展的地球系统模式，其大气分量模式是中国科学院大气物理研究所的第五代大气环流模式 IAP AGCM5，其水平分辨率为 1.4°。海洋分量模式是 LICOM2，水平分辨率为 1.0°、赤道经向加密至 0.5°，设计考虑盐通量的适定的盐度边界条件，引入新的海气湍流通量计算方案——Fairall 方案。陆面模式为 CoLM，改进了对冻土碳反馈过程和陆表能量收支的描述。海冰模式分量为洛斯阿拉莫国家实验室（LANL）发展的 CICE4.0，耦合器为 CPL7（Xie and Zhang，2015）。

CAMS-CSM 是由中国气象科学研究院研发的地球系统模式，其大气分量模式由德国马普气象研究所的 ECHAM5（v5.4）改进而来，模式水平分辨率为 T106（约 120km），垂直方向 31 层，模式顶为 10hPa。海洋分量模式为美国地球物理流体的力学实验室的 MOM4。MOM4 采用三极格点，纬向分辨率为 1°，经向分辨率在 10°S ~ 10°N 为（1/3）°，10°S（N）~30°S（N）由（1/3）°逐渐过渡到 1°，其他区域为 1°。垂直方向共 50 层。海冰分量为美国地球物理流体动力学实验室 GFDL 的 SIS。陆面分量为 CoLM，并在 CoLM 中考虑了土壤未冻水过程。CAMS-CSM 的上述 4 个分量模式通过美国地球物理流体动力学实验室的柔性建模系统（FMS）耦合器耦合（容新尧等，2019）。

NESMv3 是由南京信息工程大学发展的地球系统模式，其大气分量模式采用德国马普研究所的 ECHAMv6.3 模式，分辨率为 T63，在经向和纬向方向上网格距约为 2.8°，垂直方向上有 47 层，从地面一直延伸至 0.01hPa。采用的陆面分量模式是 JABACH。海洋分量模式是欧盟联合开发的 NEMOv3.4，在模式中增加了海洋混合层的盐析过程和海水状态方程的刚性化处理，海洋分量模式水平分辨率约为 1°×1°，经向方向在热带地区加密到（1/3）°，垂直层数为 46 层。海冰分量模式是洛斯阿拉莫斯国家实验室（LANL）开发的 CICE 海冰模式，在经向和纬向方向上分辨率约为 1°×0.5°，垂直方向上分为 5 层，分别是 4 层海冰和 1 层冰上积雪（曹剑等，2019）。

CIESM 是由清华大学牵头发展的地球系统模式，该模式以当前领先的美国国家大气研究中心的公共地球系统模式 CESM1.2.1 为基础。其大气分量模式采用谱元（SE）动力框架，水平分辨率约为 100km，垂直分辨率为 30 层，模式层顶高度为 1hPa。针对 CESM 原有的一些系统偏差，对大气积云对流参数化、短波辐射传输、云宏微物理方案，以及气溶胶的处理都进行了改进。海洋模式基于洛斯阿拉莫斯国家试验室（LANL）的 POP2 模式，水平分辨率为 0.5°，有 60 个垂直层，从表面每层 6m 到底部每层 250m，深度达到 6000m，在海洋网格、正压求解器、混合方案以及海气通量交换的计算等方面进行了一系列改进。陆面模式基于 CLM4.0，并对土壤参数集、地表能量分配方案等做了一系列改进。海冰模式基于 CICE4.1，与海洋模式使用相同的网格，在海冰物理和动力过程方面做了改进（林岩銮等，2019）。

从上面的叙述中，可以看出不同的耦合气候系统模式采用的分量模式、物理过程参数化、分辨率、动力框架等具有明显的不同。因此，耦合气候系统模式在模拟实际的气候变化时各有所长，并且模式间的模拟结果具有一定的差异。例如，金晨曦和周天军（2014）评估了 FGOALS-g2、FGOALS-s2、BCC-CSM1-1 和 BNU-ESM 模式对东亚冬季风年际变率的模拟能力，结果表明四个模式都能再现观测的 3.1 年主导周期，但是只有 FGOALS-s2 和 BNU-ESM 能够模拟出观测中的 2.5 年主导周期。由于地球系统本身的复杂性，目前并不存在一个完美的模式对实际气候变化的所有指标和过程都模拟得很好，这是目前国内和国际上发展了诸多耦合模式的原因之一，也是目前研究者一般采用多模式集合的方法来进行气候变化模拟和预估的主要原因（Sillmann et al., 2013; Young et al., 2013）。

5.2 耦合气候系统模式的应用与不足

5.2.1 耦合气候系统模式的应用

耦合气候系统模式在气候变化的模拟预估、机制机理分析以及责任与归因方面起着举足轻重的作用。在将耦合气候系统模式应用于气候变化的预估等研究之前，首先需要评估模式对气候系统不同圈层物理过程的模拟能力。对于大气圈层来说，目前的耦合气候系统模式能够较好地模拟观测的全球气温的时空变化特征包括由火山喷发造成的全球变冷等。相对来说，模式对区域降水和云的模拟能力较低，如 Mehran 等（2014）的研究表明多数耦合模式高估了地形比较复杂的区域（如非洲南部和亚洲等）的降水，而低估了干旱区域的降水。而 Dolinar 等（2015）的研究结果则表明，与卫星观测结果相比，CMIP5 多模式集合结果低估了 8% 的总云量。耦合气候系统模式对年际至百年尺度全球和半球气候变率的模拟也具有较大的可靠性，大多数模式可以再现主要的气候模态，如北大西洋涛动（NAO）、印度洋偶极子（IOD）、ENSO 等（Gillett and Fyee，2013；Weller and Cai，2013；Bellenger et al.，2014）；另外，耦合气候系统模式对全球或区域的极端气候指数也具有一定的模拟能力（Wuebbles et al.，2013；Yang et al.，2014）。除此之外，耦合气候系统模式对陆地生态系统的能量和水分循环过程也具有一定的模拟能力，如 Alkama 等（2013）通过评估 CMIP5 模式对地表径流的模拟表明，耦合模式可以很好地再现全球径流的多年平均状态。Stroeve 等（2012）的研究表明，CMIP5 模式可以模拟北极海冰的多年平均（1979～2011 年）状态，并且可以反映过去几十年北极海冰的下降趋势。

新一代的耦合气候系统模式加入了陆地和海洋碳氮循环，以及大气化学过程如硫循环、臭氧过程等，是研究地球不同圈层生物化学反馈过程的主要工具。Anavet 等（2013）对 CMIP5 模式模拟海洋和陆地碳通量效果的评估研究表明，耦合气候系统模式能够再现影响陆地和海洋碳循环时空演变的主要气候指标，如海洋表面温度、混合层深度、陆地初级生产力（GPP）等，但是大多数模式高估了光合作用和叶面积指数，而低估了海洋的初级生产力。因此，耦合气候系统模式对陆地和海洋碳循环的描述还有待于提高。

在对耦合气候系统模式进行评估的基础上，耦合气候系统模式还广泛应用于气候变化的归因和预估研究。例如，在 CMIP5 和 CMIP6 的试验设计中包括仅包含人类活动（温室气体、人为气溶胶、土地利用等）外强迫的试验和仅包含自然外强迫的试验，通过比较两组模拟试验的结果，定量分析人为因素在气候变化中的作用。

另外，CMIP 还包括基于不同情景的未来气候变化预估试验，以此来评估不同政策和经济发展路径下的可能气候变化和社会环境风险，这可以为政府决策提供一定的科学依据。在 CMIP6 之前，IPCC 已经发布了三次主要的温室气体排放情景，分别为 IS92、《排放情景特别报告》（SRES）和典型浓度路径情景（RCPs），而历次报告中的未来气候变化预估也是基于以上几种情景进行的。例如，IPCC 第二次评估报告主要评估了基于 IS92 情景的未来气候变化，第三次和第四次评估报告则评估了基于 SRES 的未来气候变化，而第五次评估报告则评估了基于 RCPs 的未来气候变化。在 CMIP6 中，IPCC 调整了情景开发模式，提出了由社会经济情景和气候情景共同构成的新情景框架。

CMIP5 试验设计方案还包括不同典型浓度路径情景下的预估试验，这是目前利用耦合气候系统模式进行未来气候变化预估的主要途径。在 CMIP6 中采用了社会经济情景和气候情景共同构成的新情景框架。新情景框架中的社会经济情景由共享社会经济路径（Shared Socioeconomic Pathways，SSPs）表示，气候情景由 RCPs 表示，在 SSPs 和 RCPs 之间，以共享气候政策假设（Shared Climate Policy Assumptions，SPAs）为纽带，用其表示在某一社会经济路径下实施一定的气候减缓/适应政策，以实现相应的辐射强迫目标。

另外，除基本的气候变化模拟和预估外，针对其他不同的科学问题，如气候变化的归因、内部气候变率等问题，CMIP 设计了不同的试验方案来专门探索和解决这些问题。例如，在数值模拟科学试验的设计上，着重回答以下三大科学问题：①地球系统如何响应外强迫；②造成当前气候模式存在系统性偏差的原因及其影响；③如何在受内部气候变率、可预报性和情景不确定性影响的情况下对未来气候变化进行评估。为此，除代表气候诊断、评估和描述的核心试验（包括 AMIP 试验、工业革命前参照试验、4 倍 CO_2 浓度突增试验、CO_2 浓度每年增加 1% 的强迫试验）以及历史气候模拟试验的二级试验外，CMIP6 还批准了 23 个模式比较子计划（MIPs）。

这 23 个 MIPs 包括：气溶胶和化学模式比较计划（AerChemMIP），耦合气候碳循环比较计划（C4MIP），二氧化碳移除模式比较计划（CDRMIP），云反馈模式比较计划（CFMIP），检测归因模式比较计划（DAMIP），年代际气候预测计划（DCPP），通量距平强迫模式比较计划（FAFMIP），地球工程模式比较计划（GeoMIP），全球季风模式比较计划（GMMIP），高分辨率模式比较计划（HighResMIP），冰盖模式比较计划（ISMIP6），陆面、雪和土壤湿度模式比较计划（LS3MIP），土地利用模式比较计划（LUMIP），海洋模式比较计划（OMIP），极地放大模式比较计划（PAMIP），古气候模拟比较计划（PMIP），辐射强迫模式比较计划（RFMIP），情景模式比较计划（ScenarioMIP），火山强迫的气候响应模拟比较计划（VolMIP），协同区域气候降尺度试验（CORDEX），平流层和对流层的动力学和变率（DynVarMIP），海冰模式比较计划（SIMIP），脆弱性、影响和气候服务咨询（VIACSAB）。

这些专门的试验方案在帮助人们探索和解决新的科学问题的同时，也大力促进了数值模式的改进和发展。

5.2.2　耦合气候系统模式的不足

耦合气候系统模式经过几十年的发展，逐步完善了对自然系统各个圈层以及圈层间相互作用过程的模拟，并且在应对气候变化、气象灾害的防灾减灾、大气污染综合治理及生态安全评估等方面起着举足轻重的作用，但是也存在一些亟须解决的科学问题，这些问题是利用目前的耦合气候系统模式无法实现的。这主要表现在以下两方面。

其一，尽管耦合气候系统模式的发展已经逐步趋向和接近科学界认知的完善或完美，但是模式仍然存在很大的不确定性，造成这种不确定性的主要原因包括不同模式采用的模式动力框架和物理过程的不同，同一模式采用不同的参数化方案，以及同一模式采用不同的初值等。人们不能消除这种不同模式或者同一模式不同参数化或初值造成的不确定性，只能根据这种不确定的来源通过选择不同的集合方法如多模式集合、多初值集合等减少这种不确定性。

其二，由于模式最初的开发和立足点都是基于气候系统中不同圈层的物理、化学及生物等过程，其发展的路径和目标也是对更多的生物、物理过程以及圈层间相互作用过程的补充和完善，但是随着人类文明的进步和经济水平的发展，人类活动与自然系统的相互作用也日益明显。而目前的耦合气候系统模式还没有完全耦合人类社会系统，只是将化石燃料的排放作为外强迫条件来研究人类活动对气候变化的影响，无法体现人类活动与自然系统之间更加复杂的关系，如政策措施、减排方案，以及气候变化对社会经济产出和排放等的影响，而这些问题对于政策制定者和决策者以及未来的可持续发展都是非常重要的。

5.3　耦合气候系统模式的未来发展

5.3.1　传统的发展方法

传统耦合气候系统模式的发展方法主要是集中在各个子分量模块的发展，如通过继续加强和完善耦合气候系统模式中各个子分量模块（大气、海洋、陆地、冰雪等）之间的相互作用或提高各个子分量模式的分辨率，来提高耦合气候系统模式对实际气候系统的模拟能力。这包括发展更为完善的碳氮循环模块或者加入尺度更小的物理化学过程等，或者是通过降尺度的方法，在区域尺度上认识自然或人类活动导致的气候变化，包括气候变化对水循环、水资源的可利用性，以及潜在气候突变等的认识。

5.3.2 加入人类活动子模块

在传统的耦合气候系统模式的基础上，加入与社会发展、经济政策和气候变化影响相关的人类社会系统模块，形成真正意义上的地球系统模式，即人–地系统耦合模式。从这方面发展耦合气候系统模式的优势是不再仅仅将温室气体的排放作为气候变化的一个外强迫条件来研究人类活动对气候变化的影响，这是因为新的人–地系统耦合模式加入了社会经济过程，能够更好地体现人与自然的互动过程，即不仅人类可以通过社会经济行为产生温室气体，从而对气候和环境造成影响，而且气候和环境的变化还会影响人类对经济活动的决策过程。这样可以用其进一步研究人类活动对全球粮食、水资源、健康和能源等的影响，从而更好地为人类的可持续发展与有序人类活动的研究服务。

5.3.3 天气–气候无缝隙预报一体化模式

气候系统模式与天气预报模式的主要差别在于气候系统模式考虑了完整的海–陆–气–冰的耦合过程，而天气预报模式中没有考虑海洋、海冰等的耦合，只是采用了耦合了陆面过程的大气模式，一般气候系统模式的分辨率也远远低于天气预报模式。但是目前随着气候系统模式的快速发展，这一差别也在逐渐缩小，因此，发展用于无缝隙预报的天气–气候一体化模式也是未来地球系统模式发展的主要方向。

|第 6 章| 综合评估模型的引入

地球系统模式与综合评估模型共同构成了研究人类活动与气候变化关系的两类主要工具。地球系统模式主要描述了气候圈层以及圈层之间复杂的动力学、热力学与生物化学作用过程，在研究气候变化的机理、归因及预估等方面取得了显著的成果；综合评估模型则集成了能源、经济、政策、气候变化及气候变化的影响等过程，尤其在气候变化的政策影响等研究中被广泛应用。本章介绍了气候变化综合评估模型的基本框架、建模思想与模块集成，以及将其应用于全球气候变化研究的优势和不足。

6.1 综合评估模型

到目前为止，综合评估模型没有一个严格的定义，不同的研究者对其的表达和描述不尽相同。Tol 和 Vellinga（1998）对这些定义进行了概述与总结，不难发现所有的定义都在强调两个关键点，一个是不同领域多学科的交叉，另一个是气候变化或环境政策的评估和制定。因此人们可以将综合评估模型简单地理解为建立描述决定气候变化的经济、环境、政策等因素之间复杂关系的框架，在此框架下研究人为气候变化的影响以及气候变化政策的有效性。而综合评估模型则在简化复杂气候系统模式的基础上，集成了社会经济发展、能源排放、减排策略以及气候变化对经济的影响和反馈等不同领域的知识，体现了社会经济活动—排放—气候变化—气候变化影响—经济活动的完整循环关系。这类模型由于具有计算量较小、易于运行等优势，成为评价气候变化政策的有效性以及确定特定排放路径的重要工具（Jassen，1998；Dowlatabadi and Morgan，1993）。下面就综合评估模型的发展历程、集成和构建方法以及应用等方面的内容进行详细介绍。

6.1.1 综合评估模型发展历史回顾

综合评估模型起源于 20 世纪 60 年代人们对全球环境问题的研究。为了研究环境与人类活动的关系，需要综合自然科学与人文社会科学等不同领域的知识，系统地阐明问题的基本结构和解决方法。为此，许多学者引入了综合评估的政策评价过程，并以此为目的开发了跨多学科的大规模仿真模型，即综合评估模型（森田恒幸等，1997）。

20 世纪 70 年代末，经济学家 Nordhaus（1979）描述了第一个集成能源消费、碳排放和大气中 CO_2 浓度的模型，后来在这方面的发展集中在对更多自然物理过程的扩展、其他温室气体（如 CH_4 等）的加入以及气候变化影响模块的加入等。这就将经济系统与气候系统集成在一个模型框架里，通过碳排放等变量实现二者的耦合，以此构建了 DICE 模型，实现了综合评估模型在气候变化领域的应用。

第一个尝试从排放源到气候变化影响进行完全集成的模式是 IMAGE1.0 模式（Rotmans，1990），该模式也为 ESCAPE 模式的发展奠定了基础（Rotmans et al.，1994）。20 世纪 90 年代，综合评估模型得到了较快的发展，典型的模式如 CETA（Peck and Teisberg，1992）、DICE（Nordhaus，1992a，b）、ICAM（Dowlatabadi et al.，1995）、PAGE（Plambeck et al.，1996）以及 RICE（Nordhaus and Yang，1996）等。Weyant 等（1996）、Tol 等（2003）对这些模式进行了详细的总结和描述。综合评估模型在空间尺度上往往以全球或国家与区域为单位，如 PAGE 模型将全球分为欧盟、东欧和苏联、中国和中亚、印度和东南亚、非洲和中东、拉丁美洲和其他经济贸易合作组织等 8 个区域；而 RICE 则将全球分为美国、日本、欧盟、苏联、中国和其他区域 6 个区域。最新的综合评估模型加入了更多的模块，包括土地利用、陆地碳循环、气候变化对水循环、健康的影响以及空气污染等模块。

随着国际社会对气候变化的关注度提高，气候变化综合评估模型作为评估气候政策的有力工具，开始被政府与研究者采纳。2006 年，英国政府基于剑桥大学 Chris Hope 所开发的 PAGE 模型的计算结果，发布了《斯特恩报告》（Stern，2007），引起了全世界对气候变化的关注。IPCC 评估报告中的很多成果也是基于气候变化综合评估模型的结果，并对国际气候变化合作与谈判有重要影响力。同时，大批科研机构、学者与非政府组织（NGO）等开始关注气候变化综合评估模型。此领域的学术论文迅速增加，一些论文发表在世界权威期刊上，引起了学术界的广泛重视。

目前国际上应用最广泛和最具有代表性的综合评估模型有 ASF（Pepper et al.，1992）、AIM（Matsuoka et al.，1995）、MARIA（Mori，2000）、MiniCAM（Brenkert et al.，2003）、MIT-IGSM（Sokolov et al.，2005）、IMAGE（Bouwman et al.，2006）和 MESSAGE（Moss et al.，2010）。其中 IMAGE、MiniCAM、AIM 和 MESSAGE 四种模式分别发展了典型浓度路径 RCP 2.6、RCP 4.5、RCP 6.0 和 RCP 8.5，这组新的温室气体排放情景为 CMIP5 中的 21 世纪气候变化预估试验提供外强迫条件。而上述这些模式也参与了 IPCC 第三次和第四次评估报告中 IS92 和 SRES 排放情景的开发。CMIP6 的情景比较子计划所用的共享社会经济路径则由 6 个不同的综合评估模型根据不同的共享社会经济路径（SSP）开发得到，这 6 个综合评估模型分别是 AIM、GCAM、IMAGE、MESSAGE-GLOBIOM、REMIND-MAgPIE 和 WITCH-GLOBIOM。共享社会经济路径描述了在没有气候变化或者气候政策的影响下，未来社会的可能发展，SSP1、SSP2、SSP3、SSP4 和 SSP5 分别代表了可持续发展、中度发展、局部发展、不均衡发展和常规发展 5 种路径。由此可见，综合评估模型在未来排放情景的开发中发挥着举足轻重的作用。

6.1.2 综合评估模型框架

综合评估模型通常建立在投入产出分析的基础上，通过引入气候变化的减排成本函数和损失函数，以及最大化贴现后的社会福利函数，得到最优的减排成本路径。综合评估模型对气候政策的评估一般包括六步（图6-1）：①对未来的温室气体（或 CO_2 当量）在基准情景（BAU）以及各种可能的减排情景下进行预测，得出未来的温室气体浓度；②由温室气体浓度变化得出全球或区域的平均温度变化；③评估温升带来的 GDP 和消费变化；④评估温室气体减排的成本；⑤根据社会效用和时间偏好假设评估减排效益；⑥分析比较减排带来的损失和减排带来的未来效益。

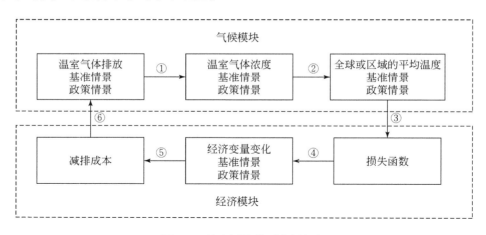

图 6-1　综合评估模型分析框架

当前已有的综合评估模型根据建立原则的不同，大致可以分为三类：技术优化模型、一般均衡模型和最优增长模型。技术优化模型是自下而上地描述每个行业或部门的运行过程，其运行需要行业或部门的详细信息。一般均衡模型是自上而下的模型，通过构建不同区域的行业或部门之间的关联性，模拟国家政策等因素对社会经济的影响。最优增长模型也是采用自上而下的方法，并结合宏观经济学的方法，通过假定一段时期内（几十年内）累积福利最大或累积损失最小，模拟国家宏观经济运行或行业经济运行。综合评估模型按其区域划分又可分为全球模型和区域化模型。全球模型是指把全球当作一个整体的模型，区域化模型指将全球分为若干区域的模型。

根据模型自身的特点，三类模型的应用领域和范围也显著不同。从能源角度发展起来的技术优化模型是目前综合评估模型的主流模型，但是技术优化模型通常只侧重于描述能源相关部门的部分均衡，因此通常要与经济模型进行进一步连接以体现对经济发展的总体影响。一般均衡模型能够整体反映不同行业和国家经济发展，但缺少对技术的详细描述，因而在研究实现有关情景的技术选择等问题上不具优势。最优增长模型是最早实现经济系统与气候系统相互影响的模型。我国学者王铮和蒋轶红发展了一个包含内生技术进步与国际贸易机制的最优增长模型，并对国际上各种流行的气候保护方案做了评估（刘昌新等，2016）。

综上，气候变化综合评估是一个多学科交叉的领域。全球气候系统极其复杂，影响气候变化的自然因素很多，涉及辐射、大气、海洋和陆地等诸多方面。气候变化与社会经济也在互相影响，人类活动（如化石燃料使用、土地利用变化等）会对全球气候系统产生影响，而气候变化也会对社会经济系统产生影响。此外，气候变化与国际政治密切相关，已成为国际谈判的重要筹码。气候变化已经从一个有争议的科学问题转变为政治问题、经济问题及环境问题。因此，解决气候变化相关问题，必须综合多学科的理论体系，系统地阐明问题的结构和解决方法。气候变化综合评估模型综合了经济系统与气候系统，能够更准确、更真实地评价气候政策。当前世界上具有影响力的气候变化综合评估模型主要来自发达国家，其在制定国家气候政策以及应对国际气候变化的谈判中发挥了巨大作用。中国在气候变化自然科学研究领域已具备了一定的科学积累，但在社会经济系统影响评估方面仍然相对薄弱，亟须从本国国情出发建立气候变化综合评估模型，提高中国在气候变化领域的话语权。

6.2　综合评估模型的集成和构建方法

完善的综合评估模型应该至少包括三个子模块，分别为人类活动子模块、自然系统子模块和气候变化影响子模块，这三个子模块遵循各自的构建理论和方法，并且通过一些关键的物理或者经济因子（如温室气体排放量、气温、GDP 等）进行子模块之间的连接与集成。大多数子模块可以单独运行，也可以与其他模块耦合之后进行运行。图 6-2 给出了几种综合评估模型的集成思想和建模方法，下面对综合评估模型 IAMs 各个模块的建模方法进行详细的介绍。

6.2.1　人类系统子模块

人类社会活动子模块主要描述一定人口、经济、能源需求和供应以及农业经济与贸易等条件下的温室气体排放量。根据其建模的思想与理论，可以分为五大类，分别为福利最优化模型、一般均衡模型、局部均衡模型、模拟和成本最小化模型等。福利最大化模型直接由劳动力和资本等决定的经济增长模型来描述产出与消费（非控制性排放），而用简单损害函数表示的气候变化影响直接对经济产出产生影响，在整个过程中通过调节投资率、温室气体控制率等变量使得贴现后的福利达到最大，这方面的代表性模型是 FUND 模型、DICE 模型和 MERGE 模型。例如，FUND 模型用盖亚（Kaya）恒等式来表示排放，DICE 模型采用柯布−道格拉斯生产函数表示经济的增长。在动态优化模型中综合考虑福利最大化与成本最小化原理。一般均衡模型相对比较复杂，描述了从产品到服务再到最终消费的一般经济循环流，从生产要素（劳动力和资本）的投入到生产商，再从生产商向最终消费提供产品和服务的一致性逻辑。其中消费者提供未来的劳动力和资本投入，得到报酬，然后用所得的报酬再去支付生产商提供的产品和服务，政府通过碳税、能源税、贸易许可等进行调控使得社会福利最大化，模式同样也描述产品在部门之间的流动。例如，麻省理工学院开发的排放预估与政策分析模型（EPPA），以及国家发展和改革委员会能源研究所与美国西北太平洋国家实验室合作开发的针对能源系统的可计算一般均衡模型 IPAC-SGM等。局部均衡模型的典型代表是 MiniCAM 中的 ERB 模型，主要由能源供应、能源需求、能源平衡和温室气体排放四个模块组成。能源供应和能源需求模块由人口、劳动生产率、技术进步和能源价格等内生变量和外生变量决定，而能源平衡模块计算世界上每种能源市场的均衡，温室气体排放在前三个模块计算的能源服务的基础上得到。

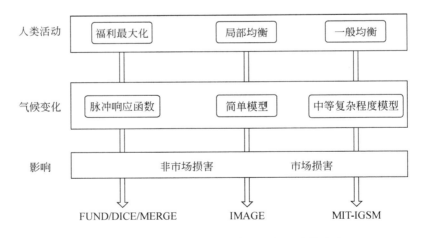

图 6-2　几种综合评估模型的集成思想和建模方法

6.2.2　自然系统子模块

自然系统子模块在综合评估模型中的作用主要体现在以下四方面：①给定温室气体排

放后计算大气中温室气体的浓度；②计算温室气体浓度下产生的辐射强迫；③计算气温对辐射强迫的响应；④计算其他变量（如冰雪覆盖、海平面等）对气温变化的响应。

以上四方面主要涉及自然系统中的陆地和海洋碳循环，生物化学循环和能量平衡等基本过程，根据模型对碳循环描述的复杂程度，又可以将其分为三种类型，分别为脉冲响应函数模型、简单气候模式（SCM）和中等复杂程度的地球系统模式（EMICs）。

注重经济过程的成本效益分析模型，如 EMRGE 模型、FUND 模型和 PAGE 模型等，采用脉冲响应函数（Maier-Reimer and Hasselmann，1987）描述自然系统中的碳循环过程。

对于较为注重和强调物理过程的综合评估模型来说，采用 SCM 来表达温室气体与气候变化的因果关系。这类模式主要集中于对某一特定过程的反馈与敏感性研究，如碳循环、土地利用和土地变化对气候变化的反馈等，而较简单地描述自然系统中各个圈层以及圈层之间的其他相互作用和反馈过程。它通常以全球或者半球的形式代表陆地–海洋–大气系统，然后利用能量平衡方程估算温升、海洋热吸收的基本特征等，并且可以与简化的生物化学模型进行耦合，从而较为快速地给出不同温室气体排放情景下全球平均气温和海平面的变化。研究表明，通过选择和调试合适的参数（如气候敏感性参数等），SCM 可以在全球或半球尺度上表现出与 GCM 相似的特征。综合评估模型中应用最广泛的 SCM 是 MAGICC（Wigley and Raper，2001）。例如，IAMGE 和 MiniCAM 都采用 MAGICC 作为其自然系统子模块。MAGICC 采用上升流扩散能量平衡模型结合简单的全球陆地碳循环模型（Wigley，1993）和海洋碳循环模型（Wigley，1991）来反映温室气体产生的气候变化。

EMICs 的复杂程度介于 SCM 和耦合模型之间，它一方面尽可能多地描述和模拟自然系统中大气、海洋、陆地和海冰等模块的动力过程以及模块之间的反馈，另一方面又通过参数化的方式适度地简化各种过程和细节的描述，因此它的优势是其在具备耦合模式基本特征的前提下，计算效率相对较高，成为模拟地球系统的有力工具（Claussen et al.，2002；Petoukhov et al.，2005）。将 EMICs 与人类活动子模型成功地进行双向耦合的典型代表模型是 MIT-IGSM。该模式的自然系统子模块包括大气、海洋、陆地三个模块。大气模块是在地理信息系统（GIS）大气环流模式的基础上建立的 2D 动力模型，并且在模块中加入了全球大气化学循环和城市污染模块；陆地模块为通用陆面模式（CLM），海洋模块采用水平分辨率为 4°×4°，垂直为 15 层的 MIT-3D 海洋环流模式，并且在海洋模块中加入了用来计算碳循环、海洋酸度、磷循环等的生物化学模块，另外还包括一个两层的海冰子模块，用其计算海冰的厚度和覆盖率。大气模块与 CLM 的耦合过程为大气模块向 CLM 提供基本的气象要素（如温、压、湿、风等），CLM 计算的表面热通量和动量通量反馈给大气模块，而计算的土壤水热通量等用于陆地生态模块和自然排放模块的计算，最终将 CO_2、CH_4、N_2O 等通量反馈给大气模块。大气/陆地与海洋的耦合步长为 1 天，大气模块计算的 24h 平均表面热量、淡水、动量通量以及基本的气象要素等传递给海洋模块和海冰模块，海洋模块与海冰模块积分 24h 之后将海洋表面温度、海冰温度、海冰覆盖率以及海气 CO_2 通量等传递给大气模块，与耦合气候系统模式类似，整个过程也涉及海气通量调整的问题。

6.2.3　气候变化影响子模块

　　研究表明，气候变化会对环境、生物及人类活动等产生负面影响，综合评估模型中的气候变化影响模块是相对比较简单的，重点关注气候变化对社会经济的影响，因此该模块的输出结果一般都是与人类活动的社会经济模块进行连接的。综合评估模型将气候变化对人类社会经济的影响抽象为两个层面的内容，分别为市场损害和非市场损害。市场损害包括能够通过市场价格间接或者直接进行衡量的损害，如气候变化引起的农作物产量损害、海平面上升引起的损害等；非市场损害指不能通过市场觉察到的损失，如气候变化引起的生态系统、疾病、生物多样性损害等。

　　综合评估模型中确定气候变化对社会经济影响的理论方法主要是：①计算全球平均气温升高的情况下，气候变化的影响占 GDP 的比例；②社会碳成本的估算；③在一定的经济发展、技术变化等假设条件下，气候变化的经济影响按照时间的发展、综合贴现到现在的值等方面进行表达和描述。然而，在数学表达方面主要有两种形式，即物理单位表达和货币化表述。其中货币化表述较为简单，包括简单形式和基于过程的形式。简单形式往往由 $1\sim2$ 个公式进行表述，大多数模式采用的公式是幂函数，如 FUND 模式采用二阶多项式，而 MERGE 模式则采用曲棍球函数。大部分损害函数采用全球平均气温作为损害函数的输入变量，也有一部分模式考虑了气温的变化幅度和变化速率的影响。

　　基于过程形式的描述考虑更多的变量（如区域气温、降水、土壤湿度等），MiniCAM 采用这种形式。Tol 和 Fankhauser（1998）对 20 多种 IAMs 所采用的气候变化影响模块进行了详细的总结和分类。

6.3　气候变化经济影响的展开研究

　　工业发展带动经济发展的同时，也像一把双刃剑，危害着人类赖以生存的环境。化石燃料的使用在为经济增长提供动力的环节发挥着重要作用，与此同时，化石燃料的使用也造成了 CO_2 等温室气体的大量排放。碳排放带来的潜在负面影响，使控制 CO_2 排放的必要性和紧迫性引起了人们广泛关注，改善碳排放现状已在国际上达成广泛共识。

6.3.1 基于碳转移排放的经济模块

为了更公平、有效地分配区域间的碳减排责任，激励经济中的参与者更积极地参与到碳减排的行动中，政策制定者首先需要掌握各区域的碳排放特征。基于公平的原则，除了了解区域特征外，政策制定者还需要界定碳排放责任的承担者。需要注意的是，碳排放责任和碳排放是两个概念，碳排放不是静态的，且碳排放不仅与生产活动直接相关，也与消费活动联系紧密。生产过程中直接使用化石燃料会释放 CO_2 等温室气体是不言而喻的，而消费者在购买或使用产品的过程中，虽然没有直接产生碳排放，但实际上也应承担部分碳排放责任，这是因为这一部分产品或服务虽然由厂家生产，但却是被消费者使用。因此，基于生产者原则的碳排放责任的界定存在弊端，而基于消费者原则的碳排放责任更全面地从实际使用的角度反映了碳排放责任。从微观上说，个体消费者需要承担其所使用产品的碳排放责任；拓展到宏观的层面，部门甚至区域之间存在商品的流通，其中包括作为中间投入的半成品的贸易，也包括作为最终消费的成品贸易。因此，在宏观的层面上，部门甚至区域之间就存在碳排放转移及碳排放责任界定的问题。界定碳排放责任也从碳排放的实际权责上，进一步为政策制定者制定碳减排政策提供依据，并激励生产者和消费者双方参与减排活动，而在区域或部门中，界定生产者和消费者的碳排放责任对于政策制定者来说，更能有的放矢，提高机制设计的效率。

分析区域间的碳排放转移，也是分析在跨区域贸易中的隐含碳排放。隐含碳排放，是基于消费者的角度，计算贯穿在产品或服务从生产到消费的过程中，直接或间接产生的碳排放。分析隐含碳排放的方法主要有生命周期评价（LCA）法、碳足迹（CF）法和投入产出分析（IOA）法。

隐含碳排放的讨论可以追溯到产品生命周期评价。LCA 法分析了产品或服务在生命周期中对环境的影响，包含了产品或服务在生产、分配、使用和弃置过程中的资源使用及对环境的影响（Hertwich and Peters，2009）。产品的生产，包括其他生产系统中的半成品投入，这就要求在计算隐含碳排放时打破生产边界，考虑和产品生命周期相关的直接和间接的能源投入及由此产生的碳排放。从 20 世纪 90 年代开始，结合 LCA 的投入产出分析开始出现。IOA 法和 LCA 法具有显著区别。其中 IOA 分析部门或区域之间的贸易；LCA 分析产品在生产、分配、使用和弃置过程中特定的物理产品的流动。然而，二者在思想上是一致的，即 IOA 和 LCA 都是通过线性方程把投入和产出联系在一起的（Lave，1995）。

CF 法来源于 Wackernagel 和 Rees（1998）提出的生态足迹（ecological footprint）概念，其核心是包括了在产品生产过程中的间接排放部分，反映了产品在生命周期中对环境的影响。碳足迹是一个基于消费的碳排放概念。Wiedmann 和 Minx（2008）认为产品生命周期是碳足迹的思想基础之一，并将碳足迹定义为在一项活动或产品完整的生命周期中所累计的、直接的和间接的、无互相重叠部分的碳排放总量，它包含所有可能引起碳排放的因素。IOA 可以分析由最终需求引起的对环境的直接影响和间接影响，而碳足迹衡量的正是基于消费需求引发的所有隐含碳排放。IOA 在分析碳足迹的过程中具有举足轻重的地位。IOA 提供了一种自上而下的碳足迹的分析方法，并且在分析产业、区域等经济结构方面，也较容易实施（Wiedmann，2009）。

由 Leontief（1936）提出的 IOA 法，将总产出表示为中间投入和最终消费之和。最早的投入产出表是由 Leontief 构建的单区域投入产出（single regional input output，SRIO），随后 IOA 法由单区域拓展到多区域，进而发展形成多区域投入产出（multiply regional input output，MRIO）。从 1950 年起，MRIO 被应用在区域经济的研究中，Isard（1951）提出了 IOA 法可用于多区域分析，Chenery（1953）和 Moses（1955）分别将其应用到意大利和美国的区域经济分析中。

在 1970 年之后，IOA 开始应用在环境影响的分析中。近年，越来越多的学者使用 IOA 法研究国际贸易中的隐含碳排放和基于消费者责任的碳排放，如 Peters（2008）基于 87 个经济体，研究国际贸易中的隐含碳排放，并引发对碳排放责任界定的讨论。Su 和 Ang（2011）把基于单区域投入产出的碳足迹分析解读为测量隐含在双边贸易中的碳排放（emission embodied in bilateral trade，EEBT），把基于多区域投入产出的分析解读为多区域之间的隐含碳排放，其中单区域投入产出模型在分析 EEBT 时，考虑的是每两个区域间的隐含碳排放，而模型是将所有区域同时考虑在内。本质上，两种方法都是基于地理边界或生产过程的碳排放及消费者原则的再分配，但这种分配机制在单区域投入产出和多区域投入产出之间存在不同。单区域投入产出采用直接再分配，而多区域投入产出采用间接再分配。也就是说，多区域投入产出还考虑了进口品的反馈循环，即一国的出口品可能需要贸易方的进口品作为其中间投入，而单区域投入产出没有考虑这点。因此，和单区域投入产出相比，多区域投入产出在分析区域间生产活动和消费活动的关联上具有优势。特别地，Kanemoto 等（2011）通过分析得出，虽然在总量上，单区域投入产出和多区域投入产出在整体范围内的总和是相等的，但是当一国或地区生产的产品提供给最终消费者的比例更大时，多区域投入产出将大于单区域投入产出；反之，当一国或地区用于中间产品的生产比例更大时，多区域投入产出将小于单区域投入产出。

6.3.2 基于应对气候变化影响的经济模块

气候变化对自然生态系统和社会经济系统都会产生影响，如引起极端天气频发、海平面上升、农作物产量下降等。目前已有多项研究指出，气候变化造成的经济损失与温升幅度有非常密切的关系（Burke et al., 2015）。应对气候变化的政策研究要权衡两方面：应对气候变化需要付出的成本以及可以避免的损失。如果现有研究无法对气候变化经济影响做出合理有效的评估，那么当前制订的气候政策和设定的减排目标就缺乏重要的支撑。

本书介绍的综合评估模型连接了气候系统和经济系统，可以在一个综合的框架下对气候政策和气候变化影响进行评估，目前已经在气候领域得到了广泛应用。20 世纪 90 年代以来，经欧美国家学者的深入研究，综合评估模型已从纯理论探讨进入应用阶段，近年的有关模拟结论已被 IPCC 等国际组织采纳。随着综合评估模型的不断发展，其与大型气候模式，甚至地球系统模式的耦合已经成为一种必然趋势（董文杰等，2016）。两类系统（模式）的耦合存在的众多科学问题和技术问题亟待解决。而其中关于耦合的一个重要的科学问题是如何通过构建损失函数实现气候变化对经济影响的量化。

如图 6-3 所示，在各种综合评估模型中，大多通过构建损失函数来实现其与大型气候模式或地球系统模式的双向耦合，进而反映经济系统对气候模式的影响机制以及气候模式对经济系统的影响效果。损失函数是一种对气候变化造成的经济损失的评估函数，具体来讲，就是指气候变化所导致的地表温度升高、海平面上升和极端气候事件（如干旱、暴雨洪涝、风暴、热浪和飓风等）对农业、林业、水资源、能源消耗、生态系统和人类健康等领域产生的社会经济影响（Tol，2012）。因此，损失函数对气候变化的社会经济影响的评估十分重要。表 6-1 介绍了国际上主要的综合评估模型中损失函数的构建方式。

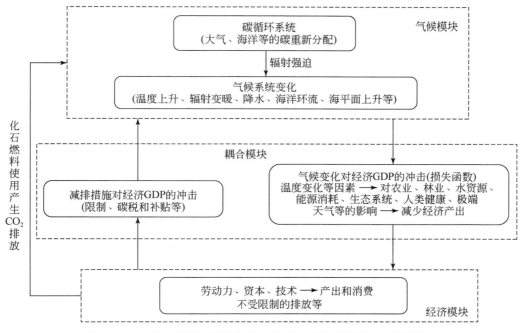

图 6-3　综合评估模型气候模块与经济模块的关系及损失函数框架图

表 6-1　国际上主要综合评估模型中损失函数的构建方式

综合评估模型	气候因素	损失函数形式
DICE-2007	气温	二次函数
Weitzman	气温	二次函数
Lempert 等	气温、气温变率、碳浓度	气温的二次函数、气温变率的三次函数
Stemer 等	气温	二次函数
Keller 等	气温	二次函数
Azar 等	气温	气温的二次函数、危害性的四次函数
Ackerman 等	气温	幂函数（指数范围为 1~5）
Kopp 等	气温	对数正态分布的指数函数
FUND	气温、气温变率、碳浓度	多形式函数
PAGE	气温	指数函数（指数范围为 1~3）
MERGE	气温	二次函数
CETA-M	气温变率	气温变率的三次函数
MRICES	气温	二次函数

资料来源：Kopp et al., 2012。

综合评估模型的损失函数的主要作用是将气候模块反映的气候变化因素转化为社会经济影响。从气候变化影响的评估功能看，损失函数需要解决一个问题，即气候变化造成的经济损失的量化。气候变化的影响范围很广，包括生态破坏、生命健康损害、经济破坏等，其评估工作存在巨大的不确定性。生态与生命健康的损失评估难以货币计量化，即便是可以货币计量的经济损失评估工作也仍然存在众多问题。关于气候变化的经济损失评估已经有大量的学者做了相关的研究，如 PAGE2002 模型，结合 IPCC 在气候变化关注的 5 个方面（受威胁的生态系统的风险、极端气候事件的风险、影响分布、累积影响和灾难性的风险），对每吨 CO_2 所产生的平均边际影响进行了分析（Hope，2006）。

构建损失函数，需要厘清气候变化对经济系统的影响，尤其是对不同经济部门的影响。

许多研究显示了渔业部门会明显受到气候变化的影响（Shah and Jing，2018）。一般来说，气候影响着世界上所有的地区，自然系统的变化显然能够通过直接或间接的途径对不同地区的经济政策产生不可避免的影响。对于渔业部门来说，气候变化可能对鱼类生产产生重大影响，也可能导致食品安全性方面出现一系列问题。因此，对于一个国家而言，想要使渔业人均生产总量的水平保持稳定，采取适当的战略来适应气候变化是不可或缺的。一些鱼类，如比目鱼，其生产对渔业十分重要，是海产品生产中的重要组成部分。然而，这种鱼类生产的可持续性正受到气候变化以及其他非气候人类压力因素的挑战。因此，迫切需要人们扩大对不同鱼类及渔业对气候变化影响的脆弱性和风险的认识，并采取适当的措施来缓解这种负面影响，同时重视海洋养殖的潜力，将气候变化纳入鱼种保护和渔业管理措施的考虑因素之中。

另外，许多学者已经证实了气候变化对农业部门的经济影响（Luc et al., 2011）。例如，对许多非洲国家来说，农业对国内生产总值起着至关重要的作用。农业可能是对气候变化最敏感的部门之一，气候变化对农业的影响是多方面的。气候变化将增加我国未来农业生产的不稳定性，产量将出现较大波动。农业生产部门的布局和结构、农业生产条件将发生变化，农业成本和投资将大幅增加。此外，全球变暖将导致某些地区地表径流变化、干旱洪涝频发、水质变化，特别是水资源供需矛盾。

随着气候变化造成的损害越来越明显，各种不同金融资产的表现同样可能受到影响（Misa et al., 2016）。近年来随着气候变化对经济的作用受到越来越多的关注，一些气候经济相关研究者认为，气候对金融体系的影响应当引起重视。有研究表明，气候变化可能对金融系统的稳定性产生严重影响。气温上升和气候变化造成的经济灾难可能会降低企业的盈利能力，并恶化企业的财务状况。因此，气候造成的影响可能包括债务违约，从而导致银行的系统性损失，企业盈利能力下降，再加上全球变暖带来的损害，会影响投资者的信心，使流动性偏好上升，导致企业部门发行的金融工具被低价售出，造成亏损。

气候变化对经济部门的影响同时包括对能源需求和能源供应的影响。在能源需求方面，温室气体排放导致的全球温升效应会导致对空调制冷相关的能源需求增加、对取暖相关的能源需求降低等。在能源供应侧方面，温室效应会对火电厂发电效率，以及水电、风电、光电等能源供应环节产生影响。Cian 等（2007）利用计量的方法定量分析了煤、油、气、电的需求与温度等参数之间的关系，结果显示气候变化导致的温度增加会显著增加电力需求，而减少其他能源品种的需求。气候变化也会对能源供应产生一定影响，Vliet 等（2012）的研究指出气候变化导致的夏季径流量的减少以及冬季水温的上升会降低美国和欧洲的火电发电效率。

Nerem 等（2018）的最新研究表明，每年海平面的上升幅度较前一年的上升幅度平均增加（0.084±0.025）mm，如不采取相关措施，到 21 世纪末全球海平面的平均上升幅度与 2005 年相比可能会达到（65±12）cm。海平面上升的影响主要体现在对沿海地区造成的危害，包括低海拔地区被淹没和发生洪水，湿地被侵蚀，生态系统被破坏，工业、农业用地及固定资产被淹没破坏，以及沿海地区人口向内陆迁移等。其中土地损失和资本损失是不同综合评估模型最为关注的两类损失。

气候变化导致的高温不仅会导致很多疾病的发病率和死亡率增加，还会恶化工作环境，降低劳动者工作效率。综合评估模型主要从三方面考虑气候变化对人类健康的影响：一是疾病发病率和死亡率的上升导致工作时长减少；二是高温、疾病等导致生产效率降低；三是疾病导致医疗消费支出增加（Franchini and Mannucci, 2015）。适应性和不确定性也是综合评估模型在评估气候变化影响时需要关注的问题。对于不同经济部门，人口、年龄结构、收入、技术、相对价格、生活方式、监管和治理方面的变化都会增加或减少气候变化的影响程度。

6.3.3　基于减缓及效果的经济模块

按 IPCC 减缓气候变化工作组的定义，减缓气候变化指人类通过削减温室气体的排放源或增加温室气体的吸收汇而对气候系统实施的干预（IPCC，1996）。为了减缓气候变化，人类社会可以选取相应的方法或措施，控制或减少温室气体排放，或通过绿色植物吸收大气中的 CO_2，从而减少大气温室气体浓度。伴随经济的快速发展，中国能源 CO_2 排放总量居世界第一位，在全球 CO_2 排放总量和增量中占重要地位。为减缓气候变化，不同经济部门都可以实施相应的措施，实现对温室气体排放量的控制。

能源供应部门。对于能源供应部门，最有潜力的减排方法是新能源产业的发展。相比于传统的化石能源，水能、风能、太阳能等发电方式几乎不会产生温室气体的排放，从而能够大量减少温室气体的排放。以中国为例，中国是世界上新能源资源最丰富的国家之一，为实现 2020 年非化石能源在一次能源消费需求中比例达 15% 的目标，计划通过增加水能发电、风能发电、太阳能发电、生物质能发电的装机量，减少每年 16.8 亿 t 左右的 CO_2 排放（表 6-2）。同时，若核能发电装机容量可以达到 0.6 亿 kW，每年也可减少 3.5 亿 t 左右的 CO_2 排放。随着"2060 年前实现碳中和"目标的提出，中国的新能源产业将以更快的速度发展，预计 2030 年中国新能源产业将能减少每年约 37 亿 t 的排放（表 6-2），相当于中国 2018 年全国 CO_2 排放量的一半。

表 6-2　非化石能源发展减排量预估

发电技术	2020 年		2030 年	
	装机容量 /亿 kW	减排量 /亿 t CO_2	装机容量 /亿 kW	减排量 /亿 t CO_2
水能	3.8		4.6	
风能	2.0		4.5	
太阳能	1.0	16.8	3.6	28.2
生物质能	0.3		0.5	
核能	0.6	3.5	1.5	8.8

注：以上数据来自何建坤等（2020）的研究。

终端需求部门。对于终端需求部门，减排战略更多放在如何提倡能源的节约与高效利用上。随着城镇化进程的发展与居民生活水平的日益提高，建筑、交通等部门仍然会有很多的能源需求，与新能源的结合尤为重要。将新能源应用于照明、汽车等必需品中必定会促进行业减排的发展，另外，低碳消费模式也是需要被推广普及的。中国的基础设施建设完善，人们开始注重生活质量，消费升级会导致一些不必要的能源浪费。加强低碳生活的宣传教育，普及如"蚂蚁森林"等节约能源的环保行动能够从消费侧激励人们减排的热情。

农业林业部门。林业部门是各部门中最大的碳汇部门，而农业部门则是各部门中第二大碳排放源，仅次于能源部门。2010年，中国的森林碳汇量有将近5亿t CO_2-eq，农业温室气体排放则在8亿~9亿t CO_2-eq，农业、林业的减排应该协同进行。而以2005年为基准年，到2020年和2030年，造林和森林经营减排增汇技术潜力为每年4.92亿~8.11亿t CO_2-eq，畜牧业减排潜力可达1.37亿~1.7亿t CO_2-eq（何建坤等，2020）。农业的减排技术主要包括水稻田水分管理、农田氧化亚氮控制、农田土壤和草地固碳、畜牧业营养调控、秸秆氨化和青贮处理，以及畜禽废弃物发酵处理并回收利用沼气。林业的减排技术主要包括植树造林、森林经营、森林保护、木质林产品利用和替代。

中国农业、林业的减排实施相比于能源等部门的减排成本相对更低，见效也较显著，并且有很高的生态价值。良好的农业、林业经营不仅会促进减排目标的实现，也能改善部分生态脆弱区的生态环境，并发挥中国地大物博的资源禀赋，促进一些地区的经济发展与就业。除此之外，电力、钢铁、交通等部门的关键减排技术如表6-3所示，很多技术不仅能实现减排，也能正向促进该部门的技术进步与整个经济活动的发展，符合可持续的发展方式。

表6-3 电力、钢铁、交通等部门的关键减排技术

经济部门	减排技术
电力	超临界、大规模陆地风力发电，高效天然气发电，第三代大型先进压水堆，特高压输电技术，先进水电技术，太阳能光伏发电
钢铁	高压干熄焦，干法高炉煤气余压透平发电装置（TRT），高炉高效喷煤技术，负能炼钢，余热余压回收，煤调湿技术，高炉煤气燃气蒸汽联合循环发电
水泥	大型新型干法窑，高效粉磨，纯低温余热发电，采用粒化高炉矿渣、粉煤灰、火山灰等材料减少水泥熟料含量
化工	大型合成氨，大型乙烯生产装置，乙烯原料替代
建筑	绿色照明，新型墙体保温材料，节能电器，热电联产，太阳能热水器，热泵技术
交通	提高单车燃油经济性的发动机技术、传动系技术和整车技术，先进柴油车，铁路电气化，城市轨道交通，高速铁路，混合动力汽车
通用技术	变频调速技术，先进电机

注：以上资料来自何建坤等（2020）的研究。

减排技术。二氧化碳捕集、利用与封存（CCUS）技术是一种把碳"埋"在地下的技

术，与能源活动将煤炭等包含碳的能源从地底开采出来相反，CCUS 技术则可以将工业活动中的碳排放直接注入地下 800～3500m 深度的地质构造中，通过一系列的岩石物理束缚、溶解和矿化作用而将 CO_2 封存在地质体中。当前，可用于封存 CO_2 的地质体有陆上咸水层、海底咸水层、枯竭油气田等，以咸水层封存为主，封存容量可达千亿吨量级。这项技术能够对中国以煤炭为主的能源行业产生巨大的帮助，减排潜力巨大（Chen W et al.，2013）。目前，CCUS 技术仍存在能耗高、成本高、长期安全性不稳定和可靠性有待验证等问题，这导致该技术尚无法大规模应用于实际生产活动中。中国地质调查局先后启动了全国二氧化碳地质储存关键技术研究、全国二氧化碳地质储存潜力评价与示范工程、二氧化碳地质储存与资源化利用调查、准噶尔等盆地二氧化碳地质储存综合地质调查等项目。中国陆域内塔里木、鄂尔多斯、松辽等 13 个大中型盆地，以及海域东海陆架/渤海、珠江口等 16 个大中型沉积盆地，储存潜力大，储盖层条件相对较好。在未来，能耗低、成本低，并且适用于大范围应用的 CCUS 技术将会对中国实现碳中和的目标非常重要。

6.4　综合评估模型的应用意义与局限性

综上所述，综合评估模型是应对气候变化的基础工具。发达国家都在争相发展综合评估模型，这不仅是为了占据科学制高点，更重要的是利用其给出可信的评估结果，服务于其国家利益，抢占气候变化外交谈判的话语权。我国目前经济总量居世界第二，温室气体排放量居世界第一，面临日益严峻的减排压力。然而，作为一个发展中国家，我国正处于全面建成小康社会，开启建设社会主义现代化强国新征程的关键时期，能源需求和碳排放还将保持刚性增长。解决社会经济发展与温室气体减排的突出矛盾要求我国加深对气候系统与社会经济相互作用的认识，探索应对气候变化和社会低碳发展的优化路径。如果我国在气候变化对社会经济影响的认识上，不能准确预测或预估未来气候变化的影响，就无法制定合理应对气候变化的措施，会严重制约社会经济的可持续发展。气候变化经济影响综合评估模型的研发是多学科交叉研究的集中体现，也是连接自然科学和社会经济科学的关键。越来越多的研究将通过地球系统模式和综合评估模型的双向耦合，构建气候变化经济影响综合评估模型，完善并改进地球系统模式和综合评估模型，从而带动与其相关的大气、陆地、海洋，以及能源、交通、农业等多个自然和社会系统模型的发展。

6.4.1　综合评估模型的分类与应用

由于综合评估模型集成了不同复杂程度的人类经济活动模型、自然系统模型和气候变化影响子模型，因此可以根据其最初建模的思想和重点关注的内容，在应用方面将其分为政策优化模型和政策评估模型。

政策优化模型通过优化主要的控制参数（如碳税等）使得福利最大化或成本最小化，以达到特定的温室气体浓度。这类模型主要用于研究以下几方面：①在一定的温室气体浓度目标或者辐射强迫条件下的最佳政策或减排路径。其中 van Vuuren 等（2011a，b）发展了 2150 年辐射强迫达到 $3.7 \sim 5.3 W/m^2$ 的多种路径，而 IPCC 第四次评估报告总结和描述了 2100 年达到 $445 \sim 490ppm$ 的减排路径；另外，刘嘉等（2011）则利用 MAGICC 模型研究了将温室气体浓度稳定在 450ppm 和 500ppm CO_2 当量下排放路径的不确定性以及影响，结果表明，目标浓度的变化取决于该阶段内的累积排放量；而姜克隽等（2009）利用 IPAC 模型设计了三个中国未来中长期能源和温室气体排放情景，与此同时探讨了中国实现低碳情景所需的技术和路径。②模拟和衡量气候变化影响和减排政策的成本与效益。例如，能源模型论坛研究 EMF-16 利用多个综合评估模型来研究和评价《京都议定书》的减排成本；高鹏飞等（2004）利用能源、环境、经济耦合的中国 MARKAL-MACRO 模型研究了中国 CO_2 的边际减排成本以及减排对能源系统的影响，结果表明当减排率为 $0 \sim 45\%$ 时，碳边际减排成本为 $0 \sim 250$ 美元/t，而实施碳减排将导致化石能源等价格的上升和各种能源服务需求的下降。③不确定条件下的政策制定，考虑了人类活动和自然系统中关键参数的不确定性。政策优化模型的优势在于形式简单，计算速度较快，而不足之处在于自然系统子模块中往往采用最简单的响应函数，因此其缺乏对动力气候的模拟，忽略了气候系统中的各种反馈关系。

政策评估模型多用来预估一定政策下的物理、生态、经济和社会变化等。这类模型重点描述土地利用、碳循环、硫酸盐气溶胶等，最终定量给出气候变化对区域的生物物理的影响，如高霁（2012）利用 GCAM 模拟分析了不同情景下土地利用、碳排放和生物能源供给等变量。

6.4.2　综合评估模型的改进方向

国内外在综合评估模型的研究和发展方面已经有了一定的基础，然而从科学的角度来看，所有的综合评估模型采用的自然系统子模块都是非常简化的，尤其是对碳循环过程，如对陆地和海洋碳循环等做了很大的简化。已有研究表明，采用不同复杂程度的碳循环模块会对气候变化的影响，以及政策的制定与有效性产生较大的影响（Schneider and Thompson 1981；Schultz and Kasting 1997；Smith and Edmonds 2006）。Smith 和 Edmonds（2006）的研究表明，碳循环的不确定性会使得目标浓度产生 100ppm 的差别，同样采用不同强度的碳循环反馈过程会使得达到特定温室气体浓度目标（如 550ppm）的经济成本相差数万亿美元。吴静等（2014）对 DICE 模型和 RICE 模型中单层碳库模型和三层碳库模型的比较结果表明，这两类不考虑陆地生态系统对碳循环贡献的模型的准确度都低于考虑陆地生态系统的 Svirezhev 碳循环模型。因此，综合评估模型发展的一个主要方向应该是加入更加详细的自然系统子模块。耦合气候系统模式详细地描述了自然系统中各个圈层以及圈层之间的相互作用过程，如果用其替代综合评估模型中的自然系统子模块，将会大大提高综合评估模型模拟结果的准确性。

鉴于耦合气候系统模式和综合评估模型的优势与不足，可以也应该尝试结合两种模型/式中的最优部分，将其发展为真正意义上的人–地系统耦合模式，从而更好地为全球气候变化的研究提供服务。

第7章 人–地系统动力学模式双向耦合的探索

研究人类活动与气候变化的相互影响,地球系统模式和综合评估模型在研究人类社会系统与自然系统相互作用关系方面各有优势,又各有不足。由于地球系统模式和综合评估模型一直以来都是各自独立发展的,其建模思想、应用变量等都有很大不同,因而将两类模式直接进行耦合是具有一定难度的,需要在不断探索的基础上进行必要的梳理和厘清。

7.1 构建人–地系统动力学模式的必要性

7.1.1 气候变化是自然过程与人类活动相互影响的结果

气候变暖的现象已经在气候系统的各个圈层(如大气圈、水圈、冰冻圈等)都有所体现。自工业革命以来,全球大气中的 CO_2、CH_4、N_2O 等温室气体浓度明显增加,已经远远超出了冰芯记录以来几千年的值。气候变化的原因主要可以分为两大类:一类是自然因子,如太阳辐射的变化、地球轨道的变化、火山喷发以及大气和海洋的环流变化等。自然因子引起的气候变化主要体现在季节转换、历史旱涝、冰期和间冰期转化等各种时间尺度上。这种自然过程不受人类活动的影响。另一类则是人类活动。人类主要通过化石燃料的燃烧和土地利用等活动,向大气中排放 CO_2、CH_4、N_2O 等温室气体,温室气体则通过吸收来自地面和大气的长波辐射而产生正的辐射强迫,使得大气的温度升高。目前科学界普遍认为,人类活动是近半个世纪全球气候变暖的主要原因。随着气候变化检测研究的深入,在大气和海洋变暖、海平面上升等现象中都已经检测到人类活动的影响。人类社会系统对近半个世纪的全球气候变化负有不可推卸的责任。

减缓和应对气候变化刻不容缓,而温室气体的减排则是有效减缓气候变化最直接的措施之一,但是温室气体的减排是与一个国家和地区的经济与社会发展息息相关的,尤其是对于发展中国家来说,公平起见,不能对其采用强制的减排措施。

我国是一个人口众多,经济发展水平相对较低,自然灾害频发和生态环境脆弱的发展中国家,并且目前的能源结构主要以煤炭为主,这使得中国在减缓和应对气候变化方面也面临着巨大的挑战(何建坤等,2007)。作为一个负责任的发展中国家,中国政府通过实施调整经济结构、推动技术进步、提高能源效率、发展低碳能源和可再生能源、改善能源结构等政策与措施，为减缓气候变化做出了积极的贡献。

未来各个国家或地区提出的减排方案或其经济模式的转变，到底会对全球气候变化产生多大的影响，过去我国已经采取的政策措施对历史气候变化又有怎样的影响，以及未来究竟该采取怎样的长期减排或减缓措施，才能够实现地球系统的可持续发展，这些问题都是目前亟待解决和回答的。

人–地系统动力学模式耦合框架如图 7-1 所示。

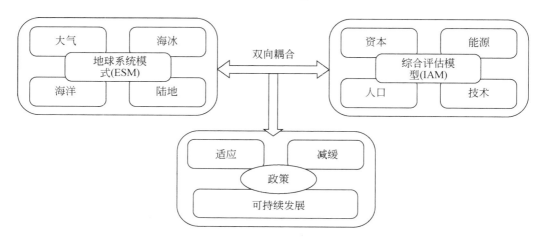

图 7-1　人–地系统动力学模式双向耦合框架

资料来源：杨世莉等，2019

7.1.2　地球系统模式与综合评估模型重视经济因素的必要性

地球系统模式和综合评估模型是研究人类活动与气候变化关系的两类主要工具。

地球系统模式以描述地球系统不同圈层（大气圈、水圈、陆地、冰冻圈等）的动力、物理、化学和生物等过程的数学方程组（物理模型）为基础，通过大型计算机程序化运算完成和实现对这些方程组的数值求解，进而确定不同时刻各个圈层主要要素的变化特征和规律。地球系统模式基本组成含 5 个功能块（图 7-2）：物理气候系统（天蓝色）、生物地球化学系统（深黄色）、与人类活动影响相关联的人文（或社会科学）系统（紫红色）、固体地球（蓝色）和与太阳活动有关的空间天气（红色）。固体地球和空间天气的影响在物理气候系统模式和地球气候系统模式中只是用已知的资料作为单向强迫来简单考虑，只有在地球系统模式中才能得到较客观的描述。地球系统模式从概念出发，是指用一系列数学方程组对地球系统进行表征。这些方程中，不仅包括了动力学方程组，还包括了参数化方案等。它们因此构成了以物理甚至生化过程为理论依据的模型，在此基础上采用数值的方法进行求解，这样的过程就是地球系统模式的运行过程。由于地球系统模式运转涉及多个圈层，包涵多尺度耦合、多种复杂的参数化过程，需要进行大规模的计算和海量数据的诊断与处理，其发展受到多方面的制约并面临严峻的挑战。

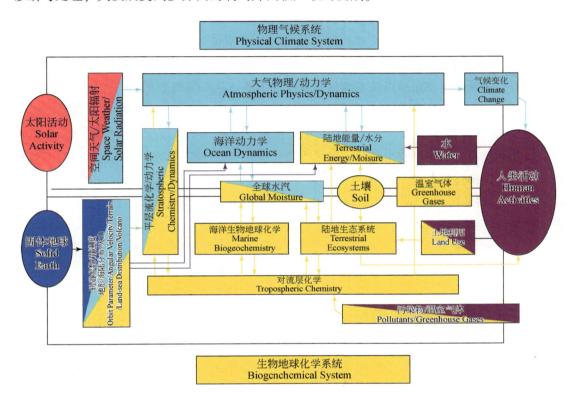

图 7-2 地球系统概念图

资料来源：王斌等，2008

综合评估模型目前是研究气候问题和评价气候政策较为有效的工具。作为一个规模较大的模型，它包含了人类活动影响和一些经济、社会的变量。一个成功的案例，是麻省理工学院的集成全球系统模式框架（IGSM），它包括排放预测和政策分析（EPPA）模型，并使用具有中等复杂性的地球系统模式作为地球系统的组成部分。它已被广泛用于解决地球系统建模的科学目标，并有助于为决策过程提供信息。然而，中国在这一领域的研究进展甚微。

随着人类社会与自然系统相互作用关系的加强，地球系统模式和综合评估模型在研究社会经济系统与自然系统的相互作用关系方面逐渐显现出各自明显的不足。

社会经济系统是一类重要的、典型的复杂系统。与无生命的系统和生物及生态系统对比，社会经济系统具有若干特殊的情况与性质，使得它更难于被认识、描述和控制。社会经济系统是一个以人为核心，包括社会、经济、教育、科学技术及生态环境等领域，涉及人类活动的各个方面和生存环境的诸多复杂因素的巨系统。它与物理系统的根本区别是社会经济系统中存在决策环节，人的主观意识对该系统具有极大的影响。

气候变化综合评估模型一般是基于微观经济学原理构建的成本效益分析模型，也是一种为了应对气候变化目标而将气候因素和经济因素结合起来的模型，涉及广泛的学科交叉和融合，反映了人类与自然的交互机制。综合评估模型包含了人类活动影响和一些经济、社会的变量，在研究气候问题和评价气候政策方面表现出较高的有效性，因此其被广泛用于提供有关全球和国家排放以及不同气候政策成本的信息。气候变化综合评估模型可以描述排放与温度升高之间的因果关系，但方程式相对简单。例如，气候变化与经济动态综合模型（DICE 模型）仅使用一个或两个简单方程来计算全球 CO_2 浓度和温度变化，这显然是对地球系统复杂的物理和生化过程的过度简化。近年来许多研究表明，综合评估模型中物理过程表示得过度简化（缺乏复杂性）可能会对政策成本、碳税等的产出产生重大影响。例如，Smith 和 Edmonds（2006）证明，碳循环的不确定性导致实现某些 CO_2 浓度的成本范围更广，并且相当于将目标浓度更改为最高（100ppm）。

因此，实现地球系统模式与综合评估模型的耦合运行，是研究人类活动和自然系统相互作用的关键，研究气候变化经济影响和有序人类活动尤其如此。

7.2 地球系统模式和综合评估模型双向耦合的难点

地球系统模式是以气候系统模式为雏形发展起来的，主要是为了研究全球变化引起的自然系统各个圈层的变化和机理，经历了以地球流体（大气、海洋）为主体的物理气候系统模式阶段，即基础阶段，目前正处于增加了生物地球化学和人类活动的过渡发展阶段。综合评估模型是以经济模型为基础，逐步建立经济总量、产业结构、能源结构与温室气体排放的关系，建立温室气体减排的经济成本模块，并通过构建损失函数在经济增长模型中纳入气候变化影响，最终形成的用于评估减缓与适应气候变化政策的评估工具。由于地球系统模式和综合评估模型一直以来都是各自独立发展的，因此将两类模式直接进行耦合是具有一定难度的，这种难度具体体现在以下两方面。

7.2.1 建模思想和理论差异

地球系统模式以描述地球系统不同圈层（大气圈、水圈、陆地、冰冻圈等）的动力、物理、化学和生物等过程的数学方程组（物理模型）为基础，在大型计算机上通过程序化完成和实现对这些方程组的数值求解，从而确定不同时刻各个圈层主要要素的变化规律。

它所描述的物理过程是客观的，是不以人的主观意志为转移的，因此其不受人类活动的影响，或者说人类对这些物理过程的影响微乎其微，从而可以忽略不计。其困难主要在于其涉及多圈层、多尺度耦合、各种复杂的参数化过程以及大规模的计算和海量数据的诊断与处理，需要理论和技术对其不断改进。与地球系统模式的建模基础和理论不同，社会经济模式没有具体的物理定律作为基础，对社会系统中人类行为的模拟受到很多因素的限制，而这些因素往往是由规范和制度构成的，具有一定的偶然性和社会性。针对不同层次的研究对象，社会经济模式采用的建模理论和基础也不同，如个人、家庭等属于微观级别或层次上的个体，其发展涉及心理学、神经学、社会学等领域，而描述个人和家庭等行为的理论包括理性选择、有限理性选择、认知构架等；社区、城市、政府和非政府组织等属于中间级别水平或层次上的个体，这些个体的发展涉及社会学、政治学和城市研究等，描述这些个体行为的理论包括战略决策、公共选择等；而跨国公司、贸易网、政府间组织等涉及经济学、管理科学和跨国家政治学等，描述其行为的理论包括理性选择、战略决策和成本效益分析等（Gerten et al., 2018；Müller-Hansen et al., 2018）。气候变化综合评估模型一般是基于微观经济学原理构建的成本效益分析模型，关注经济总量、产业结构、能源结构及碳排放等变化趋势。

社会经济模式的理论有别于基于物理、化学、生物等理论的地球系统模式，因此从建模的基础和理论来说，不能将两类模式直接进行双向耦合。而解决理论基础的关键是要寻找自然系统与社会经济系统交互影响的机理。

7.2.2 时间和空间尺度差异

地球系统模式的高度数值化和程序化，造成其根据一定的时间步长进行积分运行的特点，其时间分辨率可以从分钟到世纪，如一般地球系统模式中大气分量模式的积分步长为30min，可以按照天、月、年等的频率输出计算结果。另外，离散化方法是数值求解偏微分方程的一个基本方法，在地球系统模式的程序中，地球表面可离散化为若干被称为格点的小区域，因此，地球系统模式的空间尺度可以从局域到全球，空间分辨率可以细化到几十千米。目前最先进的地球系统模式可以计算水平为几十千米的气候变化。

相对来说，综合评估模型则不具备高的时间和空间分辨率特征，综合评估模型运行的时间步长较长，一般为 5~10 年，而空间分辨率则以行政单元为基础，如国家或省级区域等。

鉴于地球系统模式和综合评估模型存在以上两类最重要的差异，不能将两种模式直接进行耦合，而是需要根据所研究的问题探索和发展适宜的耦合方法。另外，两个模式耦合过程中的模拟稳定性也是需要重点关注的问题之一。

7.3　地球系统模式和综合评估模型双向耦合方法探索

综合评估模型和地球系统模式进行耦合的关键参数是反映人类经济活动的碳排放，地球系统模式根据社会经济模型传递的碳排放进行碳在大气、陆地和海洋的分配与循环过程。因此，社会经济模型传递给地球系统模式的碳排放必须符合地球系统模式所需的时空分布特征。另外，鉴于复杂而庞大的地球系统模式，需要保证新构建的双向耦合模式也具备可靠性、灵活性、可扩展性和可移植性等特点。最简单可靠的思路是修改社会经济模型来适应社会地球系统模式的算法、运行特点和输出输入数据格式等，然后将地球系统模式中读入碳排放数据的地方作为两个模式的接口，完成两个模式的双向耦合，而不是再重新修改地球系统模式的特点来适应社会经济模型的需求。基于上述认识，构建人–地系统模式的基本框架。

从具体的实现技术看，目前学者主要探索了以下 3 种方法进行地球系统模式和综合评估模型耦合。

7.3.1　建立基于格点的社会经济模型

与传统基于区域的建模方法不同，根据地球系统模式的建模思路，建立基于一定格点分辨率的社会经济模型。例如，Navarro 等（2017）根据人口与碳排放的关系，建立了基于格点（1°×1°）的人口动力模型（POPEM），并且将其与美国国家大气研究中心（NCAR）的地球系统模式 CESM 成功地进行单向耦合。POPEM 和 CESM 的基本耦合方法为 POPESM。该方法首先根据队列模型进行区域人口变化的预估，然后根据各个国家的人均碳排放，计算基于格点的历史碳排放，通过格点碳排放将两个模式进行耦合。耦合了 POPEM 的 CESM 不仅可以模拟不同气候圈层的各个变量，如气温、降水等，而且能够模拟不同国家或区域的人口和碳排放量等。

7.3.2　对基于区域或全球尺度的经济模型计算的碳排放进行时空插值

这种方法不需要构建新的经济模型，而是将已经发展完善的基于区域或全球尺度的经济模型计算的碳排放进行时空插值，使得其符合地球系统模式中碳排放的输入规则。具有代表性的研究如下：Yang 等（2015）根据历史碳排放的时空分布特征，定义了能反映碳排放时空分布的无量纲因子，并且将其作为连接动态综合气候经济（DICE）模型和地球系统模式 BNU-ESM 的桥梁，成功构建了人–地系统模式 BNU-HESM。BNU-HESM 运行的流程为：DICE 模型根据人口、技术等外生变量计算全球的碳排放，然后根据无量纲因子进行时间和空间插值，得到具有一定时间分辨率（月）和格点分辨率（约 2.8°×2.8°）的碳排放通量数据，BNU-ESM 根据碳排放通量数据进行基于格点的气候变化模拟或预估。另外，BNU-HESM 中也加入了简单的气候变化影响模块，因此 BNU-HESM 是经济模型和地球系统模式双向耦合的成功案例。BNU-HESM 能够根据给定的人口增长率、技术进步等外生因子的变化，模拟或者预估这些外生经济条件下的碳排放和相应的气候变化。BNU-HESM 的缺点在于其经济模型和气候变化影响模块较为简单，不能完全反映复杂的社会经济系统和气候变化对经济的反馈过程。

7.3.3 建立灵活的区域−格点−区域的外部耦合模块

相对前两种方法，通过建立基于区域−格点−区域的外部耦合模块将两类模型进行双向耦合的方法具有更大的灵活性和可移植性。例如，Collins 等（2015）采用这种方法将全球变化评估模式 GCAM 和全球土地利用模式 GLM 与 CESM 进行双向耦合，发展了综合地球系统模型 iESM。相比原来的 CESM，iESM 增加了综合评估模块 IAC，IAC 又包括 5 个子模块，分别为原始的 GCAM 和 GLM，以及负责模式之间信息交换和传递的子模块 IAC2GCAM、GCAM2GLM 和 GLM2IAC。例如，IAC2GCAM 用来将空间分辨率为 0.5°×0.5° 的结果分配到 14 个区域供 GCAM 运行，而 GCAM2GLM 则将具备 14 个区域空间分辨率的 GCAM 模拟的结果插值到 0.5°×0.5° 的格点上供 GLM 使用，除负责格点−区域之间的信息传输外，这 3 个子模块还控制模式之间耦合的时间步长。iESM 可以用来研究气候变化对能源生产、农业和土地利用等的影响。Sokolov 等（2005）开发的 MIT-IGSM 也是利用类似的方法将排放预估和政策分析（EPPA）模型和中等复杂程度的地球系统模式（IGSM）进行双向耦合。

7.4 地球系统模式和综合评估模型双向耦合的不确定性

地球系统模式和综合评估模型在进行人类活动与气候变化的相互影响分析方面具有各自的优势，但是随着人类活动与自然系统相互作用关系的加强，将两类模式进行双向耦合来综合发挥各自的优势已成为必然。由于两类模式在建模思路和时空分辨率等方面存在显著的差异，其不能直接进行耦合，因此关于两类模式的双向耦合在很长一段时间内一直停留在框架和概念上面。随着计算机和各种数值算法的发展，目前学者针对存在的问题已经探索和发展了不同的双向耦合方法，并且利用双向耦合模式进行了相关的模拟和研究。尽管针对不同的问题，新发展的双向耦合方法各有利弊，并且存在着一定的不确定性，但是这些新的探索方法为学者进行两类模式的双向耦合提供了一定的基础和参考。

尽管双向耦合模式在逻辑上解决了气候变化与社会经济的联动关系，更为完善地刻画了人类活动与自然系统的相互作用过程，但是两类模式的双向耦合也带来了新的不确定性。总体来说，除综合评估模型和地球系统模式本身的不确定性外，双向耦合模式的不确定性主要来源于自然系统向社会经济系统的反馈过程，即气候变化的影响过程。气候变化的影响过程涉及不同的经济部门或生态服务系统，并且具有明显的区域差异，因此如何准确衡量气候变化在区域或全球上的影响是一项十分困难的工作。目前主要利用损失函数反映气候变化对经济活动的影响，但是损失函数缺乏确凿的理论支持和实证研究（Monier et al.，2018），尤其是无法详细刻画极端气候的经济影响机理以及气候变化带来的非线性增长的经济损失关系等。未来的研究可以通过发展更为综合的气候变化影响模块，进行多种类型模式耦合模拟结果的对比分析，包括离线耦合结果和在线耦合结果的对比以及不同地球系统模式双向耦合结果的对比分析等，来减少双向耦合模式的不确定性。

希望学者在借鉴已有耦合方法的基础上，发展更为灵活和全面的耦合方法，为人类活动与自然系统的相互作用研究提供可靠的工具。当然，不管通过何种耦合方法进行综合评估模型和地球系统模式的双向耦合，都不能否认任何单个的综合评估模型或地球系统模式在解决特定问题方面的优势。例如，在解决减排的成本与效益问题以及单纯的未来社会情景开发方面，综合评估模型由于计算量小和易于运行等特点具有明显的优势，目前 IPCC 发布的最新情景共享社会经济路径仍然是以综合评估模型为主要工具开发的；而地球系统模式在解决自然系统不同圈层物理、化学过程和圈层间的相互作用过程中是其他工具无法替代的，如 CMIP6 仍然是以单独的地球系统模式进行模拟或预估试验。然而，随着两类模式各自的完善和发展，以及双向耦合方法的发展，有关双向耦合模式的研究成果应该与 CMIP6 和综合评估模型的研究成果类似，其均被纳入新的 IPCC 报告中，充实和丰富有关人类活动和自然系统变化的相关研究。

|第 8 章| 人–地系统动力学模式双向耦合时空匹配的方法与路径

人–地系统动力学模式双向耦合问题，是目前科学界研究的热点和难点问题。地球系统模式用一系列数学方程组对地球系统进行表征。这些方程中，不仅包括了动力学方程组，还包括了参数化方案等。它们因此构成了以物理甚至生化过程为理论依据的模型，在此基础上用数值方法进行求解（王斌等，2008）。经过几代科学家的努力，地球系统模式的发展取得了卓越的进步（钱永甫，1985；Zeng et al.，1989；Zhang et al.，1992；Guo et al.，1996；吴国雄等，1997；Yu et al.，2002；丁一汇等，2004；周天军等，2005；Yu et al.，2008；Zhou et al.，2008）。然而，将气候变化影响与社会经济相联系的研究起步较晚，要实现以人类活动为主的社会经济模型与数值求解的地球系统模式相耦合，更是举步维艰。目前不少科学家正在从事这项具有开创性挑战性的研究工作（Ackerman，2002；Köhler et al.，2006；Collins et al.，2015；董文杰等，2016；丑洁明等，2021）

8.1　人–地系统模型耦合中的变量时空匹配方法

要攻克人–地系统模型耦合的科学难关，要跨越两类系统运行的思维设计鸿沟，因为两类模式的运行方式、参数选取以及评估结果的表达要求都不相同；另外就是要解决时间尺度和空间尺度的不匹配问题，它是模式耦合运行的技术瓶颈问题。

8.1.1　研究目的与意义

目前关于人–地系统模型耦合中碳排放涉及的人口、GDP 等经济变量的网格化和空间化已有一些研究，但针对人–地系统模型耦合这个特性比较突出的问题所涉及的变量及其处理方法的研究，还处于较为初步的研究中。

两类模式中，变量的数据形式具有较大的差异。在空间尺度方面，社会经济模型（如综合评估模型）考虑了不同部门（如能源、工业等）的碳排放过程，涉及人口、GDP、技术等因素的宏观经济过程的变化，这类模型是以区域行政单元为空间尺度建立的，数据获取一般来源于行政单位的统计数据，而地球系统模式是以格点为尺度建模的，想要做到将地球系统模式与社会经济系统模型相耦合，首先就必须通过空间尺度转换的方法将经济数据与格点数据互为转换；在时间尺度方面，目前的社会经济模型（如综合评估模型）（Nordhaus，1992a，b；Nordhaus and Yang，1996；张雪芹和葛全胜，1999；Nordhaus，2007a，b，c；Stanton et al.，2009；Stocker et al.，2014；吴静等，2015；刘昌新等，2016）所用到的经济数据由于受到社会经济统计的约束，通常为一年、五年甚至十年的长时间尺度，与地球系统模式运行尺度——年尺度存在较大差别，要将长时间尺度的经济数据转化为年尺度的经济数据，方能在技术上实现两类模式的耦合模式的运行。

针对上述时空尺度匹配问题，本章提出提高综合评估模型空间分辨率和时间分辨率的办法，对人–地系统模型耦合的实现起到了一定积极作用。在空间上，将社会经济模型中以行政区划为尺度的经济数据进行网格化处理，使之与地球系统模式的网格相一致。在时间上，将选取的经济统计数据的时间尺度选取为一年，使之与地球系统模式的时间尺度达到一致。

8.1.2　国内外相关研究进展

为了实现人–地系统模型耦合，进行变量匹配的研究涉及三方面的相关知识和概念，其分别是人–地系统模型耦合问题、经济变量网格化与空间化、夜间灯光数据在经济变量研究上的应用。这三方面知识的内在关系，是按照图 8-1 中的思路连接和贯穿的。

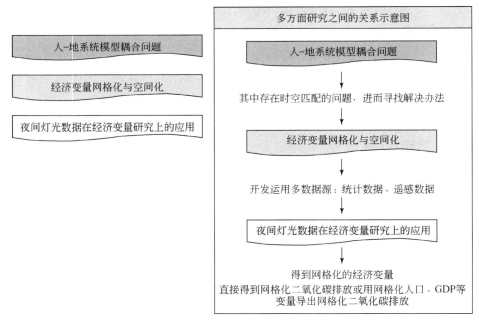

图 8-1　关系示意图

首先是人-地系统模型耦合这个问题的提出和基本概念性的知识。在这个问题的背景下，着眼于研究和提出解决时空匹配问题的方法。其次，在经过大量的阅读、比较和研究后，选取将经济变量进行网格化的方法来切实解决时空匹配问题。在此基础上，开发运用多种形式来收集以人口、GDP、CO_2 排放为代表的经济变量，丰富数据来源，不仅有统计数据，还加入遥感数据。因此，夜间灯光数据因其具有特有属性和实际优势，常见其在经济变量研究中的应用。通过以上路径和方法，就得到了网格化的经济变量，即此处包括已经进行网格化处理的 CO_2 排放。此外，还可运用网格化的其他经济参量导出网格化的 CO_2 排放。通过这样的路径最终得到网格化的 CO_2 排放，符合人-地系统模型耦合里变量匹配的需求。

1）人-地系统模型耦合问题

地球系统模式在地学的相关研究中是一种重要且有效的工具。一方面，它可以了解过去环境与气候演变的机理。另一方面，它可以预估未来的全球变化趋势，以及各种情况下可能的情景。从过去和未来两个角度而言，地球系统模式的存在，对相关研究有着重大的意义。这主要是由于气候变化对人类社会造成的相关影响深远而广泛。近百年来，一些现象和信号的出现接连不断，包括海平面的上升、冰川的融化、湖泊面积缩小以及沙漠化的加剧和山体滑坡事件的增加。这些现象说明，气候变暖严重影响环境和生态。另外，一些极端事件频率增高、强度增大，使诸如高温、暴雨、干旱以及随之而来的气象灾害愈演愈烈，对人民的人身安全和财产造成了威胁。

关于地球和气候系统类的模型，当今普遍的方法是综合多种模型、在模拟尺度上选用较大尺度。从未来发展趋势来看，研究更多地着眼于区域特性以及降尺度的方向。46 个模式参加了世界气候研究计划耦合模式工作组（Working Group on Coupled Model，WGCM）的第五次耦合模式比较计划（CMIP5），目前最近的 CMIP6 正在评估中（赵宗慈等，2018），相关信息详见 https：//esgf-node. llnl. gov/projects/cmip6/。关于综合评估模型，通常包含这三个要素的相互比较：模拟周期、全球分区、温室气体。从不同的建立原则来讲，综合评估模型分为一般均衡模型、最优增长模型和技术优化模型三类（Stanton et al.，2009）。地球系统模式和综合评估模型的分类及其特点比较的具体情况见表 8-1。

表 8-1　地球系统模式和综合评估模型的分类及特点比较

系统模型名称	分类	特点
地球系统模式	海气耦合环流模式（AOGCM）	能够很好地描述地表、大气和海洋系统内发生的物理和化学过程。相较于其他模式，这种模式更为全面和复杂
	中等复杂程度的地球系统模式（EMIC）	通常能够表征陆地生态系统以及海洋和大气环流的动力过程，虽然会伴随着空间分辨率的降低

系统模型名称	分类	特点
地球系统模式	简单气候模式（SCM）	通常运用能量平衡公式和方程来预测地球表面的温度。另外，也能表征气候敏感性和海洋热吸收的状况。在气候变化的综合评估方面应用较为广泛。在短时间内可估测气候系统在多种排放情景下响应的情况
综合评估模型	一般均衡模型	其特点是以自上而下的方向，模拟政策等其他多方面因素对社会经济发展的影响。它的运行是通过构建不同地区的行业或部门间的相关性（吴静等，2015）
	最优增长模型	同样是以自上而下的方向，计算模拟国家的宏观经济运行和行业经济运行的状况。其方法上需要结合宏观经济学，提前假定某个时段内，如几十年内，累计损失最小，或者累积福利最大（Nordhaus，2007a；刘昌新等，2016）
	技术优化模型	其特点是以自下而上的方向刻画各个行业以及部门的运行过程。因此。它的运行基础是具备部门和行业的详细信息

然而，虽然不同类型的综合评估模型存在着各不相同的优缺点，但在诸如气候变化与社会和经济相互作用的模拟中，仍然有着一些有待改进的地方。例如，综合评估模型通常运用简单气候模式，因此其难以反映在时空尺度上气候变化对经济发展更为复杂的影响，又或者仍然存在气候影响的不确定性、区域性难以确定，以及沿用的外推方法科学性有待商榷等方面的不足。因此，目前需要通过开发地球系统模式与综合评估模型相结合的方式。同时，由于相关研究处于较为初步的阶段，可供学习的思想、技术和方法也较少，需要对其深入探究。从图 8-2 可以看到地球系统模式和综合评估模型各自的架构与连接纽带，图中地球系统模式的架构以 BNU-ESM 为例（吴其重等，2013）。两类模式中，地球系统模式涉及的方面包括海洋、大气、陆地、海冰，综合评估模型涉及的方面有技术、交通、人口、经济、能源、基础设施、人工生态系统等。它们之间可通过温室气体等因素产生双向联系，但值得注意的是，二者虽然要素相通，但要先将要素的形式进行转换才能进行对接。例如，利用 CO_2 这种温室气体可以将两类模式相接，但进入地球系统模式的 CO_2 排放应当为格网形式的数据，进入综合评估模型的 CO_2 排放又需要统计形式的数据。在这个过程中，产生了时空匹配的问题，因此就需要进行一个转换的工作实现对接。

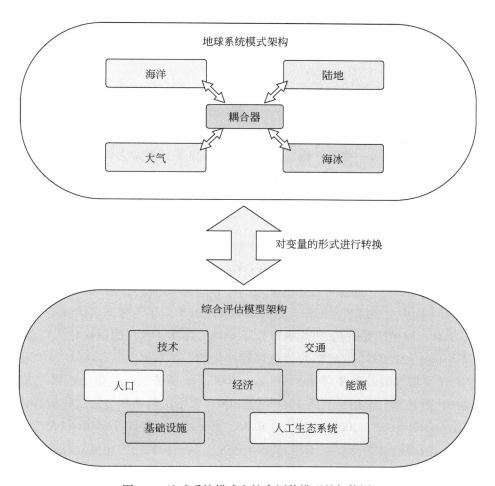

图 8-2　地球系统模式和综合评估模型的架构图

目前，国际上和国内关于社会经济与气候变化相互影响的研究仍处于起步的阶段，辅助科学决策的研究成果较为匮乏。将地球系统模式及与综合评估模型进行耦合，可以实现自然科学与社会科学研究的融合。这在研究气候变化对社会经济造成影响的程度的评价方面起到一定作用（丑洁明和叶笃正，2006）。除此之外，也能为提出相关的应对气候变化的科学决策提供有力的依据与参考。

关于对地球系统模式和综合评估模型进行双向耦合，一些研究处在初步尝试的阶段（董文杰等，2016）。例如，一些研究在逐步丰富气候变化对经济产生影响中涉及的损失函数。

然而，这两类不同的模型在一些方面存在差异，如空间上的分辨率等，因此还要在一些研究的推动下才能更好地解决相关问题，达到耦合的目的。其中，比较有代表性并且较为突出的问题有以下三方面。

（1）不同模块模拟的区域定义或空间尺度不一致。综合评估模型的运行单元是行政区域，而地球系统模式的运行单元是格点，要想将二者耦合，需要将其转换为格点的方式（Collins，2015）。

（2）不同模块模拟的时段定义或时间尺度不一致。综合评估模型通常以五年及五年以上为尺度进行运作，而地球系统模式为一年时间尺度，二者时间尺度上出现不同步的问题需要得到解决，方能进行耦合。

（3）尺度的差距导致一些要素难以反映。地球系统模式通常为数百千米以上的空间分辨率，对社会经济影响显著的关键要素难以有效地反映出来，如海平面上升（Moore et al.，2013）。

2）经济变量网格化与空间化

经济数据网格化问题由来已久。目前有关经济数据从行政单元到网格单元转化的研究从 20 世纪 90 年代发展至今（Martin，1991；Goodchild et al.，1993；Li 1996；Matlock et al.，1996；江东，2007），遥感等技术的发展有了阶段性的演进，产生了不同的原理。国际上的一些相关机构对经济数据网格化进行的初探为其奠定了十分坚实的基础，相关情况见表 8-2。加拿大环境研究所在 1996 年开发了全球尺度为 1°×1° 的网格化人口数据（Li，1996）。美国耶鲁大学在 21 世纪初的"地理栅格化的经济数据集（G-ECON）"研究通过建立 GDP 与年平均气温的关系导出了 100km×100km 的经济数据网格化成果（Nordhaus，2001）。美国国际地球科学信息网络中心（CIESIN）采用比例系数方法，将世界人口数据进行网格化（Gaffin et al.，2002）。另外，Sutton 等（1997）提出了 GDP 和人口与夜间近红外遥感的信息有较强的一致性。Gallup 等（1999）从土地利用的角度对社会经济数据的空间分布进行了探讨。

表 8-2　国际上相关机构对经济数据网格化的初探

实施主体	工作名称	代表性内容及成果	相关文献
加拿大环境研究所	全球人口分布信息库（Global Population Distribution Database）	开发了全球尺度为 1°×1° 的网格化人口数据	Li，1996
美国耶鲁大学	"地理栅格化的经济数据集（G-ECON）"	21 世纪初，"地理栅格化的经济数据集（G-ECON）"研究通过建立 GDP 与年平均气温的关系寻出了 100km×100km 的经济数据网格化成果	Nordhaus，2001
美国哥伦比亚大学	国际地球科学信息网络中心（CIESIN）	采用比例系数方法，将世界人口数据进行网格化	Gaffin et al.，2002

此外，刘红辉等（2005）将土地利用类型与按产业进行分类的 GDP 相关联，制作完成了我国 1km 尺度的 GDP 栅格数据集。易玲等（2006）提出了基于人口密度数据对 GDP 进行空间分配，并将该方法与土地利用的分配方法相比较。黄莹等（2009）着重将产业分类后，运用不同方法对 GDP 进行了网格化操作。近些年的相关研究主要从以夜间灯光数据为代表的遥感数据出发来进行 GDP 的空间化。韩向娣等（2012a，b）仅使用夜间灯光这种遥感数据，以及分产业将夜间灯光数据与土地利用数据相结合的创新方法，对 GDP 网格化的方法与效果进行了一系列模拟验证探讨。

总体来说，目前运用较多的土地利用数据、人口密度数据和夜间灯光数据主要源于遥感数据，遥感数据精度较高，其不足之处主要是时间跨度短，只能对近 20 年的社会经济数据进行网格化。而从模型运转与耦合的要求看，经济数据要求时间跨度长和连续性好，遥感数据不能满足模式运转的要求，行政单元的统计数据可以弥补遥感数据的不足，因此本研究选用了行政区域的统计数据，在中国区域模拟中选择了分省级行政区的统计数据，在全球尺度模拟中选择了分国家的统计数据。

行政区域的统计数据是经济模型运转的数据来源，也是其要和地球系统模型耦合时转换为网格数据的数据基础，怎样把行政区域的统计数据转换为网格数据，并且能尽量真实地反映经济模型运转原理，能体现在地球网格空间上，这是一个系统和另一个系统的融合，因此，本研究要建立的数据转换方法，既要体现经济运行的原理和规律，又要适合模式的运转和双向耦合。

3）夜间灯光数据在经济变量研究上的应用

DMSP/OLS 夜间灯光数据具有一些独特的优点，这些优点主要是从数据源的获取、使用、信息全面等实际方面进行考量。从数据源的获取角度讲，数据通过网络以及多种途径都可得到，便于获取。从数据源的使用角度讲，其影像的分辨率约为 1km，影像整体的数据量不会太大，因此，在对数据进行相关处理时，更加简便易行（杨眉等，2011）。从承载的内容和信息角度讲，它反映出的信息已经综合化了，可直接使用和进行处理，不需要再单独考虑某些因素。例如，其影像已经囊括了居住区这种和人口、城市分布密切相关的信息。从误差角度讲，非辐射定标灯光强度平均值数据影像是已经经过数据预处理的，包括对云进行了去除的处理、对零星出现的噪声进行了波的过滤等操作（王鹤饶等，2012）。不被灯光的饱和及相关因素带来的误差干扰，对于所谓的放大增益，亦无需施加人为干预和控制。因此，现有的 DMSP/OLS 数据能充分地利用在多种多样的研究中，包括对一定年度进行制图（陈晋等，2003）。

基于以上所提及的这些特点，基于 DMSP/OLS 夜间灯光数据，众多研究者都进行过相关研究。例如，城市空间信息的提取和扩展研究（Imhoff et al.，1997；Sutton，1997；陈晋等，2003；Henderson et al.，2003；Milesi et al.，2003；何春阳等，2005，2006；卓莉等，

2006)、城市空间特征的灯光指数构建研究（陈晋等，2003；卓莉等，2003）、人口估计及热岛效应研究（Imhoff et al.，1997；Sutton，1997；卓莉等，2005；谢志清，2007）、经济发展状况研究（Elvidge，1997）、电力等能源消耗量研究（Welch.，1980；Elvidge，1997；Amaral et al.，2005；Chand et al.，2009）以及城市化对生态环境影响研究（Imhoff et al.，2000，2004；李景刚等，2007）等。

一方面，这些大量的研究说明 DMSP/OLS 数据实用度高，在经济变量研究上应用范围广，也较为成熟。另一方面，说明本研究利用 DMSP/OLS 夜间灯光数据作为遥感类数据，对传统统计数据来说是一个补充的作用，扩展了人−地系统模型耦合中时空匹配方法的数据源，对本研究的方法完善方面起到了丰富和拓展延伸的重要作用。

8.2　数据源的选取

数据的选取：以行政区域为统计单元的经济数据，以及栅格形式的遥感数据。主要基于 GDP、人口和 CO_2 排放这三个经济指标中较为典型的几个变量。在涵盖的范围上，包括中国国内数据和世界各国数据两个范围。在应用面积权重折算法时，中国范围选择了分省级行政区的统计数据，在全球尺度选择了分国家的统计数据。其中，国内的数据主要来源于国家统计局、中国经济与社会发展统计数据库、历史统计年鉴、国家基础地理信息中心。世界各国的数据主要来源于联合国数据库、美国国家海洋和大气管理局等。详细查询和下载地址如表 8-3 所示。

表 8-3　数据的来源及其网址

数据类型	数据来源及网址
统计数据	国家统计局数据 www.stats.gov.cn
	中国经济与社会发展统计数据库统计数据检索 http://tongji.cnki.net/kns55/brief/result.aspx
	中国经济与社会发展统计数据库统计数据分析 http://tongji.cnki.net/kns55/dig/dig.aspx
	联合国统计司国家账户数据库 http://unstats.un.org/unsd/snaama/introduction.asp
	世界银行 https://data.worldbank.org.cn/indicator
	二氧化碳信息分析中心（CDIAC） http://cdiac.ess-dive.lbl.gov/trends/emis/overview_2013.html
	国际能源署（IEA） https://www.iea.org/statistics/co2emissions/

续表

数据类型	数据来源及网址
矢量数据	国家基础地理信息中心 http://www.ngcc.cn/
	自然地球（Natural Earth） www.naturalearthdata.com/downloads/
遥感数据	Version 4 DMSP-OLS Nighttime Lights Time Series https://www.ngdc.noaa.gov/eog/dmsp/downloadV4composites.html

数据来源：收集和整理了以下七大类数据（表8-4），其分别是中国社会经济统计数据、中国分省级行政区土地面积数据、DMSP/OLS夜间灯光数据、全国行政区划图及地理信息、世界社会经济统计数据、世界各国土地面积数据、世界行政区划图及地理信息。除此之外，还包括其他较为零散的数据。

表8-4 收集和整理的数据

序号	数据名称	数据类型	范围	内容或变量	时段	数据来源
1	中国社会经济统计数据	统计数据	全国	GDP	1950～2015年	国家统计局
				人口	1950～2015年	国家统计局
				CO_2排放	2000～2013年	处理后的IPCC能源平衡表
2	中国分省级行政区土地面积数据	统计数据	全国	面积	2011年	中国经济与社会发展统计数据库；地方国土资源局
3	DMSP/OLS夜间灯光数据	遥感数据	世界	灯光值	2010～2013年	美国国家海洋和大气管理局
4	全国行政区划图及地理信息	矢量数据	全国	行政边界	最新	国家基础地理信息中心
5	世界社会经济统计数据	统计数据	世界	GDP	2013～2015年	联合国统计司国家账户数据库；世界银行数据库
				人口	2013～2015年	联合国统计司国家账户数据库；世界银行数据库
				CO_2排放	1971～2016年	国际能源署；美国橡树岭国家实验室

续表

序号	数据名称	数据类型	范围	内容或变量	时段	数据来源
6	世界各国土地面积数据	统计数据	世界	面积	2013 年	联合国统计司国家账户数据库
7	世界行政区划图及地理信息	矢量数据	世界	行政边界	最新	自然地球（Natural Earth）

中国社会经济统计数据中主要选取了 GDP、人口、CO_2 排放三个变量的数据。1950 ~ 2015 年全国各省级行政区 GDP 和人口的统计数据均主要来自国家统计局，2000 ~ 2013 年全国各省级行政区 CO_2 排放数据通过前人利用 IPCC 的排放估算法等，对能源平衡表中相关数据进行处理得到（代如锋等，2017）。

中国分省级行政区土地面积数据，主要来自中国经济与社会发展统计数据库，辅以地方国土资源局加以补充。在后期进行单位面积计算时需要用到，因此其是一个相对基础的量。由于土地数量多、涉及范围较广、调查统计的人力物力成本因素等，进行综合比较后，选取了 2011 年的土地面积，它兼具较为全面和时效性好的特点，故对此数据进行采纳。

DMSP/OLS 夜间灯光数据，选取时段为 2010 ~ 2013 年，来自美国国家海洋和大气管理局。这种数据以栅格为数据采集单元，使用时利用软件提取灯光值后进行所需的运算和分析。其质量水平和数据量大小均较为适中，目前普遍地用于相关研究，以其表示不同地区发展状况。此数据由卫星遥感形成影像，因此源数据为全球尺度，当需要其中某些区域时，需要先进行裁剪处理，提取出所需部分。

全国行政区划图及地理信息（也可称为全国矢量地图），具体可视化了 34 个省级行政区，以及南海诸岛和其他岛屿、九段线等关键信息。省级行政区详细信息为：4 个直辖市、2 个特别行政区、23 个省及 5 个自治区。它作为一种面矢量图，具有一些属性和字段。例如，不同区域的代码、面积、行政区域的名字等。此数据来源于国家基础地理信息中心。

世界社会经济统计数据中，主要选取了 GDP、人口、CO_2 排放三个变量的数据。2013 ~ 2015 年世界各国的 GDP 和人口数据，来自联合国统计司国家账户数据库（The National Accounts Section of the United Nations Statistics Division）和世界银行数据库。1751 ~ 2013 年世界各国碳排放数据来自美国橡树岭国家实验室（Oak Ridge National Laboratory，ORNL）的环境科学部 CO_2 信息分析中心。1971 ~ 2016 年世界各国碳排放数据来自国际能源署。

世界各国土地面积数据，主要来自联合国统计司国家账户数据库，其中对不一致的地方进行了对比和补全。进行单位面积计算时需要用到，因此其是一个相对基础的量。

世界行政区划图及地理信息（也可称为全球矢量地图）来源于提供矢量数据下载的自然地球（Natural Earth）。

8.3 变量匹配方法的提出与构建

在前面的讨论中提到，人-地系统模型耦合中存在的一个主要难题是变量的时空匹配问题。起因是地球系统模式需要网格单元的数据，而社会经济资料目前多为行政单元的统计数据格式，二者出现了不一致性。目前的社会经济模型（如综合评估模型）所用到的经济数据由于受到社会经济统计的约束，与地球系统模式运行尺度——年尺度存在较大差别，要将长时间尺度的经济数据转化为年尺度的经济数据。

在这方面问题有待解决的迫切需求下，就需要构建一种行之有效的办法，从技术上达到转换数据形式的目的。通过上述分析可以得到解决问题的方向，以及构建新方法的基本原则：选取网格化和逆网格化的转换方法，能够适应和衔接两类模型的情况。这就需要提出和构建一个针对性好、可操作性强、科学性高的网格化技术方法。

针对人-地系统模型耦合中的变量匹配问题，选择以网格化的方式为主要解决办法，打破了经济统计数据以行政区划为统计单元的旧有模式，建立了以行政区划为统计单位的经济数据（GDP 和人口等）进行网格化处理的新思路，并且在提出面积权重折算法后进行了夜间灯光数据的补充，对网格化方法进行了更为深入、完善的研究，解决了变量匹配问题。为人-地系统模型耦合扫除了一些障碍。在时间匹配方面，将选取的经济统计数据的时间尺度缩短到一年，并且在后述工作中，基于一定量不同来源的数据，分别将人口、GDP、CO_2 排放这三个至关重要的经济变量进行网格化处理，对面积权重折算法进行了实际应用。

8.3.1 变量匹配方法的提出——理论路径

在本章的研究目标中已经提到，根据人-地系统模型耦合的过程，针对想要解决变量匹配的问题，本研究提出的解决办法是利用网格化和逆网格化的思路，实现某种变量在网格形式的资料与行政区域统计资料这两种资料存放形式之间转换。那么从理论角度，整体是如何贯通的呢？

图 8-3 下半部分的闭合路线图显示了人-地系统模型双向耦合的过程。首先可以看到代表社会经济等人文因素的综合评估模型和代表自然系统作用的地球系统模式。它们接受的数据形式分别为行政区域统计资料和格点化资料。

显然，这两种不同的资料形式间需要进行时空匹配，即需要上述提出的双向网格化技

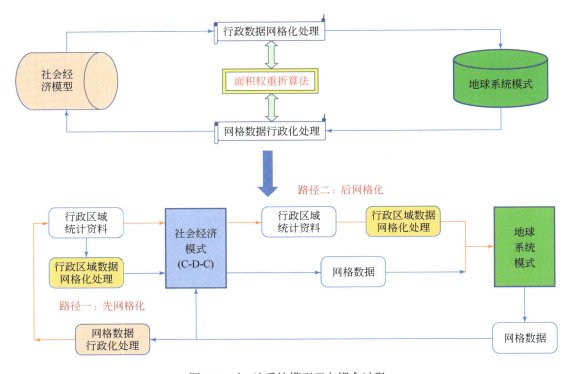

图 8-3　人–地系统模型双向耦合过程

术来解决此问题。双向的网格化包含了行政区域统计资料向格点化资料的转换和格点化资料向行政区域统计资料的转换。此外，运用本研究提出的变量匹配方法，对 CO_2 排放数据进行处理即可得到网格化的 CO_2 排放。通过以上过程，可以实现两系统间双向且闭合的耦合。

另外，除了这种直接的贯通路径，网格化方法还可用于间接的贯通路径。如图 8-3 上半部分所示，当涉及不同变量间的转换时，如运用人口、GDP 等变量导出碳排放变量，还可以从以下两种路径出发。

路径一，先网格化路径。先把数据进行网格化处理，输入经济模型，运转得到网格化的数据方法，即先将行政区域形式的某变量数据进行网格化处理，再根据变量之间的关系进行运算，得出另一变量的数据，也可以得到网格化的变量，如通过此方法得到网格化的碳排放，也可与地球系统模式衔接。

路径二，后网格化路径。根据统计数据形式的某变量先得出另一变量的数据，此变量的数据依然是统计数据形式，然后将这些数据再进行网格化操作，即根据某变量行政区域统计资料先得出另一变量行政区域统计资料，然后将得到的结果进行网格化处理，如通过此方法得到网格化的碳排放，同样可以与地球系统模式衔接。

网格化和逆网格化的研究思路提供了一种初步解决时空匹配问题的可能方法，总体来看：

（1）打破了经济统计数据以行政区划为统计单元的旧有模式，建立了 GDP 和人口等以行政区划为统计单位的经济数据进行网格化处理的新思路。在网格化效果方面，结果的效果图显示中国和世界范围的网格化 GDP 与人口分布相似度高，均呈现空间分布差异较大的特点，且其特征与实际分布相一致，即网格化的结果可信度高，运用面积权重折算法有较好的科学性。

（2）目前已有的研究虽然有更高的分辨率，但时效性不足，往往只能达到十年的时间尺度，且遥感数据的数据源受技术影响，局限性较大，早年鲜有数据。因此在选择数据时，行政统计数据仍有其无法替代的优越性。本研究将时间尺度由五年尺度提高为一年尺度，空间尺度由于运用了 1°×1° 网格，时空分辨率高，且数据时效性好，可及时更新，为经济数据的呈现形式及相关研究提供了新的思路。

（3）本研究发挥了两类原有模式、模型的优点，有效避免了原有地球系统模式没有考虑社会经济因素的情况，从而更准确地反映和刻画人类活动（如社会经济）与自然系统的相互作用过程。这对于目前地球系统模式或综合评估模型较为单一的研究现状来说是一个更为全面和科学的补充，是在研究思路上的一种重大创新。

（4）实际应用的效果显示，细化到年的时间匹配处理和网格化后的空间匹配处理结果科学性强，满足整体的要求，为人-地系统模型的耦合提供了依据与基础。通过参数的时空尺度相互转换，将气候系统与社会经济系统有效耦合，克服两类模型内在特异性导致的耦合障碍，实现关于两类不同科学性质的模型耦合问题上的方法创新，从而为同步耦合评估气候变化对社会经济的影响，以及应对气候变化、保持可持续发展提供模拟手段。

8.3.2 变量匹配方法的构建——面积权重折算法

上述提出的耦合路径，都要解决将行政区域的统计数据进行网格化处理的问题。由此本研究构建了一种既能够反映实际经济数据分布，又能够与地球系统模式中的格网相衔接的方法——面积权重折算法。这种方法既可以用于正向的转化，即行政数据网格化，又可以用于逆向的转化，即网格数据行政化。

行政数据网格化的处理方法：面积权重折算法是一种通过面积分配行政数据，从而达到网格化的方法。其原理为在多个省级行政区交界处，网格由多个不规则的图形组成，网格数据则由多个省级行政区的数据共同决定。若网格处于非交界处，即处于某省级行政区内，网格则与此省级行政区数据一致。

面积权重折算法如下：

$$Z_{jk} = \sum_{i=1}^{n} \frac{Y_i}{S_i} \times S_{ijk} \tag{8-1}$$

式中，Z_{jk} 为第 j 行第 k 列网格内的经济指标总量（如 GDP、人口等）；Y_i 为第 i 个统计单元（若国内即为某省级行政区，若全球即为某国）的经济指标总量；S_i 为第 i 个统计单元的总面积；S_{ijk} 为第 i 个统计单元在第 j 行第 k 列网格中所占面积。运用 ArcGIS 进行上述处理的操作有较高的规范性，流程的可重复性较强，尽管其在精度上仍存在一定校准的空间，却可以运用其他资料（如土地利用、夜间灯光等数据）进行完善。由于任何一个网格都会由一个或多个省级行政区组成，全部数据均按照上述方法进行转换，以行政区为统计单元的经济资料便转化为网格形式的资料，达到了空间尺度的转换。

以国内某单个网格为例，在中国地图底图及世界地图底图上建立 1°×1° 的经纬网格，底图原有的行政单位会被经纬网格切割。此网格被分为三个部分，第一个不规则图形属于山西，第二个不规则图形属于河北，第三个不规则图形属于河南。则有

$$Z_{jk} = \frac{Y_1}{S_1} \times S_{1jk} + \frac{Y_2}{S_2} \times S_{2jk} + \frac{Y_3}{S_3} \times S_{3jk} \tag{8-2}$$

实际操作的步骤流程为：在 ArcGIS 中，先建立网格并将要素转面，再将底图与单位面积的某经济指标的数据进行连接，连接的关键是各行政区划的名称。运用分析工具中的联合操作，建立的网格便将底图按网格进行切割并产生不规则图形。将属性表导出，其包含不规则图形面积、单位面积的某经济指标等数据。对数据进行上述的加权折算后，再连接到 ArcGIS 的网格中。

同理，在由网格化数据向行政化数据逆向转化时，有

$$Y_i = \sum_{i=1}^{n} \frac{Z_{jk}}{S_z} \times S_{ijk} \tag{8-3}$$

式中，Y_i 为第 i 个统计单元（国内即为某省级行政区）的经济指标总量；Z_{jk} 为第 j 行第 k 列网格内的经济指标总量（如 GDP、人口、CO_2 排放量等）；S_z 为每个网格的面积；S_{ijk} 为第 i 个统计单元在第 j 行第 k 列网格中所占面积。例如，广东的某经济指标的总量由其在每个网格中所占的小面积相加得到。任何一个行政区划的省级单元都可以通过这种方法得到省级经济指标的总量，完成从网格化数据向行政化数据的转化。

8.3.3　相关的变量

以上内容提出和构建了以面积权重折算法为核心的变量匹配方法，提出这一方法的目的是更好地处理相关变量，使变量在网格单元形式和统计单元形式间顺利地转换。由于人–地系统模型耦合主要着眼于碳排放、GDP、人口等经济变量，因此本方法主要以应用于这三种变量为主，特别是碳排放这一变量。

在数据方面，想要进行此方法的运用，以全国分省级行政区数据的网格化为例，需要按表 8-5 的内容进行数据制备。

表 8-5   变量匹配方法相关数据的基本情况

数据内容	形式	来源
各行政区域名称	统计数据	我国行政区划相关条例
各行政区域相应的土地面积	统计数据	中国经济与社会发展统计数据库、地方国土资源局
各行政区域相应的某变量总量	统计数据	国家统计局、处理后的 IPCC 能源平衡表、国际能源署
全国行政区划及地理信息	矢量数据	国家基础地理信息中心
含有地理信息的网格	网格数据	新建和转换等处理后得到

8.4   变量匹配方法的应用

虽然目前对人-地系统模型耦合的研究较为初步，尤其是针对此问题的变量匹配方法的研究也较少，但是本研究所提出的网格化和空间化方法——面积权重折算法原理清晰、含义明确。在提出和构建方法的基础上，还需要着眼于变量匹配方法在数据上应用的效果及评价。考察此方法在中国区域应用适用性方面的情况，主要是利用人口、GDP 和 CO_2 排放这几种经济变量的统计数据在以 ArcGIS 为主的工具中进行技术层面的实际操作。据此能够确定本研究提出的网格化方案流程准确可重复，一方面通过实际对比验证其具有可操作性，另一方面对结果和效果进行展示及分析。

此处所选用的数据包括各省级行政区 1960～2015 年的 GDP、人口数据（来自国家统计局和中国经济与社会发展统计数据库）。各省级行政区的 CO_2 排放来自现有研究利用 IPCC 能源平衡表处理后的数据。土地面积相关数据来自中国经济与社会发展统计数据库，以及通过核实地方国土资源局进行补全。各国 2015 年的 GDP、人口以及土地面积数据来自联合国统计司国家账户数据库。全国行政区划图及地理信息来自国家基础地理信息中心。世界行政区划图及地理信息来自自然地球（Natural Earth）官方网站。

8.4.1   应用方法

对于方法在统计数据上的实践，就是运用了面积权重折算法，从而得到应用的效果与一些结果。

如前所述，面积权重折算法是一种通过面积分配行政数据，从而达到网格化的方法。

其原理为在多个省级行政区交界处，网格由多个不规则的图形组成，网格数据则由多个省级行政区的数据共同决定。若网格处于非交界处，即处于某省级行政区内，网格则与此省级行政区数据一致。

运用 ArcGIS 进行上述处理的操作有较高的规范性，流程的可重复性较强，尽管其在精度上仍存在一定校准的空间，却可以运用其他资料（如土地利用、夜间灯光等数据）进行完善。由于任何一个网格都会由一个或多个省级单元组成，全部数据均按照上述方法进行转换，以行政区为统计单元的经济资料便转化为网格形式，达到了空间尺度的转换。

8.4.2 网格化结果

前期探索了面积权重折算法原理的可行性和操作性，对全国的人口和 GDP 这两个变量以行政区为统计单元的经济数据运用 ArcGIS 进行了网格化。成果与变量的实际分布情况较为符合，科学性强。

利用上述的面积权重折算法，首先对研究区即中国范围的 2013～2015 年各省级行政区 GDP、人口数据进行了网格化处理。研究发现在过渡的区域，如多省级行政区交界处，出现了渐变的效果。这是由于网格内不同省级行政区所占面积不同，进行加权折算后，与该省级行政区原经济指标总量数据产生了差异。经济指标总量高的省级行政区，在与经济指标总量低的省级行政区加权折算后其经济指标总量会减少。

从中国范围的 GDP、人口统计数据网格化结果看，GDP 和人口都呈现出一种自东南沿海向西北逐渐递减的趋势，与实际情况一致。比较相同年份的不同指标时，可以发现 GDP 的高值区相较于人口有向东的偏移，说明东部的 GDP 优势比人口更为明显。这一现象符合我国的实际国情，即东部沿海城市的发达程度与西部有明显的差距。比较不同年份的相同指标时，可以发现网格化后的人口和 GDP 的年际变化无明显差异，说明 2013～2015 年全国人口和 GDP 的增速较为稳定，没有明显的变动。

从研究区扩展到更大范围，即世界范围。运用本研究提出的网格化方法，对 2015 年各国 GDP、人口数据进行了网格化处理。在对全球数据进行网格化处理时，可以发现由于数据的局限性，每个国家只有一个数值，表现出大片网格呈现相同的数值，只有被国境线分割的网格才会有数值的变动，但这些网格的数目相对于全球的网格微乎其微，因此渐变效果不如国内分省级行政区的数据网格化明显，并且各国内部的指标差异也无法显现出来，但对于地球系统模式而言，这个精度是满足要求的。

2015 年世界范围的 GDP 统计数据网格化结果总体来说呈现出南北差异，即高纬度地区的经济状况好于低纬度地区特别是赤道地区，与实际相符。2015 年世界范围的人口统计数据网格化结果表明中国和印度等几个人口大国数值明显偏高，网格化的结果能够反映实际的人口分布情况。

8.5 变量匹配方法数据源的扩展

引入遥感数据从而对其进行网格化,相当于对变量匹配方法起到一个延伸拓展和补充的作用。拓展数据源类型是由于在实际中,以碳排放量为例,各国在进行统计时单位、口径、计算方式常常各不相同,这对统计归一和相互比较造成了一些障碍。另外,有时还存在统计数据不全面、在时间和空间上出现缺失的情况。利用遥感数据就可以尽可能弥补这些方面的缺陷,同时对二氧化碳排放量的监测作用较好。本研究经过查找和比较,在众多遥感数据中选用了夜间灯光数据。

夜间灯光数据通过灯光值这个参数来表示社会的经济发展状况。基于如上条件,提取各省级行政区灯光值,与经济变量建立回归关系。通过这样的思路和衔接办法,能够利用遥感类型的数据进行网格化处理,最终同样解决了变量匹配问题。

上述已提到 DMSP/OLS 夜间灯光数据具有一些独特的优点,因此,本章选取 2010 ~ 2013 年的 DMSP/OLS 夜间灯光数据参与后续研究。

8.5.1 数据源扩展方法

1)灯光数据的提取方法

由于 GDP 与光照面积和光照强度均存在相关性,采用某地区的总灯光亮度值 DN 作为自变量进行回归。灯光亮度值的提取即

$$DN = \sum dn \tag{8-4}$$

式中,DN 为某地区的总灯光亮度值;dn 为某地区内某像元的亮度值。

在 ArcGIS 进行操作时,通过空间分析工具中的区域分析,运用分区统计功能进行灯光提取。

2)建立灯光值与经济变量的回归关系

建立线性回归模型:

$$\sum dn = aX + b \tag{8-5}$$

式中,X 为经济变量,如 GDP、人口、CO_2 排放量等,以 GDP 为主;dn 为某地区内某像元的亮度值;a 为回归系数;b 为截距。

建立幂函数关系模型:

$$\sum dn = aX^b \tag{8-6}$$

式中,底数 X 为经济变量,如 GDP、人口、CO_2 排放量等,以人口和碳排放量为主;dn

为某地区内某像元的灯光值；a 为系数；b 为指数。

8.5.2 变量特征分布及分析

通过本章前几节中对 2010 ~ 2013 年研究区范围内灯光数据的提取和处理，得到了各省级行政区夜间灯光总光度值的大小。图 8-4 为 2013 年的数据，将各省级行政区的夜间灯总光度值用柱状图呈现出来，便于对比。可以看到，全国范围内，灯光总光度值最高的为山东，最低的为澳门。前几名分别为山东、江苏、广东、河北、黑龙江、河南，其中全国范围内排名前三的省级行政区与全国（不含港澳台）经济总量排名前三的省级行政区相吻合。

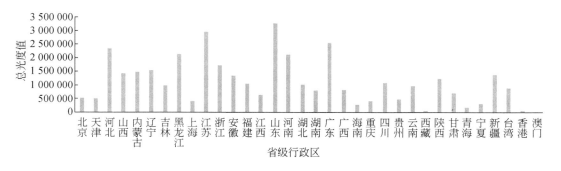

图 8-4　2013 年各省级行政区夜间灯光总光度值对比

图 8-5 ~ 图 8-7 分别将 2013 年研究区范围各省级行政区的 GDP、人口、CO_2 排放这三个变量与夜间灯光总光度值进行比较。通过这样的比较，一方面，可以分析出每个变量与总光度值这个变量的大致相关度。另一方面，由于这里分别列出了各省级行政区的情况，也可以把握不同省级行政区之间有无呈现出一致性、有无规律或区域性。首先，图 8-5 为 2013 年各省级行政区 GDP 与夜间灯光总光度值比较，可以看出 GDP 与夜间灯光总光度值这两个变量在各省级行政区而言，相关度还是较高的。GDP 前三的省级行政区为广东、江苏、山东，虽然与总光度值排名情况不完全一致，但省级行政区重合。同时，在北京、上海、香港、澳门、天津等，出现了总光度值明显低于其 GDP 的现象。另外，还呈现出诸如华北、东北、西北区域的总光度值偏高，而华东、华中、华南、港澳台区域略微偏低的情况。

图 8-6 为 2013 年各省级行政区总人口数与夜间灯光总光度值比较，可以看出人口数与夜间灯光总光度值这两个变量对于各省级行政区而言，在大多数省级行政区中相关度较高。在四川的误差较大，考虑可能是四川的人口基数过大，因此总光度值不能完全反映人口变量。总人口数排在前几名的省级行政区为广东、山东、河南、江苏，其总光度值也在

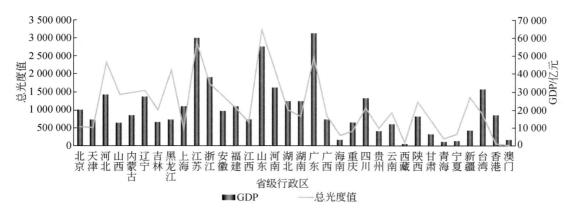

图 8-5　2013 年各省级行政区 GDP 与夜间灯光总光度值比较

最前列。同时，在北京、上海、香港、澳门、天津等，出现了总光度值略微偏低于或较为吻合于总人口数的现象。另外，总人口数和总光度值一致与否的区域差异的特性不如 GDP 那样明显，并没有出现某个区域总光度值较总人口数偏高，或者某个区域总光度值都偏低的现象。

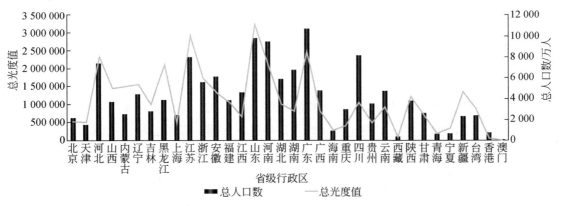

图 8-6　2013 年各省级行政区总人口数与夜间灯光总光度值比较

图 8-7 为 2013 年各省级行政区 CO_2 排放量与夜间灯光总光度值比较，可以看出 CO_2 排放量与夜间灯光总光度值这两个变量对于各省级行政区而言，在各省级行政区中具有一定相关度，不过在多数省级行政区中总光度值较 CO_2 排放量呈现出偏高的情形。其中，在山西的误差较大，总光度值明显低于其实际 CO_2 排放量，可能是山西的畸形产业结构所致，即开采和生产中偏于高排放，导致排放异常超出总光度值的反映程度。而在江苏、广东、山东，其总光度值高于实际 CO_2 排放量较为明显，这可能说明了这些省级行政区的经济较为绿色发展，其发达程度并不十分依赖于高排放的生产活动和产业类型。CO_2 排放量排在前几名的省级行政区为山西、山东、内蒙古，其中山西和内蒙古的产业多与工业有较

大关联，较为丰富的煤炭和矿产资源使得它们的经济更多依赖于高排放活动。在上海和陕西，总光度值对 CO_2 排放情况的反映最为贴近。另外，CO_2 排放量和总光度值一致与否的情况也存在一定区域分异。例如，华东、华中、华南区域的总光度值较为明显地高于其实际 CO_2 排放量，考虑是由于这三个区域经济较为发达，产业多为轻工业、相对低排放的农业和服务业。

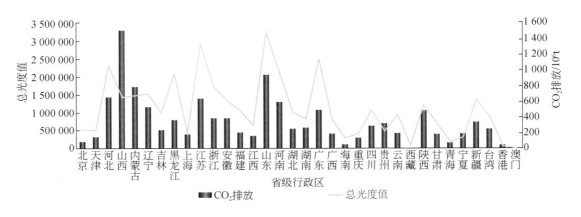

图 8-7　2013 年各省级行政区 CO_2 排放量与夜间灯光总光度值比较

8.5.3　建立回归关系

将夜间灯光数据与统计数据连接，拓展数据源的形式，对变量匹配法起到补充扩展的作用。通过建立回归关系，可通过夜间灯光这种遥感数据，提取出按行政区域划分的统计数据，再运用面积权重折算法对其进行网格化处理，最终同样可以得到网格化的经济变量，达到人—地系统模型耦合的目的。因此，建立回归关系是连接的关键桥梁。建立了桥梁，面向未来，可以运用夜间灯光遥感数据得到各省级行政区的 GDP、人口、CO_2 排放量等。更广义地讲，也可以按照本章思路和方法从全球范围的夜间灯光数据中得到各国 CO_2 排放量等。

在回归过程中，将各种经济变量（如 GDP、人口、碳排放量）分别作为自变量，将总光度值作为因变量，分别建立总光度值与某变量的相关关系。在建立回归关系时先以线性关系为基础，再尝试指数、幂函数等。这是出于两方面考虑：一是参考相关研究，多数研究方法选择将总光度值与其他经济变量视作线性关系，其简单易于理解。二是先以线性关系为基础，即使真实数据是曲线的拟合关系，统计效能损失也是相对较小的。通过运用各种函数的拟合，最终发现对于总光度值与 GDP 的回归关系，选择线性回归为最佳，其回归关系为 $Y = 43.812X + 289\,100$，相较于其他函数其拟合优度最高。而对于总光度值与人口、总光度值与 CO_2 排放量,选择线性回归确实具有一定相关性,但最佳为幂函数回归。总光度值与人口的最佳回归关系为 $Y = 66.343X^{1.1592}$,相较于其他函数其拟合优度最高。总光度值与 CO_2 排放量的最佳回归关系为 $Y = 1848X^{1.1032}$,相较于其他函数其拟合优度最高。在三个变量的拟合效果的横向比较中,总灯光值与 CO_2 排放量这个变量的拟合优度最好,R^2 达到 0.9045。其次为人口变量,R^2 达到 0.825。最后是 GDP,R^2 达到 0.5852。

图 8-8 是 2010 ~ 2013 年各省级行政区 GDP 与总光度值的线性回归拟合,可以看到,R^2 最高达到 0.6509,其中,2011 年的回归关系式为 $Y = 44.902X + 227\,599$。拟合效果较差的为 2010 年。图 8-9 显示了四年的数据综合后各省级行政区 GDP 与总光度值的回归关系,可以看到散点分布较为集中,与趋势线靠近。经过各种函数拟合,最终得到线性关系的拟合优度最高,R^2 达到 0.5852,GDP 与总光度值的回归关系式为 $Y = 43.812X + 289\,100$。四

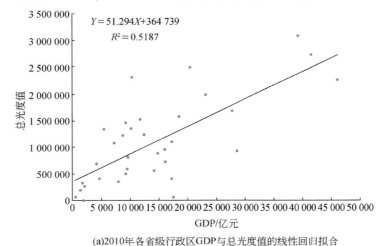

(a)2010年各省级行政区GDP与总光度值的线性回归拟合

(b)2011年各省级行政区GDP与总光度值的线性回归拟合

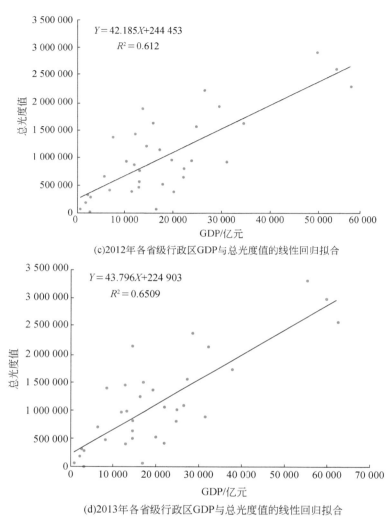

(c)2012年各省级行政区GDP与总光度值的线性回归拟合

(d)2013年各省级行政区GDP与总光度值的线性回归拟合

图 8-8　2010～2013 年各省级行政区 GDP 与总光度值的线性回归拟合

年综合的回归关系可靠性略低于其中某一年的回归关系，考虑是由于上述提到的 2010 年灯光数据存在一定误差。其他拟合优度较低的函数在此不进行赘述。

图 8-10 是为 2010～2013 年各省级行政区总人口数与总光度值的幂函数回归拟合，可以看到，R^2 均处于较高的水平，最高达到 0.839，其中 2013 年的回归关系式为 $Y =$ $59.416X^{1.1778}$。拟合效果较差的为 2010 年和 2012 年。与 GDP 的情况相比，这里的人口变量各年份的数据回归拟合优度比较时，2010 年数据的误差并不明显。图 8-11 显示了四年的数据综合后各省级行政区人口与总光度值的回归关系，图 8-11（a）为最优拟合关系，图 8-11（b）为线性关系，虽然线性关系的判定系数也达到了 0.6211，不过仍然较为明显

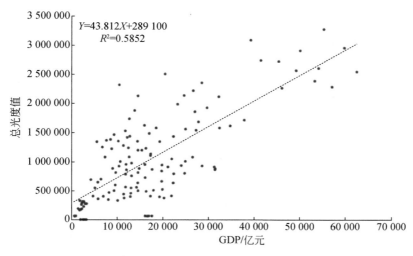

图 8-9　各省级行政区 GDP 与总光度值的回归关系

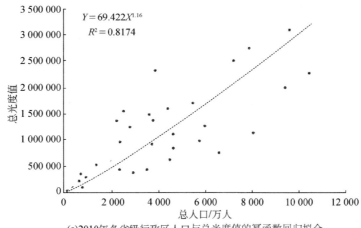

(a)2010年各省级行政区人口与总光度值的幂函数回归拟合

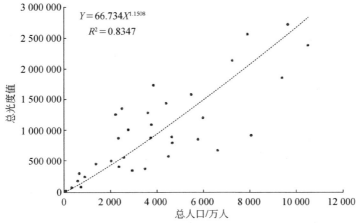

(b)2011年各省级行政区人口与总光度值的幂函数回归拟合

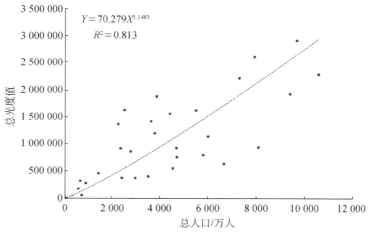

(c)2012年各省级行政区人口与总光度值的幂函数回归拟合

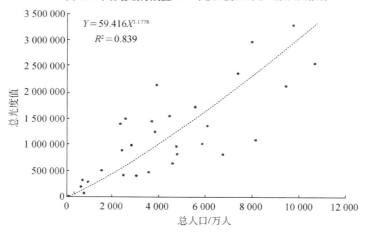

(d)2013年各省级行政区人口与总光度值的幂函数回归拟合

图 8-10　2010～2013 年各省级行政区人口与总光度值的幂函数回归拟合

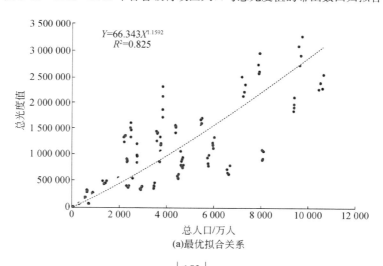

(a)最优拟合关系

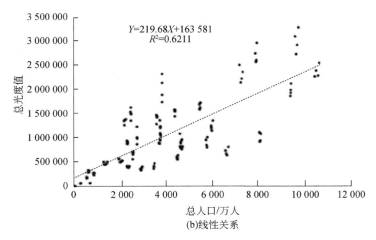

图 8-11　各省级行政区总人口数与总光度值的回归关系

低于最优的拟合关系。可以看到散点分布较为集中,与幂函数的趋势线靠近。经过各种函数拟合,最终得到幂函数关系的拟合优度最高,R^2 达到 0.825,总人口数与总光度值的回归关系式为 $Y=66.343X^{1.1592}$。四年综合的回归关系可靠性略低于其中某一年的回归关系,但差别不大。其他拟合优度较低的函数在此不进行赘述。

图 8-12 是 2010 ~ 2013 年各省级行政区 CO_2 排放量与总光度值的幂函数回归拟合,可以看到,R^2 均处于较高的水平,最高达到 0.9204,其中 2012 年的回归关系式为 $Y=1613.7X^{1.1162}$。拟合效果较差的为 2013 年。与 GDP 的情况相比,这里的 CO_2 排放量变量各年份回归拟合优度比较时,拟合优度都超过了 0.8 且差距并不明显。图 8-13 显示了四年的数据综合后各省级行政区 CO_2 排放量与总光度值的回归关系,图 8-13 (a) 为最优拟合

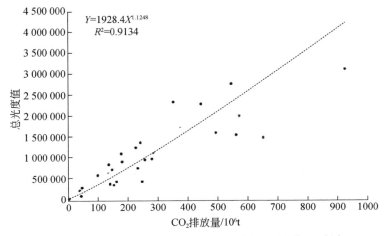

(a)2010年各省级行政区CO_2排放量与总光度值的幂函数回归拟合

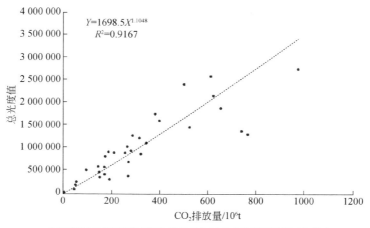

(b)2011年各省级行政区CO_2排放量与总光度值的幂函数回归拟合

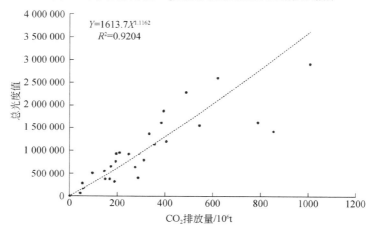

(c)2012年各省级行政区CO_2排放量与总光度值的幂函数回归拟合

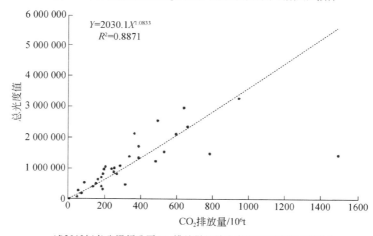

(d)2013年各省级行政区CO_2排放量与总光度值的幂函数回归拟合

图8-12　2010~2013年各省级行政区 CO_2 排放量与总光度值的幂函数回归拟合

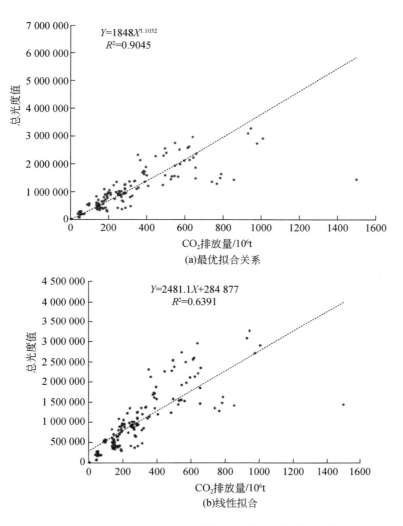

图 8-13　各省级行政区 CO_2 排放量与总光度值的回归关系

关系，图 8-13（b）为线性关系，虽然线性关系的判定系数也达到了 0.6391，不过仍然较为明显低于最优的拟合关系。可以看到散点分布较为集中，与幂函数的趋势线靠近。经过各种函数拟合，最终得到幂函数关系的拟合优度最高，R^2 达到 0.9045，CO_2 排放量与总光度值的回归关系式为 $Y=1848X^{1.1032}$。四年综合的回归关系可靠性略低于其中某一年的回归关系，但差别不大。其他拟合优度较低的函数在此不进行赘述。

8.6 双向耦合时空匹配方法与路径的特色与创新

8.6.1 特色与创新

就目前而言，本研究的内容具有一定特色和创新度，建立了以 GDP 和人口等以行政区划为统计单位的经济数据能够进行网格化处理这一新思路。网格化效果图显示中国国内和世界范围的网格化 GDP 与人口分布相似度高，均呈现空间分布差异较大的特点，且其特征与实际分布相一致，即网格化的结果可信度高，运用面积权重折算法具有科学性。

目前已有的研究虽然有更高的分辨率，但时效性不足，往往只能达到十年的时间尺度，且其他类型的数据源可能受技术等影响，局限性较大，早年鲜有数据。因此在选择数据时，行政统计数据仍有其无法替代的优越性。本研究将时间尺度由五年尺度提高为一年尺度，空间尺度由于运用了 1°×1° 网格，时空分辨率高。为经济数据的呈现形式及相关研究提供了新的思路。

该研究有效避免了原有地球系统模式没有考虑社会经济因素的情况，发挥了两类原有模式、模型的优点，从而更准确地反映和刻画人类活动（如社会经济）与自然系统的相互作用过程。这对于目前地球系统模式或综合评估模型较为单一的研究现状来说是一个更为全面和科学的补充，是在研究思路上的一种重大创新。

应用的实际效果显示，细化的时间匹配处理和网格化后的空间匹配处理结果科学性强，满足模式运行的整体要求，为人–地系统模型的耦合提供了依据与基础。通过参数的时空尺度相互转换，将气候系统与社会经济系统有效耦合，克服两类模型内在特异性的耦合障碍，提出两类不同科学性质的模型在耦合问题上的方法创新，为同步耦合评估气候变化对社会经济的影响，以及应对气候变化、保持可持续发展提供模拟手段。

此外，运用夜间灯光等遥感数据，与行政统计数据建立相关关系，对单一的数据源起到了一种补充和订正的作用。处理后的数据再进行网格化处理，产生了不一样的精度，提升了整个变量网格化过程的科学性，对匹配问题进行了更好地研究。

综上所述，此方法在未来有一定的应用、扩展和发展价值。本研究在未来有以下几个突破点。在减小误差方面，可对一些缺失和换算得到的统计数据进行替换。对遥感数据进行修正与校正，进一步提高此方法的科学性。另外，对夜间灯光数据进行回归得到 GDP 等变量时，可对回归关系的误差进行修订。在提升精细化程度方面，可以运用更高精度的夜间灯光数据，如 NPP-VIIRS 夜间灯光遥感数据，甚至补充添加其他类型的遥感数据如土地利用、人口密度遥感数据等紧跟时代发展的数据。

8.6.2 讨论

（1）研究中存在的误差与不确定性。本研究的误差一方面来自新提出和构建的变量匹配方法，另一方面来自所选用的数据。

（2）研究的丰富度仍然可扩充。首先，从时间尺度而言，可补充更多年份的数据对网格化效果进行扩充。其次，从空间来看，本研究将提出的变量匹配方法应用于中国区域的研究区，对世界范围的数据进行了应用但仍处于较为初步的发展阶段。而对于人-地系统模型耦合，本研究方法的成熟发展阶段应运用于全球范围。

（3）精细化程度可进一步提高。网格化效果研究虽然运用面积权重折算法初步跨越了两类系统运行的思维设计鸿沟，初步达到了其衔接的目的，但在精细化方面还有一定空间有待提升。

第 9 章 | HESM1.0 模式的构建与程序实现

鉴于人类社会及经济系统的复杂性，短期内完成整个人类社会经济模型与气候系统模式的耦合，既没有现实可能性，又并不非常必要。因此，国内外趋于优先把最关键的社会经济模型与较为成熟的气候系统模式进行耦合。鉴于此，本研究选择的耦合气候系统模式为北京师范大学自主研发的 BNU-ESM。而在选择和确定社会经济模型的过程中，偏向于选择理论基础较简单和发展较为成熟，且易于用标准化 FORTRAN90 语言将其程序化的模型，DICE 模型和 RICE 模型是优先考虑的模式。本章主要阐述人–地系统模式 HESM1.0 的主要构建思想和程序实现过程。首先，简要介绍 HESM1.0 的自然系统模块 BNU-ESM 和所选择的社会经济模块 DICE 模型的建模原理和计算方法；其次，详细分析将 DICE 模型与 BNU-ESM 进行耦合的可能性，在此基础上通过简化和修改 DICE 模型，使其在理论和技术上与 BNU-ESM 的耦合更容易实现；最后，给出了将 DICE 模型与 BNU-ESM 进行双向耦合的主要方法和程序实现过程。

9.1 BNU-ESM 简介

本研究采用的耦合气候系统模式是北京师范大学自主研发的 BNU-ESM，该模式也是我国参加耦合模式第五次比较计划（CMIP5）的 5 个耦合气候系统模式之一。

BNU-ESM 的特点是陆面分量模块采用北京师范大学自主开发的公用陆面过程模式（CoLM），CoLM 模式不但包含主要的物理生物功能模块，并且还加入了基于全球 Lund-Postdam Jena（LPJ）的动态植被模式和碳–氮耦合生物地球化学模块；大气分量模块采用美国大气科学研究中心开发的 CAM3.5，包括化学传输模块（MOZART）和火山气溶胶模块等；海洋模块采用美国地球物理流体动力学实验室的 MOM4pl，包括海洋生物化学模块 IBGC；海冰分量模式采用洛斯阿拉莫斯国家实验室的 CICE4.1 模式。耦合器采用美国大气科学研究中心的 CPL6.5，相对于 CPL6，模式开发人员对耦合通量进行了修改和优化，实现不同分量模块之间的能量和物质交换。BNU-ESM 的详细介绍见 Wu 等（2013）的研究。BNU-ESM 尽管发展较晚，但已经在气候变化的模拟和预估研究中得到广泛的应用和认可。例如，Wei 等（2012）利用 BNU-ESM 和美国大气科学研究中心的 CESM 定量评估了发达国家/发展中国家碳排放对历史气候变化的贡献，并且同时给出了发达国家/发展中国家承诺减排对减缓未来气候变化的效果，结果表明，发达国家和发展中国家碳排放对历史气候变化的贡献分别为 2/3 和 1/3（图 9-1），而其承诺减排对减缓未来气候变化的效果分别为 1/3 和 2/3（图 9-2）。

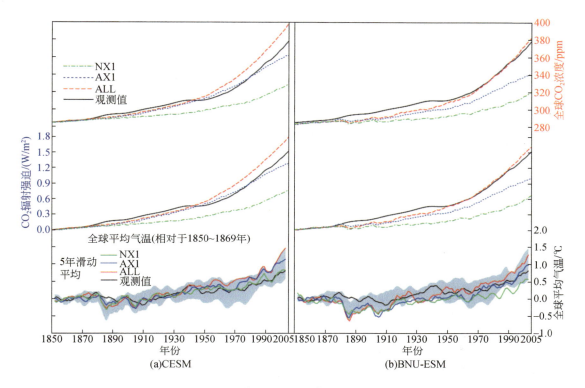

图 9-1　BNU-ESM 和 CESM 模拟的发达国家（AX1）和发展中国家（NX1）
碳排放对历史气候变化的贡献

CESM 和 BNU-ESM 在所有国家都排放（ALL），只有发达国家排放（AX1）和只有发展中国家排放
（NX1）三种试验方案下模拟的全球 CO_2 浓度（上）、CO_2 辐射强迫（中）和全球平均气温（下）；
图中阴影表示 CMIP5 的结果

9.2　DICE 模型简介

DICE 模型是由美国耶鲁大学著名的经济学家威廉·诺德豪斯（William D. Nordhaus）为研究气候变化与经济的关系而建立的。该模型最基本的过程机制为：经济系统在运转的过程中向大气排放 CO_2 等温室气体，导致大气中温室气体浓度升高而加剧温室效应，使气候变暖，这引发了为应对气候变暖而产生的经济系统的调整，这种调整改变了向大气中排放温室气体的模式，这样周而复始形成当前和未来的经济–气候变化关系。DICE 模型也是

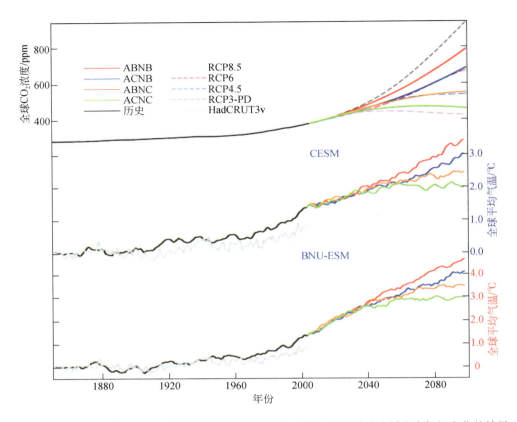

图 9-2　BNU-ESM 和 CESM 计算的发达国家和发展中国家承诺减排对减缓未来气候变化的效果

CESM（中）和 BNU-ESM（下）预估的 ABNB、ACNB、ABNC 和 ACNC 情景（上）下全球平均气温相对 1850～1869 年的变化。ABNB 表示发达国家和发展中国家都不减排；ACNB 表示发达国家减排，发展中国家不减排；ABNC 表示发达国家不减排，发展中国家减排；ACNC 表示发达国家和发展中国家都减排

第一个真正意义上的经济–气候变化模型，为以后研究经济、政策和气候变化的相互关系以及综合评估模型的发展奠定了基础（Nordhaus，1992a，b）。DICE 模型到目前已经发展了不同的版本，如 DICE-1992、DICE-2006、DICE-2007 等，这些版本的基本原理都是一样的，即社会福利最大化原理，其最大的差别在于参数的更新和设置。DICE 模型被广泛应用于研究最优化路径下的未来排放情景、气候变化对经济的影响以及政策干扰和碳价格等问题（Nordhaus，2014）。RICE 模型和 DICE 模型的基本原理也是一致的，即一定时间内的社会福利最大化，区别只在于空间上 DICE 模型是基于全球的模式，而 RICE 模型是基于区域的模式。

DICE 模型主要由三个部分组成，分别为经济–温室气体排放关系、温室气体排放–气候变化关系和目标函数。

9.2.1　经济–排放关系

DICE 模型中的经济过程主要用经典的柯布–道格拉斯生产函数来表述，具体如下：

$$Q(t) = \Omega(t)A(t)\,K(t)^{\gamma}\,L(t)^{(1-\gamma)} \tag{9-1}$$

式中，$Q(t)$ 为 t 时间净全球总产值；$A(t)$、$K(t)$、$L(t)$ 分别为 t 时间的技术、资本、劳动力；$\Omega(t)$ 为考虑扣除减排和气候变化对产出影响之后的净产出比例，$\Omega(t)$ 的具体表达见式（9-5）；γ 为资本弹性系数。另外，经济关系中包括两个重要的平衡关系，分别为投资消费关系［式（9-2）］和资本平衡关系［式（9-3）］。

投资消费关系［式（9-2）］描述了全球净总产值 $Q(t)$ 在消费 $C(t)$ 和投资 $I(t)$ 之间的分配关系，而描述资金存储的资本平衡关系［式（9-3）］，则表示 $t+1$ 年的资本 $K(t+1)$ 等于第 t 年的资本 $K(t)$ 除去折旧率（δ_t）之后，再加上当年的投资 $I(t)$。

$$Q(t) = C(t) + I(t) \tag{9-2}$$
$$K(t+1) = (1.0 - \delta_t)K(t) + I(t) \tag{9-3}$$

经济–温室气体排放关系描述了净产出与排放之间的关系，具体见式（9-4）：

$$E(t) = [1.0 - \mu(t)]\sigma(t)Q(t) \tag{9-4}$$

式中，$E(t)$ 为 t 时间的碳排放量；$\sigma(t)$ 为技术参数，表示排放与产出的比值，随时间按照一定的指数形式变化；$\mu(t)$ 为排放控制率，由最优化过程决定。

$$\Omega(t) = [1.0 - b_1 \times \mu(t)^{b_2}]/[1.0 + \theta_1 \times T(t)^{\theta_2}] \tag{9-5}$$

式（9-5）描述了扣除减排对成本造成的损失和气候变化对产出影响之后的全球净产值比例，其中 b_1、b_2、θ_1、θ_2 均为经验参数，分别为 0.0686、2.887、0.00144、2。

9.2.2　温室气体排放–气候变化关系

与目前大多数的综合评估模型类似，DICE 模型也是通过损失函数［式（9-5）］将气候变化（气温 t）与经济过程进行连接。而 DICE 模型用以下简单的公式［式（9-6）~式（9-9）］来描述从碳排放到 CO_2 浓度和辐射强迫，再到气温变化的复杂碳循环过程。

式（9-6）描述了大气对碳排放的存储量 $M(t)$，参数 β 和 δ_M 分别为大气对碳排放的短期存储速率和每十年的消除速率，经验统计的 β 和 δ_M 分别为 0.64 和 0.0833。式（9-7）给出了大气中累计的碳排放量 $M(t)$ 与 CO_2 辐射强迫 $F(t)$ 之间的关系，这也是一般用来计算 CO_2 辐射强迫的标准方法。温升与辐射强迫的关系见式（9-8）和式（9-9），$T(t)$ 和 $T^*(t)$ 分别为全球平均气温和深海温度每年的增加量，参数 R_1、$\dfrac{R_2}{\tau_{12}}$ 同样由经验统计得到，分别为 41.7 和 0.44。

$$M(t) = \beta E(t) + (1.0 - \delta_M) M(t-1) \tag{9-6}$$

$$F(t) = 4.1 \log \left[\frac{M(t)}{590} \right] / \log(2) \tag{9-7}$$

$$T(t) = T(t-1) + \left(\frac{1.0}{R_1} \right) \left\{ F(t) - \lambda T(t-1) - \left(\frac{R_2}{\tau_{12}} \right) \left[T(t-1) - T^*(t-1) \right] \right\}$$

$$\tag{9-8}$$

$$T^*(t) = T^*(t-1) + \left(\frac{1.0}{R_1} \right) \left\{ \frac{R_2}{\tau_{12}} \left[T(t-1) - T^*(t-1) \right] \right\} \tag{9-9}$$

9.2.3 目标函数

DICE 模型的关键是把全社会福利作为目标函数，通过追求目标函数的最大化来获取人类应对气候变化的最优气候政策，包括温室气体排放量调整等，目标函数如下：

$$\max \sum_t U[c(t), L(t)] (1.0 + \rho)^{-t} \tag{9-10}$$

式 (9-10) 描述了 DICE 模型的基本原理，即经济政策和气候政策应该使得基于时间的社会福利最大化。$c(t)$ 为人均消费，$U[c(t), L(t)]$ 为效用函数，其具体形式见式 (9-11)。

$$U[(c(t), L(t)] = L(t) \left\{ [c(t)^{(1-\alpha)}] \right\} / (1-\alpha) \tag{9-11}$$

α 为消费的边际效用弹性，当 $\alpha = 1$ 时，效用函数简化为式 (9-12)：

$$U[(c(t), L(t)] = L(t) \left\{ \log[c(t)] \right\} \tag{9-12}$$

以上给出了 DICE 模型核心的原理和其计算公式，其基本的求解思路是在一个给定的时段内（如 100 年或者更长），以上述经济−排放−气候变化关系为限制条件或约束条件，使得目标函数最大化而计算出该时段内最优化的产出（Y）、排放量（E）和气温（t）等。

对于实际气候系统的复杂性和非线性，目前也只有耦合气候系统模式可以将其进行一定程度的描述和表达，因此上述计算气候变化的简单方法［式 (9-6) ~ 式 (9-9)］具有极大的不确定性，这也是 DICE 模型或目前所有的综合评估模型的不足之处，也是需要将经济模型与耦合气候系统模式进行双向耦合的原因之一。

9.3 DICE 模型的可行性与简化

9.3.1 DICE 模型的可行性分析

社会经济模型与耦合气候系统模式进行相互连接的两个关键参数分别为排放量（E）

和表示气候变化的基本要素场（如气温 t）。将社会经济模型计算的排放量作为耦合气候系统模式的驱动场，耦合气候系统模式利用社会经济模型提供的驱动场计算可能的气候变化，接下来将计算结果（如气温 t）反馈到社会经济模型中，社会经济模型根据基本的经济学原理计算下一年的排放。而将 DICE 模型的社会经济部分引入 BNU-ESM 也遵循这个基本的思想。

然而，在实际操作过程中可以发现，上述耦合方法存在着以下两个问题。

第一，上述的耦合方法忽略了一个极其重要的问题，即 DICE 模型中的最优化问题。DICE 模型的本质在于求解一定约束条件下的最值问题，而这个最值又与选择的时间有关系，这在数学上算是动态规划的最优化问题，最终的结果是在一个时段内给出一个最优的曲线，而不是每个步长进行一次最优化，给出一个确定的最优值。相反耦合气候系统模式是一个步长或一个时次给出一个结果，即使设定将耦合气候系统模式的结果（气温 t）反馈给社会经济模型，也只能是为社会经济模型提供一个初始的气温场，社会经济模型计算优化过程还需要其自身计算的气温 t，这也是社会经济模型的建模思路与自然科学的建模思想的最大差别。

第二，一般社会经济模型都是用通用代数建模系统（GAMS）语言来建模的，因为 GAMS 是专门用于解决线性和非线性规划问题的，将其应用在解决社会经济模型中的最优化和均衡问题上有很大的优势。而耦合气候系统模式的程序是用标准的 FORTRAN90 语言来实现的，并且在运行的过程中涉及高性能计算机的分步并行等，这也导致不能将两类模型直接耦合在一起。

因此，为了能够将社会经济模型与耦合气候系统模式在同一个框架下运行起来，本研究需要解决两个模型之间无法进行协调的问题，这里，选择简化社会经济模型中的最优化过程来解决这一问题。另外，DICE 模型已经发展了不同的版本，如 DICE-1992、DICE-2013 等。由于 DICE-1992 的运行时间从 1965 年开始，而 DICE-2013 的运行时间从 2010 年开始，因此 DICE-2013 的运行结果无法与观测结果对比。为了能够验证新构建的人–地系统模式，这里采用 DICE-1992。下面给出对 DICE-1992 做出的具体简化过程。

9.3.2　DICE 模型的简化

最优化过程通过平衡减排的成本和气候变化造成的产出损失，使得 t 时间内的社会福利最大化，以此来计算排放控制率（μ）和消费（C）[或者投资（I）]。如果忽略 DICE 模型的动态规划思路，用一般的求解思路来理解 DICE 模型，则其求解的逻辑思路如下。

要计算排放量 $E(t)$，需要计算排放控制率 $\mu(t)$ 和产出 $Q(t)$，而计算 $Q(t)$ 最终还是要根据式（9-1）和式（9-5）计算 $\mu(t)$；另外产出 $Q(t)$ 包括消费和投资两部分，这需要确定消费和投资的比例。在不考虑最优化目标函数的条件下，只需要计算两个未知的变量，一个是排放控制率 $\mu(t)$，另外一个是消费 $C(t)$。计算出 t 年的消费或投资之后，$(t+1)$ 年的资本可以计算出来，而第 $(t+1)$ 年的技术 $A(t+1)$、劳动力 $L(t+1)$ 等都是给定初值，然后按照一定的指数增长方式计算，这样就很容易计算出 $(t+1)$ 年的排放量 $E(t+1)$。根据上述简化思路，如果在优化过程中假设排放控制率 $\mu(t)$ 为 0，且根据经验关系给定投资与产出的比值，则可以不通过优化过程用社会经济模型计算出非减排条件下的排放量，这样社会经济模型和耦合气候系统模式可以通过调整其耦合步长实现双向耦合。虽然这个去除最优化的简化思路违背了最初 DICE 模型的建模思想，但这是目前将社会经济模型与耦合气候系统模式进行耦合的最简单思路，在初始尝试阶段，采用该方法也不失为一种合理的选择。在 $\mu(t)$ 假定为 0 的条件下，计算排放量的式（9-4）和气候变化影响的式（9-5）可简化为式（9-13）和式（9-14）：

$$E(t) = \sigma(t) \times Q(t) \tag{9-13}$$

$$\Omega(t) = 1.0 \big/ \big[\, 1.0 + \theta_1 \times T(t)^{\theta_2} \big] \tag{9-14}$$

下面给出 1980～2012 年统计的全球平均投资率，即全球投资占全球总产出的比例（图 9-3），可以看出，历史的投资率为 15%~25%，并且有增长的趋势。DICE-1992 利用最优化方法预估的投资率见图 9-4，可以看出，未来的投资率在下降中趋向稳定，最后稳定在 16% 左右。而通过计算可知，只有在运行时间较长的情况下不同投资率对应的排放量才会有较为明显的差别，这也可以理解为在一定的时间内，投资率对排放量的影响较小。因此，为了使得社会经济模型与耦合气候系统模式的耦合易于实现，需要做的第一个简化过程是将排放控制率 $\mu(t)$ 设置为 0，并且通过给定投资率来去掉最优化过程，这也更贴近实际情况，这是因为在 DICE 模型中，历史阶段的模拟都默认排放控制率 $\mu(t)$ 为 0。在假设排放控制率 $\mu(t)$ 为 0 的基础上，将投资率设为 20%，即消费和投资分别占总产出的 80% 和 20%，这样也可以很容易地用 FORTRAN90 语言将修改后的 DICE 模型程序化。

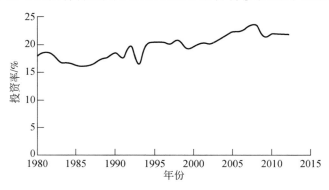

图 9-3 1980～2012 年历史统计投资率

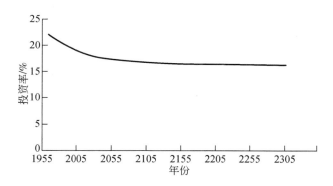

图 9-4　DICE-1992 利用最优化方法预估的投资率

9.4　耦合方法

9.3 节对社会经济模型与耦合气候系统模式相互耦合的过程进行了可行性分析，通过简化社会经济模型，使得耦合过程易于操作和可实现。

两个模型具体的耦合方案如图 9-5 所示，即社会经济模型向耦合气候系统模式提供碳排放量，耦合气候系统模式在碳排放量的驱动下计算未来的气候变化，接下来社会经济模

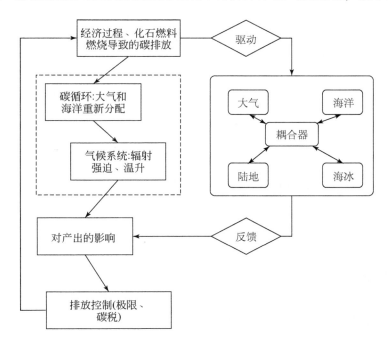

图 9-5　耦合方案

型调用耦合气候系统模式的结果，计算下一年的排放量，形成一个完整的互动循环过程。该过程相当于将图 9-5 中虚线框内 DICE 模型的自然过程用耦合气候系统模式 BNU-ESM 来替代，但是要实现这两个模型在同一个程序框架下互动运行，除建模思想上可行外，还需要通过程序来实现，下面就具体的程序实现过程进行详细的介绍。

9.4.1 社会经济模型向耦合气候系统模式传递全球碳排放的过程

1. 社会经济模型步长的调整

一般社会经济模型的特征是时间分辨率比较低，如大多数模型的时间步长为 5 年，或者为 10 年。而本研究所选择的 DICE 模型也不例外，该模型的时间步长为 10 年，即 10 年输出一次碳排放量，这远远低于耦合气候系统模式中碳排放量的时间分辨率（一般为年或月）。另外，一般社会经济模型的空间分辨率也比较低，即使是 RICE 模型，也是将一个区域或国家作为一个整体，而 DICE 模型则是将全球作为一个整体，但是耦合气候系统模式的外强迫条件碳排放量具有较高的空间分辨率（90km 左右）。因此，不仅需要根据 10 年的碳排放量得到每年的碳排放量，还需要将每年的排放量分配在全球格点上，在此基础上将每年的碳排放量按照月内的变化率分配到不同的月份。根据 10 年的碳排放量得到每年的碳排放量最简单的方法是线性插值，但是这个方法在本研究中无法实现，其原因在于线性插值的过程需要未来 10 年的碳排放量，而未来 10 年的碳排放量与未来 10 年的气温相关。因此，需要探索其他的方法进行耦合过程中碳排放量的传递。这里，可以利用修改社会经济模型步长的方法来实现这一过程。DICE 模型设置的步长为 10 年，因此，模式中的所有与运行步长相关的参数都为 10 年的指数（如劳动力人口增长率每 10 年的变化为 0.223），可以通过修改参数的方法使得 DICE 模型每年运行一次。另外，DICE 模型中计算外生变量的公式为指数形式，如外生变量劳动力的计算 [式（9-15）和式（9-16）]：

$$\mathrm{GL}(t) = \left(\frac{\mathrm{GL}_0}{\mathrm{DLAB}}\right)\left[1.0 - \mathrm{e}^{-\mathrm{DLAB}\times(t-1.0)}\right] \tag{9-15}$$

$$L(t) = \mathrm{LL}_0 \times \mathrm{e}^{\mathrm{GL}(t)} \tag{9-16}$$

式中，GL（t）为劳动力人口的变化率；GL_0 表示每 10 年的劳动力人口增长率；DLAB 为劳动力人口增长率的下降率；L（t）为劳动力人口；LL_0 为 1965 年的初始劳动力人口。

因此，每年的变化量可以通过将每 10 年的变化量除以 10 得到（如每年的劳动力人口增长率为 0.0223），鉴于指数算法的特征，在不改变计算公式形式的前提下，用每年的变化参数，可以得到相应外生变量每年的时间变化序列。本研究中所修改的与经济模型计算步长相关的参数见表 9-1。

表 9-1　经济模型中与运算步长相关的参数调整

参数描述	每 10 年	每年
GL_0（劳动力增长率）	0.223	0.0223
DLAB（劳动力增长率的下降率）	0.195	0.0195
DELA（技术的下降率）	0.11	0.011
GSIGMA（CO_2 当量排放的增长率）	−0.1168	−0.01168

注：不包括社会经济模型中描述自然物理过程的参数。

2. BNU-ESM 中碳排放通量的时间和空间分布特征

一般来说，耦合气候系统模式将观测或一定情景下预估的化石燃料通量数据作为外强迫条件来研究人类活动对气候变化的影响。这些数据的空间分辨率为全球格点形式，而时间尺度为月，即具有一定的月变化率。图 9-6 给出了 1751～2005 年全球 CO_2 排放通量的月平均变化曲线，可以看出，全球历史 CO_2 排放通量具有明显的月变化特征，一年内排放高峰主要集中在 1 月和 12 月，造成这种变化的主要原因可能是冬季北半球中高纬度地区的集中供暖排放。

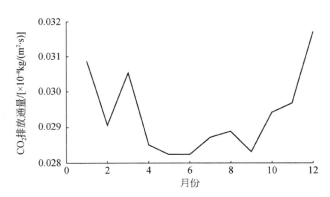

图 9-6　1751～2005 年全球 CO_2 排放通量的月平均变化曲线

另外，由于全球不同区域的经济发展水平具有较大的差异，因此历史的碳排放通量也具有明显的空间特征，图 9-7 给出了历史碳排放通量在 1900～1949 年和 1956～2005 年的平均值以及两者之间的差值，可以看出碳排放主要集中在北半球的中高纬度地区，如美洲东部和欧洲西部等。同样的变化特征在典型浓度路径 RCPs 下也有所体现，如图 9-8 给出了 RCP 8.5 排放路径下 2010～2019 年和 2090～2099 年的碳排放通量以及两者之间的差值。基于 BNU-ESM 中化石燃料通量的时间和空间的变化特征，需要社会经济模型为 BNU-ESM 提供的碳排放通量也具有相似的时空变化特征。

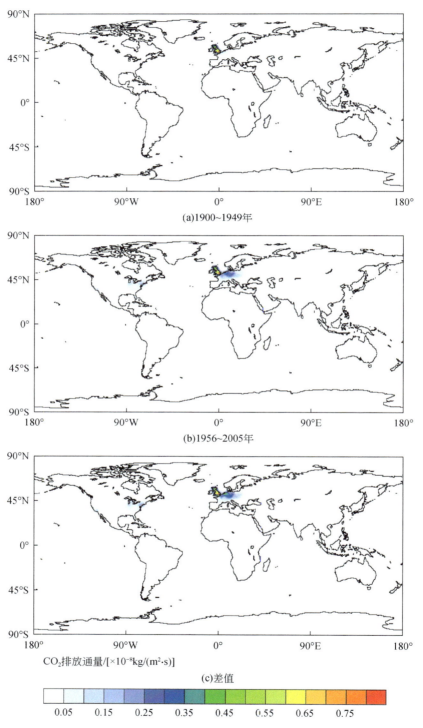

(a)1900~1949年

(b)1956~2005年

CO_2排放通量/[$\times 10^{-8}$kg/(m²·s)]

(c)差值

0.05   0.15   0.25   0.35   0.45   0.55   0.65   0.75

图 9-7   1900 ~ 1949 年和 1956 ~ 2005 年的平均 CO_2 排放通量以及两者之间的差值

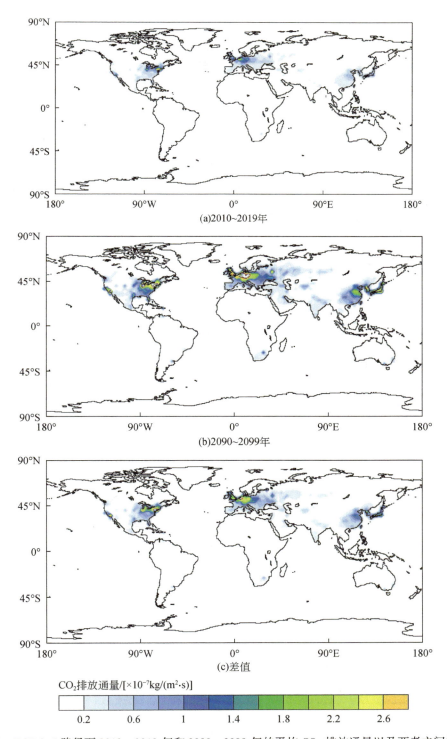

(a)2010~2019年

(b)2090~2099年

(c)差值

CO_2排放通量/[×10^{-7}kg/(m²·s)]

0.2　　0.6　　1　　1.4　　1.8　　2.2　　2.6

图 9-8　RCP 8.5 路径下 2010 ~ 2019 年和 2090 ~ 2099 年的平均 CO_2 排放通量以及两者之间的差值

3. 程序实现过程

以上验证了 DICE 模型每年向耦合气候系统模式提供一次碳排放思想的可行性，也给出了 BNU-ESM 中碳排放通量的时空变化特征。下面给出将社会经济模型每年的碳排放结果转化为全球碳排放通量的方法和具体的程序实现过程。定义 M 为碳排放通量的时空比例因子 [式（9-17）]，式（9-17）中，E_m 为观测给出的每月全球格点碳排放通量，单位为 $kg/(m^2 \cdot s)$，E_{ann} 为观测的全球每年碳排放总量，单位为 kg，而 E'_m 和 E'_{ann} 则分别为根据社会经济模型计算的每月全球格点碳排放通量 [单位：$kg/(m^2 \cdot s)$] 和全球每年的碳排放总量（单位：kg）。由于 E_m 和 E_{ann} 均已知，由此可计算出 M，而 E'_{ann} 由社会经济模型计算得到，因此，根据式（9-18）可以很容易地得出 E'_m，即最终社会经济模型需要传递给 BNU-ESM 的全球格点碳排放通量。

$$\frac{E_m}{E_{ann}} = \frac{E'_m}{E'_{ann}} = M \tag{9-17}$$

$$E'_m = E'_{ann} \times \frac{E_m}{E_{ann}} = E'_{ann} \times M \tag{9-18}$$

在实际的程序设计方面，我们只需要在离线条件下将 BNU-ESM 所需的全球碳排放通量文件制作为比例因子文件，然后在读取全球碳排放量的子程序 ccsm_ msg. F90 （图 9-9）中加入调用社会经济模型碳排放结果的程序即可。

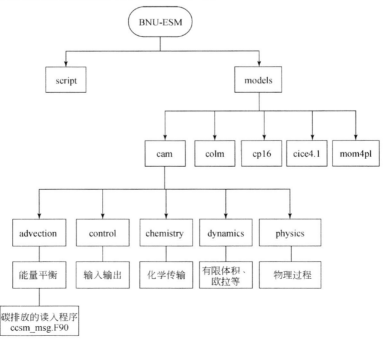

图 9-9　BNU-ESM 的程序结构

该程序设计思路的特点：一方面在于不改变 ccsm_msg. F90 程序模块的主体设计思想，这能增加 HESM1.0 模式运行的稳定性；另一方面在于简单易行，免去不必要的累赘程序。

另外，由于前面提到的社会经济模型与 BNU-ESM 运行的时间步长有较大的差别，因此，将社会经济模型的运行步长定义为 t，当 $t=0$ 时，表示社会经济模型处于初始状态，而当 $t=n$（$n=1$，2，3，…）时，则表示经济模型运行到第 n 年。因为 BNU-ESM 的运行时间步长较短，大概为 30min，所以 BNU-ESM 只有在一年运行结束的时候，才能够调用社会经济模型第（$t+1$）年的排放结果 $E(t+1)$，而在第 t ~ 第（$t+1$）年的所有时间步长，均采用第 t 年的排放结果 $E(t)$。该过程具体的逻辑思路和程序设计思想见图 9-10。

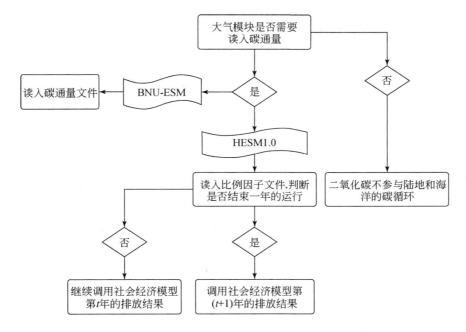

图 9-10　BNU-ESM 调用社会经济模型结果的逻辑思路和程序设计思想

上面给出了 BNU-ESM 调用社会经济模型结果的程序实现过程，同样也需要设计合理的程序实现社会经济模型调用 BNU-ESM 结果的过程，下面介绍其程序设计思路和实现过程。

9.4.2　社会经济模型调用 BNU-ESM 结果的程序设计

社会经济模型与耦合气候系统模式进行耦合的一个主要的原因是社会经济模型中从碳排放到气候变化的过程过于简单，从自然科学的角度来看，这种简化方式得出的结果具有一定的不确定性和局限性，如无法模拟或预知未来全球气温的空间分布，以及气候系统中其他圈层要素的变化情况等。鉴于此原因，将社会经济模型中计算气候变化的过程用耦合模式来替代，具有非常重要的科学意义。本章采用的 DICE 模型在计算全球净产出 $Y(t)$ 时，考虑到气温升高对产出的影响，因此需要调用当年计算的气温，具体见式（9-19）：

$$Y(t) = A(t) \times L(t)^{(1-\gamma)} \times \frac{K(t)^{\gamma}}{1.0 + \left(\frac{A_1}{9.0}\right) \times TE(t)^2} \tag{9-19}$$

式中，$A(t)$、$K(t)$、$L(t)$ 分别为 t 时间的技术、资本、劳动力；γ 为资本弹性系数，A_1 为常数；$TE(t)$ 为气温；$Y(t)$ 为扣除气温升高造成的经济损失之后净全球总产出。通过计算全球的年平均气温，并且将其传递给社会经济模型来计算当年的产出 $Y(t)$，继而计算下一年的资本量 $K(t+1)$。耦合气候系统模式每个步长计算一次结果，并且可以按照每 6 小时、每天、每月或者是每年输出一次结果。因此，在气候系统模式计算的过程中，通过判断耦合模式是否结束一年的运行来计算每年的全球平均气温，如果气候系统模式一年的计算没有结束，则计算每个步长的累加结果，如果耦合模式一年的计算结束，则计算该年多个时间步长的平均值和全球格点的空间平均值，并且将其反馈到式（9-19）。另外，耦合气候系统模式由大气、海洋、陆地、海冰和陆冰等模块组成，这些模块描述了不同圈层内部的物理过程，而实际自然系统的圈层之间也是有相互作用过程的，如大气模块中的气温、降水等不仅会影响陆地模块的植被生长、碳循环等过程，而且会影响到海洋模块中的海洋热通量或海冰模块的海冰变化等物理过程，因此耦合气候系统模式还需要完成圈层之间的能量和参数的相互交换与传递过程，这种过程在计算机程序设计方面则通过耦合器来完成。BNU-ESM 中的 ccsm_msg. F90 程序模块除包括读入化石燃料排放的程序外，还负责处理大气模块需要通过耦合器传出或传入变量的运行过程，其也是进行社会经济模型和 BNU-ESM 耦合程序设计上主要的切入点。

因此，在 DICE 模型调用气温的结果程序设计方面，可以通过调用 ccsm_msg. F90 模块将大气模块中的气温传递到耦合器的方法来现实，即 DICE 模型直接调用 ccsm_msg. F90 模块中的气温变量。其具体的程序设计流程图见图 9-11。

此外，由于耦合气候系统模式的运行对计算机内存和计算速度要求非常高，只有在目前先进的高性能计算机上才能够实现，而为了提高计算速度，目前都采用并行的计算方法，这就要求在相关的程序设计方面同样采用并行的算法。例如，在计算全球格点空间平均气温的程序设计方法上，不能采用简单的串行算法，而需要应用并行的方法来实现。根据以上的思想和程序设计方法，本研究可以将 DICE 模型与 BNU-ESM 进行双向耦合，完成了 HESM1.0 的程序实现过程，接下来需要设计数值试验方案来对 HESM1.0 进行稳定性测试和模拟效果分析。

本章首先对 BNU-ESM 和 DICE 模型的发展与应用进行了简单的介绍，接下来从 DICE 模型的建模原理和运行时间步长以及空间分辨率等方面入手，分析了其与耦合气候系统模

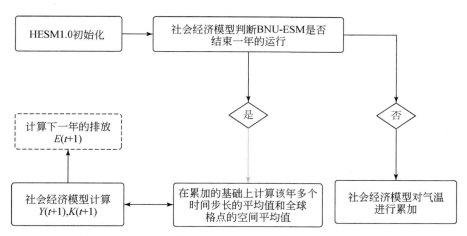

图 9-11 社会经济模型调用 BNU-ESM 结果的程序设计思路

式进行双向耦合的可能性，可以看出，由于两个模式的建模思想和基础有较大的差别，因此不能将两个模型直接耦合在一起，但是可以通过修改 DICE 模型的运行时间步长和制作碳排放的时空比例文件，使得两类模型可以在同一框架下成功运行和互动。在此基础上给出了 DICE 模型和 BNU-ESM 进行耦合的基本思想与程序设计方法，顺利完成了 HESM1.0 的构建。

第 10 章　HESM1.0 对历史气候变化的模拟能力评估

HESM1.0 对历史气候变化的模拟效果如何，与原始的 BNU-ESM 相比，有哪些改进的地方，是否可以用其来进行未来气候变化的预估和研究，这都需要通过数值试验方案来进一步对 HESM1.0 进行验证和评估。本章设计了一系列能够突出 HESM1.0 构建特点的数值模拟试验方案，通过将 HESM1.0 与原始的 BNU-ESM 的模拟结果进行对比分析，从不同侧面评估了 HESM1.0 对历史气候变化的模拟效果，并且客观评价了 HESM1.0 的优势和不足。同时，也定量评估了 HESM1.0 模拟的气候变化对经济产出和排放的影响。

10.1　数据介绍

本章所使用的数据主要是 CMIP5 试验设计中利用耦合气候系统模式进行历史模拟试验所需的外强迫数据，具体如下。

（1）全球历史碳排放通量数据：包括化石燃料碳排放通量和土地利用变化碳排放通量，均采用美国二氧化碳信息分析中心（CDIAC）提供的 $1° \times 1°$ 的格点数据（Andres et al.，1996；Goldewijk，2001）。

（2）历史太阳辐照度数据：采用 Lean 等（1995）重建的太阳辐照度数据。

（3）气溶胶数据：包括黑炭、沙尘、硫酸盐和海盐气溶胶等。

（4）臭氧数据：采用 AC&C/SPARC（Stratosphere-Troposphere Processes and their Role in Climate）提供的数据（Cionni et al.，2011）。

另外，全球平均气温的观测数据为 HadCRUT3v（Brohan et al.，2006）。

10.2　试验方案设计

数值试验方案设计的目的是评估新构建的 HESM1.0 对历史气候变化的模拟能力。共设计两组试验，分别为利用 BNU-ESM 与 HESM1.0 进行的历史模拟试验（分别简称为 E-h 试验和 H-h 试验），下面对这两组试验方案进行详细的介绍。

利用原始的 BNU-ESM 进行一组历史模拟试验（E-h 试验）作为参照试验，E-h 试验的运行时间为 1850 ~ 2005 年，共 156 年。试验的参数设置和外强迫条件参照 CMIP5 中由碳排放通量驱动的历史模拟试验条件，该试验包括完整的陆地和海洋的碳循环过程。E-h 试验采用的分辨率为 T42，经度方向为 128 个格点，纬度方向为 64 个格点，垂直分为 26 层。

H-h 试验是利用新构建的 HESM1.0 进行的历史试验。由于 HESM1.0 中社会经济模块（DICE 模型）初始场的时间为 1965 年，因此，本研究设计的第二组试验（H-h 试验）的运行时间为 1965 ~ 2005 年（共 40 年）。H-h 试验的空间分辨率与 E-h 试验一致，也是 T42。

HESM1.0 中社会经济模块初始场的具体说明和初始值见表 10-1。

表 10-1　HESM1.0 中社会经济模块初始场的具体说明和初始值

变量名称	变量值	单位
1965 年全球总产出	8.519	万亿美元
1965 年世界人口	3369	百万人
1965 年资本存量	16.03	万亿美元

注：不包括原始 DICE 模型中与自然物理过程相关的初始参数。

H-h 试验中自然物理模块（BNU-ESM）所需要的初始场（包括大气、海洋、陆地和海冰等）采用 E-h 试验计算的 1965 年的结果。HESM1.0 加入了社会经济过程，其能够通过人口和 GDP 等宏观经济条件计算当年的碳排放通量，因此 H-h 试验与 E-h 试验最大的区别在于 H-h 试验不再需要将全球格点的碳排放数据作为外强迫条件。除碳排放通量外，这两组试验中其他的参数和外强迫条件在 1965 ~ 2005 年保持一致，因此通过比较这两组试验在 1965 ~ 2005 年的结果，就可以验证和评估 HESM1.0 对历史气候变化的模拟能力。表 10-2 列出了这两组试验所需的主要外强迫条件。

表 10-2　试验方案设计

试验名称	模式名称	CO_2 强迫条件	其他外强迫条件	运行时间
E-h	BNU-ESM	观测的全球格点 CO_2 通量	太阳辐射、火山、其他温室气体、臭氧、气溶胶等	1850 ~ 2005 年
H-h	HESM1.0	模式计算		1965 ~ 2005 年

10.3　结果分析

BNU-ESM 是参加 CMIP5 的模式之一，其对历史气候变化的模拟效果以及模式的优势和不足在以往的研究和分析中得到了评估，如 Ji 等（2014）详细评估了 BNU-ESM 对基本气候态和气候变化率的模拟能力，其结果表明 BNU-ESM 能够再现观测的气温和降水的年变化特征，以及全球海洋经向翻转流的位置和形态等。因此，这里不再赘述对 BNU-ESM 历史模拟效果的评估，只是简单地给出 BNU-ESM 对气温和 CO_2 浓度等主要变量的模拟结果。在此基础上通过分析上述两组试验的结果，重点讨论 HESM1.0 和 BNU-ESM 两个模型的差别。

10.3.1　全球 CO_2 年排放量的变化

图 10-1 给出了 HESM1.0 和 DICE 模型模拟的全球碳排放在 1965～2005 年的年变化与观测值的对比结果。可以看出，观测的全球碳排放呈持续增长的趋势，并且具有明显的年际变化特征，而 HESM1.0 模拟值要明显低于观测值，并且只反映出碳排放的增长趋势，并没有反映其不同时间尺度的波动特征。出现这种结果的主要原因是 HESM1.0 中社会经济模块的外生变量如人口和资金等是按照一定的指数形式增长的，这些外强迫条件在一定程度上还无法反映历史社会经济发展的实际情况，这需要在未来的研究中进行更加深入的探索和研究。从图 10-1 也可以看出，HESM1.0 计算的全球碳排放结果与原始的 DICE 模型计算的结果差别较小。

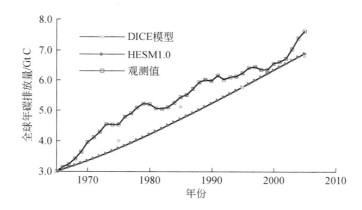

图 10-1　HESM1.0 和 DICE 模型模拟的全球碳排放量的年变化和观测值的对比

10.3.2　全球 CO_2 浓度的时间变化

从图 10-2 可以看出，与观测的全球 CO_2 浓度相比，BNU-ESM 模拟的全球 CO_2 浓度在 20 世纪 50 年代以前偏低，而在 80 年代之后又偏高，偏高 5～10ppm，这与以往研究中给出的结果一致。与全球碳排放的结果类似，HEMS1.0 模拟的全球 CO_2 浓度结果要明显低于观测结果。2005 年观测的结果为 378.8ppm，而 HEMS1.0 模拟的值只有 354.5ppm，比观测结果低 24.3ppm（图 10-3，表 10-3）。这种差别主要是由 HESM1.0 中社会经济模块外生变量的不确定性造成的。

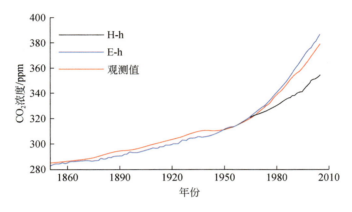

图 10-2　观测、E-h 试验、H-h 试验模拟的全球 CO_2 浓度变化（1850～2010 年）

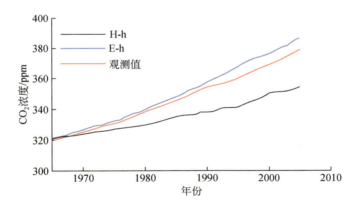

图 10-3　观测、E-h 试验、H-h 试验模拟的全球 CO_2 浓度变化（1965～2010 年）

表 10-3　观测和模拟的 2005 年全球 CO_2 浓度

名称	2005 年 CO_2 浓度/ppm
观测	378.8
E-h	386.7
H-h	354.5

10.3.3 全球气温的时间变化

图 10-4 给出了全球年平均气温在 1850～2005 年相对于 1965～1994 年气候平均的距平变化。整体来看，BNU-ESM 模拟的气温在 20 世纪 70 年代以前，明显低于实际观测结果，而在 20 世纪 90 年代以后，又明显高于观测结果。从 1965～2005 年的结果来看，HESM1.0 模拟的全球平均气温更加接近实测值（图 10-4）。表 10-4 给出了观测与模型模拟的 1965～2005 年全球平均气温的线性变化趋势，同样也可以看出，就 1965～2005 年这 40 年来说，HESM1.0 的模拟效果好于 BNU-ESM。

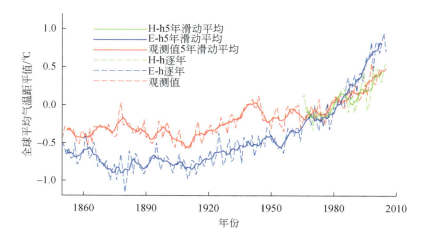

图 10-4 观测、H-h 试验、E-h 试验模拟的全球平均气温的距平变化

表 10-4 观测、H-h 试验、E-h 试验模拟的全球平均气温在 1965～2005 年的线性变化趋势

名称	变化/（℃/10a）
观测	0.16
E-h	0.3
H-h	0.14

10.3.4 全球气温的空间变化

图 10-5 给出了原始的 BNU-ESM 和新构建的 HESM1.0 模拟的多年平均气温的空间分布。可以看出，HESM1.0 模拟的结果能够反映全球气温在中低纬度较高，而在高纬度较低的空间分布特征，并且这种空间分布特征与 BNU-ESM 差别较小。这说明在 BNU-ESM 中

加入社会经济模块的方法是可行的，这种构建方法并没有对 BNU-ESM 的模拟效果造成不利的影响。

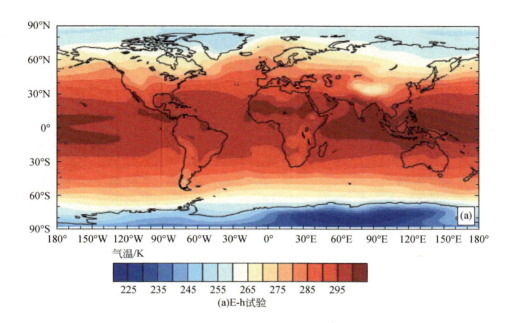

(a)E-h试验

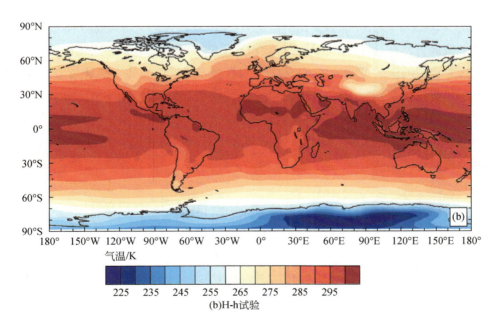

(b)H-h试验

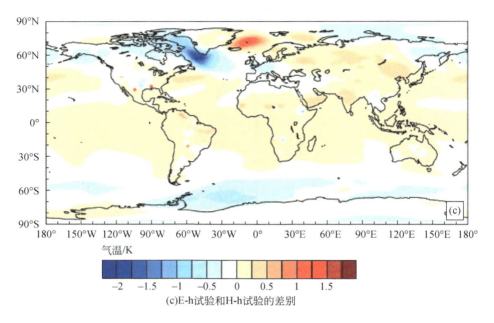

气温/K

(c)E-h试验和H-h试验的差别

图 10-5　E-h 和 H-h 试验模拟的 1965～2005 年多年平均气温的空间分布

从以上的对比分析可知，相对于 BNU-ESM 来说，HESM1.0 的优点在于其能够较好地模拟出 1965～2005 年的实际气温变化，但是 HESM1.0 计算的全球碳排放和 CO_2 浓度要比观测的结果偏低，尤其是计算的全球碳排放没有反映实际排放的年际变化特征。HESM1.0 对全球碳排放模拟的误差可能源于 HESM1.0 的社会经济模块的外生变量（如人口、资本、技术等）的不确定性。对于 HESM1.0 的社会经济模块，本研究采用原始的 DICE 模型的方法，通过给定初始条件，按照一定的指数增长形式给定人口、资本、技术等的年变化，这与实际的变化还有一定的差别。因此，有必要在以后的研究中尝试改进 HESM1.0 对全球碳排放的模拟能力。

10.3.5　气候变化对产出和排放影响的评估

HESM1.0 的另外一个特点是其在模式中考虑了气候变化对全球经济产出（Y）的影响，也就是加入了气候变化的损失模块，而气候变化到底对全球经济产出能产生多大的影响，这需要定量评估气候变化对经济产出和碳排放的影响。在原始的 DICE 模型中，经济活动通过碳排放影响气候变化，而气候变化和政策减排措施则通过气候变化损失函数与经济活动联系在一起。由减排造成的成本损失用式（10-1）表示，而由气温造成的总产出损失用式（10-2）表示。式（10-1）中 $TC(t)$ 表示总的减排成本，$Q(t)$ 表示总产出，$\mu(t)$

表示减排率；式（10-2）中，$d(t)$ 表示温升造成总产出损失，$Q(t)$ 同式（10-1），$T(t)$ 表示相对工业革命前的温升幅度。综合减排的成本和气温升高造成的产出损失，可以得到全球净总产出比例 $\Omega(t)$，$\Omega(t)$ 的具体表达式见式（10-3）。b_1、b_2、θ_1、θ_2 均为经验参数，分别为 0.0686、2.887、0.00144 和 2。

$$\frac{\mathrm{TC}(t)}{Q(t)} = b_1 \times \mu(t)^{b_2} \tag{10-1}$$

$$\frac{d(t)}{Q(t)} = 0.013 \times [T(t)/3]^2 \tag{10-2}$$

$$\Omega(t) = [1.0 - b_1 \times \mu(t)^{b_2}] / [1.0 + \theta_1 \times T(t)^{\theta_2}] \tag{10-3}$$

在加入社会经济模块时，将 $\mu(t)$ 设置为 0，因此，本研究只能利用 HESM1.0 评估气候变化对经济产出或碳排放的影响，而暂且不能用其评估政策措施对碳排放和经济产出的影响。本研究利用式（10-4）对气候变化的影响进行定量评估：

$$D = \frac{(A_1 - A_2)}{A_2} \times 100\% \tag{10-4}$$

式中，D 为气候变化造成的损失占原有经济产出或碳排放量的比例；A_1 和 A_2 分别为没有考虑气候变化对经济的反馈和考虑气候变化对经济的反馈两种情景下得出的经济产出（Y）或碳排放量（E）。由此可以将气温升高对经济产出或碳排放造成的影响理解为：在不考虑和考虑气候变化对经济反馈的两种情况下经济产出或碳排放量的差值占不考虑气候变化对经济的反馈情景下经济产出或碳排放量的比例。

图 10-6 给出了气候变化造成的损失占经济总产出的比例。可以看出，气候变化造成的损失占经济产出的比例为 0 ~ 0.15%，并且气候变化对经济产出的影响占经济产出的比例与气温的变化成正比，气温升高时，对经济产出造成的影响增大，而气温降低时，对经济产出造成的影响减小。

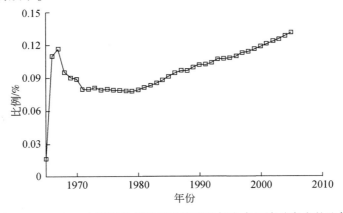

图 10-6 HESM1.0 模拟的气候变化造成的损失占经济总产出的比例

图 10-7 给出了气候变化对碳排放的影响占全球总排放的比例。可以看出，气候变化对全球总排放造成的影响较小，大小为 0 ~ 0.03%。气候变化对全球总排放造成的影响呈指数增长的形式，随着气温的升高，气温对全球总排放造成的影响也增大。

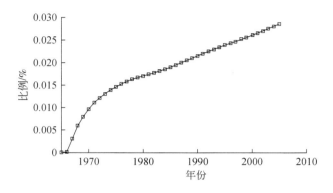

图 10-7　HESM1.0 模拟的气候变化对碳排放的影响占全球总排放的比例

本章通过设计数值模拟试验，评估了 HESM1.0 对历史气候变化的模拟能力，并总结了其相对 BNU-ESM 的优势和不足。HESM1.0 的优势是在保持了其气候系统模块（BNU-ESM）对全球 CO_2 浓度和全球平均气温的时间变化和空间分布模拟能力的基础上，其能够在一定程度上反映全球碳排放增加的趋势，并且能够利用其计算全球平均气温升高对社会经济产出和碳排放的影响。而其不足在于低估了全球的碳排放总量，并且无法再现碳排放的年际变化趋势，这主要是由 HESM1.0 的社会经济模块中人口、资本、技术等外生变量的不确定性造成的。另外，本章的内容也说明了在传统的耦合气候系统模式中加社会经济模块和气候变化影响模块的思想与方法是完全可行的。在未来的研究中需要通过减小社会经济模块的不确定性来完善和改进 HESM1.0。

第11章   政策指数对碳排放的敏感性分析和非减排情景下的未来气候变化预估

无论是对气候变化的政策评估还是对气候变化政策的优化，都是为政府或决策者提供一种适合未来发展的合理有效路径，或者是对未来可能的政策路径进行更为直观详细的解释，但是，综合评估模型中很少有研究来量化历史的政策干扰对其排放究竟有多大的影响，这是因为一般的经济气候变化模型或综合评估模型建模的思想中都隐含了对历史上气候变化政策干扰的假定，即假设历史上的气候变化政策干扰为0。而从实际的情况来看，历史上的碳排放主要是由社会经济的发展造成的，而一个政府或国家采取的减排政策或经济政策无疑会对该国家甚至全球的碳排放量产生重要的影响。我们构建的HESM1.0中的社会经济模块还无法对某个国家或地区的区域碳排放量进行计算，而只能在全球尺度上计算一个总的排放量。在前面的内容中，已经根据目前综合评估模型的一般思路，将历史的排放控制率 $\mu(t)$ 假定为0，利用HESM1.0进行了一组历史模拟试验。结果表明，模拟的全球碳排放无法反映实际碳排放的年际变化特征，造成这种模拟结果的原因可能是忽略了历史上重大的经济措施对碳排放量的影响。因此，本章的主要目的是在HESM1.0中引入历史的排放控制率 $\mu(t)$，来重点研究其对碳排放的敏感性。

11.1   研究方法和数据

气候变化问题的复杂性在于其涉及从环境到经济的各个领域或行业，由此模拟和评估气候变化的政策方面也具有很大的挑战性。通常完整的综合评估模型也包含代表气候变化政策和排放控制率的参数与过程，并且主要通过优化过程和评估过程来体现。相对来说，政策优化过程比较复杂，该过程通过权衡控制温室气体排放的成本和效益来计算最佳的减排路径，或者使得减排的成本最小化来得出达到某一温室气体目标的最佳路径。

本章采用政策指数对碳排放敏感性进行分析，研究方法如下：首先以1965～2005年全球发生的重大政治事件或经济发展策略为时间节点，利用不同时段内的经济发展和碳排放强度与碳排放量之间的关系，推算出历史的排放控制率 $\mu(t)$，而后将 $\mu(t)$ 引入

HESM1.0 中进行新的历史模拟试验，进而评价参数 $\mu(t)$ 对历史碳排放的敏感性。此方法中 $\mu(t)$ 相当于一个外生的变量。

本研究所用的 1965～2005 年的全球总产值（GDP 数据）来源于世界银行[①]；而该阶段全球总的化石燃料排放来自 CDIAC[②]。

11.2 减排率模型

本研究将全球碳排放量随时间（t）的变化率的负值定义为减排率或排放控制率（μ），相当于 HESM1.0 中社会经济模块中的政策干扰参数。

$$\mu = -\frac{\partial E}{\partial t} \qquad (11-1)$$

式（11-1）中的 E 为全球碳排放总量。全球碳排放量的 70% 左右是由经济发展造成的，而 20% 左右是由经济活动中能源强度的变化造成的，因此式（11-1）可以进一步改写为式（11-2），式（11-2）中的 G 为全球的生产总值，即 GDP，而 E/G 为单位 GDP 的碳排放，相当于碳排放强度。

$$\mu = -\frac{\partial E}{\partial t} = -\frac{\partial}{\partial t}\left(G \times \frac{E}{G}\right) \qquad (11-2)$$

将式（11-2）展开，可以得到如下形式：

$$\mu = -\frac{\partial}{\partial t}\left(G \times \frac{E}{G}\right) = -\frac{\partial G}{\partial t} \times \frac{E}{G} - G \times \frac{\partial}{\partial t}\left(\frac{E}{G}\right) \qquad (11-3)$$

通过计算式（11-3）中的 G 和 E/G（碳排放强度）随时间变化的强度，可以得到 μ 随时间的变化。

本研究将统计的全球碳排放总量 E 与全球总的 GDP 之比作为碳排放强度 E/G，1965～2005 年全球碳排放总量 E 和全球碳排放强度 E/G 分别见图 11-1 和图 11-2。可以看出，全球碳排放总量和全球总的 GDP 在 1965～2005 年都呈现出显著增长的趋势。而碳排放强度在 2000 年以前为显著下降的趋势，2000 年以后又表现出增加的趋势，与全球总的 GDP 变化相比，全球碳排放总量与碳排放强度都表现出明显的年际波动。

---

① http://data. worldbank. org/。
② http://cdiac. ornl. gov/。

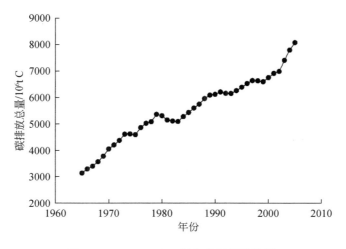

图 11-1 1965~2005 年全球年碳排放量

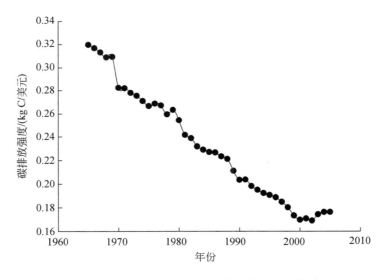

图 11-2 1965~2005 年全球碳排放强度（2005 年美元）

11.2.1 时间节点的设定

由于在特定的时段内，一个国家或地区的经济发展速度与其制定的政策措施有很大的相关性，而世界上主要经济体的改革和发展也会对全球经济产生一定的影响，因此，在计算外生变量（μ）的时候，可以根据全球主要国家制定的重大政治或经济政策措施为时间节点，将 1965~2005 年划分为不同的阶段来分阶段进行研究。由此也可以了解和研究较大经济发展措施和经济体变化对全球碳排放的影响。本研究中将 1965～2005 年划分为四个阶段，其具体的划分依据和方法如下。

第一个阶段：1965～1978 年，该阶段内中国实行计划经济，其 GDP 与韩国和新加坡相当（图 11-3），日本和美国等经济发展迅速（图 11-4）。

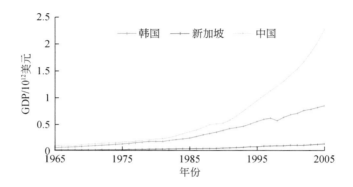

图 11-3　亚洲主要国家在 1965～2005 年的 GDP 变化（2005 年美元）

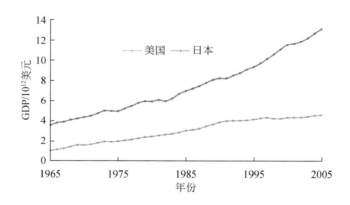

图 11-4　美国和日本在 1965～2005 年的 GDP 变化（2005 年美元）

第二个阶段和第三个阶段：首先以中国 2001 年加入世界贸易组织（WTO）为时间节点，将 1979～2001 年划分为第二个大的阶段，在该时段内，再以 1991 年末苏联解体为时间节点，将其分为两个阶段，分别为 1979～1991 年和 1992～2001 年。这种划分方法主要考虑到中国经济体制的改革对全球碳排放的影响。

第四个阶段：2002～2005 年。该阶段内，美国和中国等经济发展较为迅速。

下面给出四个不同阶段平均 GDP 和全球碳排放强度随时间变化的趋势，具体见图 11-5 和图 11-6。可以看出，全球平均 GDP 的变化趋势在四个阶段都为正，说明 GDP 在四个阶段都呈现出显著上升的趋势；并且 GDP 上升的幅度也随着时间明显增加，相邻两个阶段变化幅度差距最大的是第三个阶段和第四个阶段，GDP 的变化幅度为 1. 1 万亿～1. 5 万亿美元。

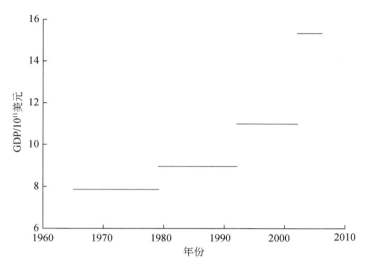

图 11-5　四个阶段全球平均 GDP 的变化趋势

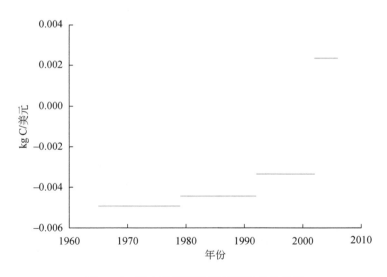

图 11-6　四个阶段碳排放强度的变化趋势

　　图 11-6 给出了不同阶段碳排放强度的变化趋势。可以看出，前三个阶段碳排放强度都呈现明显的下降趋势，并且下降的幅度随时间降低。在第四个阶段（2002～2005 年），碳排放强度呈现增加的趋势，出现这种现象的原因还有待进一步的研究，其也许是混合燃料的使用比例较大。

11.2.2　不同阶段历史减排率 μ

图 11-7 给出了不同阶段历史减排率 μ 的变化过程。可以看出，与一般的社会经济模型计算的未来减排率不同，历史的减排率 μ 均小于 0。在 HESM1.0 的社会经济模块中，减排率 μ 是一个无量纲的量，表示减排量的相对变化，据此，本研究在将历史减排率 μ 引入社会经济模块时，也采用 μ 的相对变化，具体见图 11-8。

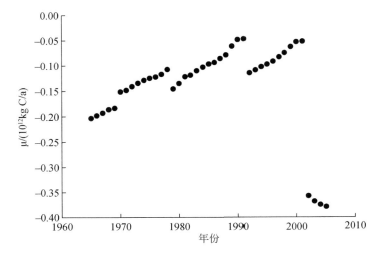

图 11-7　历史减排率 μ 的变化

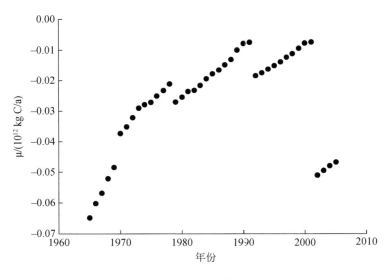

图 11-8　历史减排率 μ 的相对变化

图 11-9 给出了不同阶段的碳排放变化趋势和 μ 绝对值的变化。可以看出，两个变量的值比较接近，说明采用 GDP 和碳排放强度的方法来参数化 μ 是可行的。

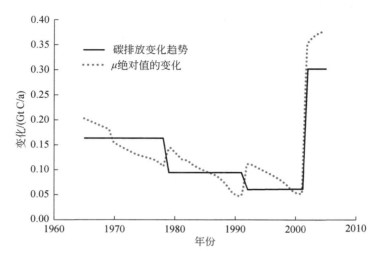

图 11-9　碳排放变化趋势与 μ 绝对值的变化

11.3　试验方案设计

本试验设计的目的是研究碳排放对外生历史政策干扰参数 μ 的敏感性，其计算结果需要和观测的结果进行对比，因此，本章的试验设计方案与第 10 章中评估 HESM1.0 的优势和不足所采用的历史模拟试验的方案一致。区别在于该组试验在 HESM1.0 的社会经济模块中引入了 μ 的计算结果，而第 10 章是将 μ 设置为 0 进行模拟计算的。为了与历史模拟试验进行区别，本章的试验方案名称为 H-μ，具体试验方案和数据介绍见第 10 章。

11.4　主　要　结　果

11.4.1　全球碳排放

图 11-10 给出了将 μ 引入 HESM1.0 中后模拟的全球碳排放总量。结果表明，相对观测来说，引入和没有引入 μ 时 HESM1.0 的计算结果都偏低。而引入 μ 之后，2000 年之后的碳排放与观测结果较为接近。从不同阶段碳排放的变化趋势来看，观测的碳排放在第一

个阶段（1965～1978年）和第四个阶段（2002～2005年）增长得较快，而第三个阶段（1992～2001）增长较慢（表11-1）。与观测相比，H-h试验和H-μ试验计算的碳排放速率在四个阶段都比较低，但是两个试验都能反映出第四个阶段（2002～2005年）其增长速度较快的特征。与原来的模拟试验H-h相比，引入μ对模拟结果的改善不是很明显，没有达到预期再现碳排放年际变化特征的效果，只是在第二个阶段（1979～1991年）计算的碳排放的变化趋势与观测一致。这说明在本研究中尝试把政策参数μ引入HESM1.0中的方式还有待进一步的探索。

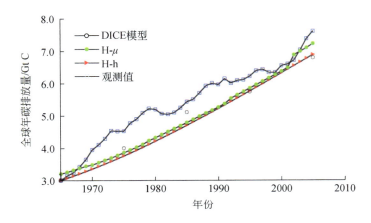

图11-10　观测、H-h试验、H-μ试验及DICE模型计算的全球年碳排放量

表11-1　观测和模拟的不同阶段全球碳排放的变化趋势　　（单位：Gt C/a）

阶段	观测	H-h	H-μ
1965～1978年	0.163	0.079	0.07
1979～1991年	0.095	0.101	0.095
1992～2001年	0.06	0.111	0.104
2002～2005年	0.30	0.113	0.114

11.4.2　全球 CO_2 浓度

从图11-11可以看出，H-h试验和H-μ试验模拟的 CO_2 浓度较为接近，这说明在HESM1.0中引入μ对改善其模拟效果不明显。表11-2给出了观测和模拟的不同阶段 CO_2 浓度的变化。可以看出，观测到的 CO_2 浓度在四个阶段的增长速度是增加的，增长速度最快的是第四个阶段（2002～2005年），达到了2.09ppm/a。CO_2 浓度变化的这种特征可以

体现出碳排放在大气中的累积效应，也反映了陆地和海洋对 CO_2 的吸收能力具有一定的局限性。所有模拟试验都能够反映 CO_2 浓度变化趋势在四个阶段递增的特征。区别在于 E-h 试验模拟的 CO_2 浓度增长速度较大，而 H-h 试验和 H-μ 试验增长速度较慢。相对来说，不引入参数 μ 的模拟结果更好一点。

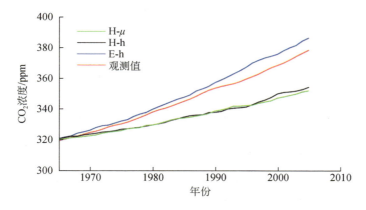

图 11-11　观测、E-h 试验、H-h 试验和 H-μ 试验
模拟的全球 1965～2005 年全球 CO_2 浓度

表 11-2　观测和模拟的不同阶段全球 CO_2 浓度的变化趋势　（单位：ppm/a）

阶段	观测	E-h	H-h	H-μ
1965～1978 年	1.15	1.20	0.58	0.62
1979～1991 年	1.57	1.72	0.83	0.83
1992～2001 年	1.70	1.91	1.30	0.80
2002～2005 年	2.09	2.11	1.0	1.05

11.4.3　全球平均气温

图 11-12 给出了三个模拟试验对全球平均气温的模拟能力对比。可以看出，H-μ 试验计算的全球平均气温与观测结果比较接近，但是由于气温的年际变率较大，因此 HESM1.0 都还无法准确反映出全球平均气温各个阶段的变化特征。观测和 E-h 试验（BNU-ESM 模拟）的结果表明，全球平均气温在四个阶段都呈上升的趋势，并且第三个阶段（1992～2001 年）的温升幅度最大，但是除第一个阶段外，BNU-ESM 计算的温升速度都高于观测结果。从整体效果来看，H-h 试验（HESM1.0）对气温的模拟效果更好。

对 HESM1.0 模拟效果的评估表明，HESM1.0 无法反映出全球碳排放的年际变化特

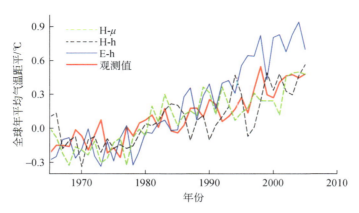

图 11-12　观测、E-h 试验、H-h 试验和 H-μ 试验模拟的 1965～2005 年全球年平均气温距平

征。本研究试图通过全球 GDP、碳排放之间的关系来<u>重建外生历史政策干扰参数</u> μ，并且将其引入 HESM1.0 中来改善 HESM1.0 的模拟能力。新的模拟试验结果表明，将 μ 引入 HESM1.0 中对改善其全球碳排放模拟效果的作用不明显，H-h 试验和 H-μ 试验计算的全球 CO_2 浓度和全球平均气温的结果差别较小。因此，需要探索其他的方法来研究历史政策干扰参数 μ 对碳排放的影响，暂时还无法将 μ 引入未来气候变化预估的研究中。

11.5　非减排情景下的未来气候变化预估

从 IPCC 第一次评估报告到现在的第六次评估报告，未来温室气体排放情景和气候变化的预估情况都是其评估的重要内容。截至目前，IPCC 已经发布了多种主要的温室气体排放情景，如 IS92、《排放情景特别报告》（SRES）和典型浓度路径情景（RCPs）等，而历次报告中的未来气候变化预估也是基于以上几种情景进行的，如 IPCC 第二次评估报告主要评估了基于 IS92 情景的未来气候变化，第三次和第四次评估报告则评估了基于 SRES 的未来气候变化，而第五次评估报告则评估了基于 RCPs 的未来气候变化。由于 IPCC 三个工作组是相对独立的，第一工作组主要聚焦气候变化的科学基础（包括评估未来的气候变化等），而第三工作组聚焦减缓气候变化的研究（包括排放情景的发布等）。因此，未来排放情景的开发和气候变化的预估工作往往是分开进行的，这导致两个工作组的科学家和学者很难在同一个框架下对气候变化预估的问题进行深入的讨论与研究。

总的来说，未来排放情景的开发主要是基于综合评估模型来开展的，而未来气候变化预估则是利用耦合气候系统模式进行的。本书已着重介绍了综合评估模型和耦合气候系统模式在研究人与自然相互作用中的优势和不足，因此将排放情景的开发和气候变化的预估分开进行也具有很大的不确定性。本书构建的 HESM1.0 可以同时预估未来的碳排放情景和相应的气候变化。虽然 HESM1.0 在模拟历史碳排放时有一定的不确定性，但是这种不确定性也在可以接受的范围内。因此用其进行气候变化的预估对了解未来可能的气候变化具有一定的参考意义。而本研究的展开也有利于不同领域的科学家在统一的框架下对气候变化的预估进行研究与探讨。

下面的试验根据 HESM1.0 中社会经济模块中的变量和参数的历史发展规律，预估了 2006～2100 年可能的碳排放和气候变化。

11.5.1 数据

本章涉及的外强迫数据主要包括以下几项。

（1）太阳辐照度数据，采用 CMIP5 预估试验指定的数据。

（2）臭氧数据，采用 AC&C/SPARC（Stratosphere-Troposphere Processes and their Role in Climate）为 CMIP5 预估试验提供的 RCP 8.5。

（3）气溶胶数据，包括黑炭、沙尘、硫酸盐和海盐气溶胶等，采用 CMIP5 预估试验推荐的 RCP 8.5。

（4）评估发达国家和发展中国家集团承诺减排对减缓气候变化效果的四种碳排放情景［包括 ABNB（发达国家和发展中国家都不减排）、ABNC（发达国家不减排，而发展中国家减排）、ACNB（发达国家减排，而发展中国家不减排）和 ACNC（发达国家和发展中国家都减排）］，以及四种情景下的全球 CO_2 浓度和利用 BNU-ESM 预估的全球平均气温。

11.5.2 试验方案设计

预估试验（简称 H-P 试验）是在 E-h 试验和 H-h 试验的基础上进行的。其中自然系统模块的初始场采用 E-h 试验 2005 年的计算结果，而社会经济模块的初始场采用 H-h 试验计算的 2005 年的结果，H-P 试验的预估时间为 2006～2100 年。H-P 试验中社会经济部分有关变量和参数的变化与 H-h 试验保持一致，自然系统模块的外强迫条件采用 RCP 8.5 数据。H-P 试验的其他设置如分辨率等与 E-h 试验保持一致。

11.5.3 结果

1. 全球碳排放

图 11-13 给出了 HESM1.0 预估的全球碳排放与 ABNB、ABNC、ACNB 和 ACNC 四种碳排放情景的比较结果。可以看出，HESM1.0 预估的全球碳排放介于 ACNB 和 ABNC 情

景之间，而低于 ABNB 情景。这说明根据 HESM1.0 中给定的 GDP、人口、技术等发展情况，在没有任何减排措施的情况下预估的全球碳排放低于其他方式计算的不减排情形下的全球碳排放。到 2100 年，基于 HESM1.0 预估的全球碳排放为 13.7Gt C。

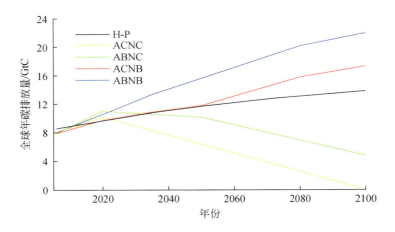

图 11-13　基于 HESM1.0 预估的未来碳排放和 ABNB、ABNC、ACNB、ACNC 情景下的碳排放

HESM1.0 预估的全球 CO_2 浓度路径与 ABNC 情景下的路径相似（图 11-14）。2100 年，HESM1.0 预估的全球 CO_2 浓度为 570ppm，与 ABNC 结果相差 30ppm。由于 ABNB、ABNC、ACNB 和 ACNC 情景的全球 CO_2 浓度是根据简单模型 MAGICC 模型计算的，而 MAGICC 模型本身并不包括完整的陆地和海洋碳循环过程。因此，尽管 H-P 试验的碳排放在 ACNB 和 ABNC 情景之间，但是其全球 CO_2 浓度却更接近 ABNC 情景。这说明在耦合气

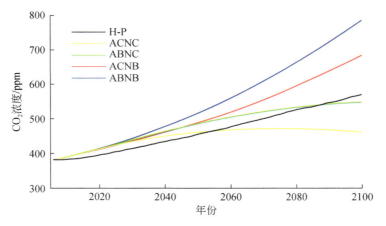

图 11-14　基于 HESM1.0 预估的 CO_2 浓度和简单模型 MAGICC 模型计算的
ABNB、ABNC、ACNB、ACNC 情景下 CO_2 浓度的比较

候系统模式中，陆地和海洋碳汇在决定大气中 CO_2 浓度的平衡中扮演非常重要的角色，未来的研究中也有必要将陆地和海洋对碳的吸收能力进行定量的评估。虽然 MAGICC 模型没有包括完整的碳循环过程，在计算全球 CO_2 浓度方面具有较大的不确定性，但是这并不影响用其来定量评估发达国家和发展中国家承诺减排对减缓未来气候变化的效果，因为这四种情景下 CO_2 的浓度都是利用 MAGICC 模型进行计算得到的，而这四种情景下的气候变化预估也是利用同一个耦合气候系统模式完成的。

2. 全球平均气温

图 11-15 给出了 HESM1.0 预估的 21 世纪全球平均气温的变化。可以看出，与其他四种情景的变化类似，HESM1.0 预估的气温也呈现上升的趋势，区别在于 HESM1.0 预估的气温在 21 世纪前期变化比较缓慢，而其他四个情景温升速度较快。21 世纪末（2066～2095 年），HESM1.0 预估的全球平均气温比 2006～2035 年平均值高出 1.8℃，其温升幅度介于 ABNB 和 ACNB 情景之间（表 11-3）。

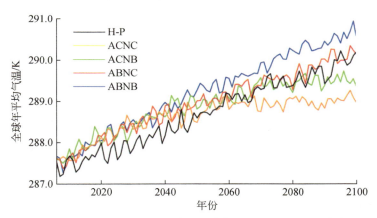

图 11-15　基于 HESM1.0 预估的全球年平均气温和 BNU-ESM 预估的 ABNB、
ABNC、ACNB、ACNC 情景下全球年平均气温的比较

表 11-3　HESM1.0 和 BNU-ESM 预估的四种情景下不同阶段全球平均气温　（单位：K）

阶段	H-P	ABNB	ABNC	ACNB	ACNC
2006～2035 年	287.7	288.1	288.1	288.1	288.1
2036～2065 年	288.7	289.2	288.9	289.0	288.8
2066～2095 年	289.5	290.2	289.4	289.7	289.0
增温幅度	1.8	2.1	1.3	1.6	0.9

上述试验根据 HESM1.0 中社会经济模块给定的 GDP 和人口等外生变量及参数的变化特征，预估了 21 世纪可能的全球碳排放和气候变化特征。结果表明，HESM1.0 不再依赖

其他的手段提供碳排放来预估未来的气候变化，而可以独立预估碳排放并且计算可能的气候变化，相比原来的 BNU-ESM，其在气候变化的预估方面向前迈进了一步。H-P 预估试验的计算结果表明，21 世纪末，全球碳排放和 CO_2 浓度分别达到 13.7Gt C 和 570ppm，而全球平均气温则相对比 21 世纪初（2006～2035 年）升高 1.8℃。由于 HESM1.0 还有很多不确定性，其预估的碳排放和气候变化也存在很大的不确定性，本章的预估结果可以为其他手段预估的结果提供参考。

应 用 篇

第 12 章 | 模型中的损失函数应用

全球气候变化引发了一系列的气候灾害，并与粮食安全、环境安全及能源安全等形成了明显的联动效应。正确评估气候变化的适应与减缓的影响直接关系全球社会福利以及气候变化应对策略。在气候变化影响评估方面，IAM 一直是最重要的研究和评估工具，通过气候变化的减排成本函数和损失函数，IAM 通常可以计算减排的成本效益及最优的减排成本路径。20 世纪 90 年代以来，经欧美国家学者的深入研究，IAM 已从纯理论探讨进入应用阶段，有关近年的模拟结论已被 IPCC 和 UNFCCC 重视并采纳。发达国家都在争相发展IAM，这不仅是为了占据科学制高点，更重要的是，利用其给出可信的评估结果，服务于其国家利益，抢占气候变化外交谈判的话语权。这对我国同样重要，模型结果将为国家应对气候变化和保持可持续发展提供科学支撑。随着 IAM 的不断发展，其与大型气候模式，甚至地球系统模式的耦合已经成为一种必然趋势。此处的耦合是指经济系统对气候模式的影响机制以及气候模式对经济系统影响的反馈机制。两类系统（模式）的耦合存在的众多科学问题和技术问题有待解决。其中关于耦合的一个重要的科学问题是，如何通过构建损失函数实现气候变化对经济的反馈作用。

12.1 IAM 损失函数的介绍

IAM 中反映气候变化对经济影响的函数，称为损失函数（Hope，2006；Weitzman，2010；Tol，2012）。损失函数是对气候变化造成的经济损失的评估函数。具体来讲，是指气候变化所导致的地表温度升高、海平面上升和极端气候事件（如干旱、暴雨洪涝、风暴、热浪和飓风等现象），对农业、林业、水资源、能源消耗、生态系统和人类健康等领域产生的社会经济影响。因此，损失函数对评估气候变化造成的社会经济影响十分重要。另外，从 IAM 的构建来看，损失函数对模型的发展也起着至关重要的作用。

IAM 的模型结构可以分为三部分。第一部分是经济模块，用于计算经济增长路径及经济活动导致的碳排放。第二部分是气候模块，用于计算温室气体排放对气候变化的影响，如 CO_2 浓度、辐射强迫及温度的变化等。第三部分是耦合模块，主要通过气候变化的经济损失计算和减排措施的成本效益计算来连接气候模块与经济模块。耦合模块是 IAM 中连接气候与经济的重要纽带，对 IAM 在气候变化评估方面的准确性及评估功能起到非常重要的作用。图 12-1 为 IAM 的气候模块与经济模块的关系及其损失函数框架图（Nordhaus，1991）。由于需要评估气候变化与经济发展之间的相互影响关系，早期的 IAM 如 RICE 模型、FUND 模型等从一开始就将气候模块与经济模块耦合在一起。这些 IAM 的经济模块比较详细，气候模块往往都采取简单的经验公式来代替，耦合机制通过损失函数实现。Nordhaus（1991）的 DICE 模型、RICE 模型，Tol（2002a，2002b）的 FUND 模型，Peck 和 Teisberg（1992）的 CETA 模型以及 Hope（2006）PAGE 模型等都是采用图 12-1 所示的分析框架。

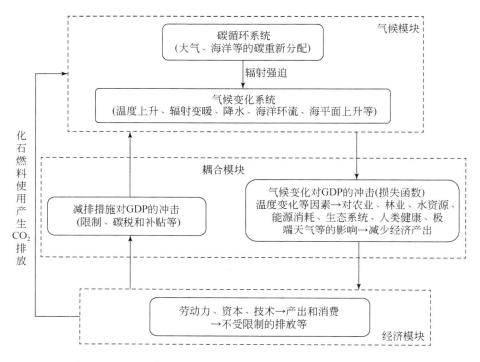

图 12-1 IAM 的气候模块与经济模块的关系及其损失函数框架图

由图 12-1 可见，IAM 损失函数的主要作用是将气候模块反映的气候变化因素转化为社会经济影响。从气候变化影响的评估功能看，损失函数需要解决一个问题，即气候变化造成的经济损失有多大。气候变化的影响范围很广，包括生态破坏、生命健康损害，经济破坏等，其评估工作存在巨大的不确定性。生态与生命健康的损失评估难以进行货币计量化，即便是可以货币计量化的经济损失评估工作也仍然存在众多问题。关于气候变化的经济损失影响评估已经有大量的学者做了相关的研究，Hope（2006）介绍了 PAGE2002 模型，结合 IPCC 在气候变化关注的五方面（受威胁生态系统的风险、极端气候事件的风险、影响分布、累积影响和灾难性的风险），对每吨 CO_2 所产生的平均边际影响进行了分析。国内如史培军和袁艺（2014）及胡爱军等（2016）等，侧重灾害评估的研究，即已经发生的灾害的经济损失影响及其评估，并给出减灾政策建议。

从 IAM 模型构建和发展角度看，损失函数起到耦合经济模块与气候模块的功能。许多学者在 IAM 的框架中研究气候变化损失函数时，侧重损失函数构建、气候模块和经济模块的耦合机制及不确定性研究，主要关注预测未来气候变化可能带来的损失方面。例如，Botzen 和 van den Bergh（2012）研究了 DICE 模型的两种模式，即 Nordhaus 模式和 Weitzman 模式的损失函数，模拟计算最优气候政策，对比两种模式下的经济损失。Tol（2002a，b）运用 FUND 模型对气候变化造成的损失成本进行了估计，包括基准估计和动态估计。国内相关研究的学者有丑洁明和叶笃正（2006），以及王铮等（2012）等。

还有一些学者也提出了 IAM 的损失函数构建中存在的一些问题。Ackerman 和 Munit（2016）运用 FUND 模型对气候变化损失进行了分解分析，指出了农业领域损失函数的两个问题，并对其进行改进。Estrada 等（2015）介绍了 DICE 模型、FUND 模型和 PAGE 模型的损失函数，运用模型对气候变化造成的潜在经济成本进行了估计，指出了各模型的损失函数对 GDP 冲击的持续性问题。然而，这些损失函数的问题仅仅只是当前 IAM 问题的冰山一角。随着 IAM 的不断扩展，起到耦合作用的损失函数的重要性日益突出。特别是大型气候模式与 IAM 的耦合成为当前的研究热点时，损失函数的局限性也越来越明显。本章也将重点从 IAM 的耦合机制角度出发，结合具体的 IAM，探讨损失函数的问题及其可能的发展方向。

12.2 IAM 损失函数构建的发展

12.2.1 损失函数构建

损失函数极其重要，但构建损失函数非常困难。最主要的难点在于损失函数需要综合考虑各种损失情况并对其进行汇总，且要考虑模型的耦合以及不确定性问题，然而构建损失函数所需的有关气候变化及其造成的经济损失的数据比较匮乏。最早的损失评估做法是专家评判法，即直接找相关专家询问气候变化影响程度有多大，如 Nordhaus（1994）。随后 Nordhaus 和 Yang（1996）、Fankhauser（1995）和 Tol（2002a，b）的研究所采用的方法是元分析（meta-analysis）方法。具体做法是：首先，从大量的文献中找到气候变化造成的实物损失影响，如房屋倒塌、土地淹没、人身伤害和车辆损失等的具体数量，结合当时物价水平及损失物品价值评估技术估计当时的损失。然后，经过统计及其他综合分析方法，推算气候变化与经济影响的关系。在这些研究中，大部分工作都是整理分析气候变化影响加总的损失函数形式，并将其嵌入气候变化模型中。与此同时，一些学者开始另辟蹊径，他们认为与其关注气候变化造成损失的绝对量，不如关注气候变化与 GDP 的关系，并直接将 GDP、气候变化要素（温度、降水等）和生产要素等做统计回归分析。Mendelsohn 等（2000）采用价值型变量，选取了若干国家，分部门评估了气候变化的经济影响。此后，一些学者如 Maddison（2003）和 Nordhaus（2006）也采用了统计学方法研究气候变化的影响。元分析方法和统计学方法各有优势和不足。统计学方法的优势在于，其数据获取非常容易，工作容易开展，可以细化到某个地区以及分行业估计，其不足在于缺乏机理研究，且统计数据不是实际损失数据。元分析方法的优势在于，损失函数机理性强，但元分析方法也存在众多的不足，主要是所依据的数据样本太少。

由于损失函数构建困难，有关气候变化的损失函数并不多见。目前，DICE/RICE 模型、FUND 模型和 PAGE 模型是三个具有代表性的 IAM。其中，DICE/RICE 模型和 FUND 模型为成本效益分析模型，其首要关心的是气候变化带来的经济损失，PAGE 模型为政策模拟模型，是评价气候变化影响、减排成本和适应政策的模型。这些 IAM 主要通过损失函数和减排成本函数将气候模块与经济模块耦合在一起。本章以 DICE 模型、PAGE 模型为例，具体说明损失函数的形式及特点。

DICE 模型由 Nordhaus 开发，是最流行的最优化气候政策经济模型，集成了 Ramsey 最优经济增长模型和简单的气候模块，其区域版本是 RICE 模型。Nordhaus（2007a，b，c）运用 DICE-2007 模型研究了一系列气候政策，包括最优政策、CO_2 浓度和温度的限制、不同版本的《京都议定书》和更低的折旧率，关于气候政策的结论主要是从最优政策模拟中演变过来的。

DICE 模型的损失函数形式：

$$\Omega_t = \frac{1}{1+D_t} \tag{12-1}$$

$$D_t = \theta_1 T_t + \theta_2 T_t^2 \tag{12-2}$$

式中，D_t 为气候变化导致的全球经济产出的损失；T_t 为全球平均温度升高幅度（相对于工业化前 1900 年的水平）；Ω_t 为受气候变化影响后的实际产出占理论总产出的比例；θ_1 和 θ_2 为损失函数系数。

PAGE 模型（Hope，2006）从气候、减排成本、适应成本、影响、总影响和总成本五部分方程的计算，来探讨全球气候变化。

PAGE 模型的损失函数形式：

$$I_{t,d,r} = \mu_{d,r} \left(\frac{T_{t,r}}{2.5} \right)^{\beta_{t,r}} \tag{12-3}$$

$$D_{t,r} = \gamma_t \pi_t Y_{t,r} \tag{12-4}$$

式中，$I_{t,d,r}$ 为 r 区域 d 部门（经济部门和非经济部门）t 期的经济损失；$T_{t,r}$ 为 r 区域 t 期温度的升高幅度（相对于工业前的水平）；β 为决定损失函数形式的指数；$\mu_{d,r}$ 为 d 部门在基准情景温升为 2.5℃下 r 区域 GDP（$Y_{t,r}$）损失的比例；$D_{t,r}$ 为 r 区域 t 期不连续性导致的经济损失；γ_t 为当不连续性发生时的损失；π_t 为不连续性发生的概率。

式（12-4）表示气候系统发生大规模灾难性（不连续性）的经济损失。其中，PAGE 模型中气候变化对 GDP 的损失为式（12-3）和式（12-4）损失之和。

相比而言，FUND 模型的损失函数要更加细致和复杂。FUND 模型中气候对经济的影响模块，包括部门和区域特定的损失函数，用来估计温升 2.5℃时农业、林业、海平面上升、人类健康、能源消耗、水资源、生态系统、疾病等领域的损失，但是不包括潜在的灾难性损失。损失函数形式用于推断更高温升的损失。温升为 2.5℃时，GDP 的损失范围为 0.9%～1.6%（Kopp et al.，2012a，b）。

FUND 模型的损失函数包含的气候参数有温度、温度变化率、CO_2 施肥和适应能力。其中，农业损失方程是温度、温度变化率和 CO_2 施肥的组合函数。林业损失函数形式包含温度和 CO_2 浓度因素，水资源、能源消耗、人类健康和极端天气损失函数形式仅包含温度，海平面上升损失函数形式表现为海平面每上升 1m 时的干地和湿地的累积损失，其损失函数不包含其他气候参数，生态系统损失函数形式包含温度变化率。

常见主要的 IAM 损失函数形式和包含的气候变化因素及其不确定性等主要特征见表 12-1。可见，当前 IAM 中损失函数多以温度为气候变化因素，仅有 FUND 模型考虑了 CO_2 浓度的影响。函数形式也多采用二次函数、三次函数和指数函数形式。这也主要是用于突显气候变化影响的非线性，以及温升越高损失将骤增的特点。对于不确定性的研究主要是考虑气候变化超过阈值后的影响风险。所有损失函数的影响都体现在经济产出中，有的还反映在效用和资本中。

表 12-1 损失函数及其主要特征

来源	包含的气候变化因素	函数形式	函数不确定性	适用分析对象
DICE-2007（Nordhaus，2008）	温度	二次函数	不存在	产出、效用
Weitzman（2009）	温度	二次函数	不存在	产出
Lempert 等（2000）	温度、速率	温度的二次函数；速率的三次函数	不存在	产出
Sterner and Persson（2008）	温度	二次函数	不存在	产出、效用
Weitzman（2010）	温度	二次函数	不存在	效用
Keller 等（2004）	温度	二次函数	不确定的阈值损失	产出
Azar and Lindgren（2003）	温度	二次函数；灾难性的四次函数	不确定的函数形式	产出
Ackerman 等（2010）	温度	幂函数（指数范围 1～5）	指数	产出
Kopp 等（2012a）	温度	二次函数	不确定的阈值损失	产出
FUND 模型	温度、速率、CO_2 浓度	各领域形式不同	不存在	产出

来源	包含的气候变化因素	函数形式	函数不确定性	适用分析对象
PAGE 模型	温度	指数函数（指数范围 1~3）	指数和不确定的阈值损失	产出
MERGE	温度	二次函数	不存在	产出
CETA-M	速率	速率的三次函数	不存在	产出
MRICES	温度	二次函数	不存在	产出

资料来源：Kopp，2012。

由上所述，当前损失函数反映的气候变化影响过于简单。这种简单体现在两方面：一方面，包含的气候变化因素过于简单。大多数 IAM 只将温度作为气候变化的唯一要素，难以直观反映气候变化引起的其他要素如海平面上升和极端气候（如干旱、暴雨洪涝、风暴、热浪和飓风等）对经济产生的损失。另一方面，损失函数的标定过于简单。IAM 中的气候变化对经济的影响方式和强度是通过现有研究全球尺度的平均数据标定的，不能体现区域性气候变化的影响。几乎所有 IAM 中气候变化因素（温度等）仅使用全球平均值作为输入，没有区域的差异和年内的变化，对经济产生巨大影响的极端气候事件也无法直接描述。从大气模式与 IAM 的耦合角度看，大气模式可以输出区域的极端温度和降水。因此，当前 IAM 的损失函数过滤了大气模式中众多气候变化信息，与大气模式的耦合功能不足。

12.2.2 不确定性研究

相对于直接克服损失函数的数据困难，大部分学者更加关注损失函数的不确定性。许多学者［如 Pindyck（2013）、Farmer 等（2015）］认为，损失函数是决定气候变化造成的社会成本中最重要的因素，许多 IAM 的不确定性根源于损失函数的不确定性。IAM 的不确定性来源之一就是损失函数的完整性和准确性，尤其是在灾难性损失、冲突、天气易变性和经济增长的反馈等方面，未来几代人适应气候变化的能力，以及用于把未来损失转化为现值美元的经济折现率。Stern（2008）指出，未来的气候变化路径和气候系统反馈都存在巨大的不确定性，同时传统模型使用较高的市场贴现率，低估了气候变化可能带来的损失。一些学者也提供了不确定性研究的方法。

表 12-2 给出了 DICE 模型、FUND 模型、PAGE 模型中有关损失函数带来的不确定性影响的处理方法。DICE 模型和 FUND 模型中，采用 Monte Carlo 模拟方法分别对温升 3℃和温升 2.5℃对应的损失的不确定性进行了模拟。FUND 模型也对相关参数进行了敏感性分析。

表 12-2　损失函数带来的不确定性影响的处理方法

模型	模型种类	损失函数的不确定性因素	不确定性分析方法
DICE	最优化模型	损失函数中温升 3℃ 对应的损失	不同情景下 Monte Carlo 模拟；不确定性下的连续决策
FUND	最优化模型	损失函数中温升 2.5℃ 对应的损失	MonteCarlo 模拟；选择参数扩展
PAGE	模拟模型	参数的不确定性、控制成本、适应成本、影响评估	参数的敏感性分析

资料来源：Weyant et al., 1996。

　　减小不确定性的一个有效途径就是精细化损失函数的研究。随着相关数据的不断完善，国际上已经出现了包括气候变化影响在内的灾难统计数据库，如比利时灾难传染病学研究中心的全球紧急灾难数据库（Emergency Events Database，EM-DAT），虽然该数据库中的数据仍然不全，统计时间也不连续，但也为损失函数的发展提供了条件。新的研究成果也不断出现，如 Fischer 等（2015）分析了中国过去 30 年的热带气旋的经济损失情况。Bhattarai 等（2015）利用降水数据估计了日本的洪涝经济损失的损失函数。陈敏建等（2015）估计了中国长江三角洲的洪涝灾害的损失函数。遗憾的是，这部分工作并没有被引入 IAM 的损失函数中。IAM 还没有吸收当前最新的关于损失函数的研究成果。

12.3　IAM 损失函数的不足

12.3.1　损失函数与经济模块的耦合

　　在 IAM 中，耦合永远是一个重要议题。损失函数与经济模块之间耦合的核心问题是对间接损失的计算以及对经济增长影响的评估机制。

　　一方面，由于 IAM 缺乏基于生产部门的损失函数研究，无法计算间接损失。计算间接损失的投入产出模型及 CGE 模型是基于生产部门间的产业链关系而建立的，没有基于生产部门的直接损失函数就无法计算间接损失，但气候变化的间接损失可能比直接损失更大，缺乏间接损失评估功能的 IAM 将会遗漏重要的损失评估。目前，已经有大量学者以 CGE 模型为经济模型构建 IAM，但这些 IAM 缺乏分产业部门的损失函数。间接损失的评估工作仍然很困难。

　　另一方面，许多损失函数只反映静态的损失，缺乏对经济增长的动态影响机制。这对未来经济损失估计也会造成较大的偏差。即损失函数缺乏对经济增长持续性影响的机制。

IAM 主要用于评估未来气候变化及其应对政策，它是一个长期动态的模型。不仅仅是 CGE 模型，大多数 IAM 更多的是强调了静态的年度经济产量的损失，损失函数忽视了气候变化对劳动生产率、生产率增长、资本存量（包括建筑和基础设施）价值的负面影响。而由此导致年增长率的降低可能对全球经济造成更深远持久的影响。从中期和长期的角度看，增长减缓带来的复合效应将是人类福利的显著减少。

12.3.2　损失函数与气候变化模型的耦合

现有的 IAM 通常只能以温度上升作为气候变化的因素，并将经济损失直接与温度升高幅度关联起来。这主要是由于早期的 IAM 中，气候模块过于简单，往往采取经验统计模型，如 RICE 模型的气候模块中只有温度与辐射强迫，降水无法表达。

随着 IAM 的逐渐丰富和完善，气候模块已经日趋复杂，许多大气模式甚至地球系统模式已经开始与经济系统耦合。由于气候模块输出的气候变化信息非常丰富，对损失函数的要求也日趋复杂。然而，当前还没有与大气模式对接的损失函数，其主要原因在于经济模型与气候模式的耦合刚刚起步，许多关于损失函数的最新研究还没有被纳入模型中。因此，诸如温度、降水等需要被纳入损失函数中。

当前 IAM 的损失函数的一个重要不足是，大多损失函数构建仍以年平均温度和降水为自变量。然而，气候变化对经济的影响主要还是以极端气候事件为主，采用年平均温度及降水来反映气候变化损失必然会引起较大的不确定性。如何根据年内的温度及降水提取相关极端气候事件信息，进而评估经济损失是当前需要解决的一个重要课题。它不仅可以减少气候变化经济影响的不确定性，也是发展 IAM 与气候系统模式耦合的重要研究内容之一。

从耦合角度看，IAM 与气候系统模式的耦合还存在时空尺度匹配问题。作为具有耦合功能的损失函数，还需要协调气候模块与经济模块的时空尺度匹配问题。时间尺度上，气候模式输出的往往是以天或者小时为单位的气候变化变量。而 IAM 中经济系统输出的变量只能是在年尺度上的。空间尺度上，IAM 中经济模块只能以行政边界为单元计算经济增长，而大气模式通常在高分辨率数百千米以上的空间网格中计算。一些研究已开始尝试 ESM 和 IAM 的双向耦合，并逐渐丰富气候变化对经济影响的损失函数。Collins 等（2015a）发展了第一版连接人地/气候系统的综合地球系统模型（iESM），以改善气候模拟、提高气候对人类系统的影响和人类活动对气候系统重要反馈的科学认识，并介绍了 iESM 的形成、要求、实现、测试和功能。在给定的自然和人为因素下，地球系统模式在模拟、预测和归因气候变化方面的优势可以弥补 IAM 的缺陷。一个成功的先例是麻省理工学院的 IGSM，已广泛应用于解决气候系统建模的科学目标，有助于政策制定过程，在中国，这项工作才刚刚起步。已有学者，如董文杰等（2016），提出可采用统计/动力尺度转换方法将格点分辨率的气候变化数据转化为行政区域尺度的气候变化数据，这为解决时空尺度匹配问题提出了很好的解决方案。此外，如何突破时空尺度约束，构建能反映丰富的气候变化因素并具有更加完善科学机制的 IAM 的损失函数，完成 IAM 时空运行维度的转换，实现 IAM 与 ESM 的双向耦合构建，仍是新一代气候变化经济影响集成评估模型需要解决的重要技术问题。

12.4 损失函数引入模型展望

综上所述，损失函数作为 IAM 中气候模型与经济模型耦合模块的核心部分，当前还不具备紧密连接气候模型与经济模型的能力，它已经成为限制 IAM 发展的瓶颈。具体表现为以下四方面的问题。

（1）损失函数的构建方法上，主要采用专家评判法、元分析方法和统计学方法，但各有优缺点。另外，当前 IAM 损失函数的完整性和准确性等导致 IAM 存在诸多不确定性，低估了气候变化可能带来的经济损失。为减小这些不确定性，须对 IAM 的损失函数进行细化研究。

（2）损失函数与经济模型的耦合功能尚存在机制上的缺陷。主要是间接损失的评估机制以及对经济增长的动态持续影响机制还有待研究。

（3）损失函数与气候模型的耦合功能上，IAM 的损失函数多以温升为气候变化因素，降水等其他气候变化信息无法表达，且由全球尺度的年平均值进行标定，不能体现区域的差异和年内的变化，无法直接描述极端气候事件造成的巨大损失。如何使损失函数中包含降水因素以及根据年内的温度和降水提取相关极端气候事件信息，以减少气候变化经济影响的不确定性还有待进一步研究。

（4）从 IAM 与气候模式耦合的角度来看，当前 IAM 损失函数构建存在时空尺度匹配不一致的问题。具有耦合功能的损失函数，还需协调气候模型与经济模型的时空维度转换技术问题，最终实现两类模型的双向耦合。

这些问题是 IAM 的损失函数在耦合机制上的不足，且广泛地存在于目前的 IAM 中，包括 IPCC 第五次评估报告所采用的 IAMs。这些不足限制了 IAM 的进一步发展。损失函数的重构将是 IAM 发展的重要研究内容。

第 13 章 不同国家集团的气候变化历史责任归因

近百年来全球气候的持续变化，特别是全球气温的加速升高，被归因于人类活动造成的温室气体的排放，因此以温室气体减排为主要途径的气候变化减缓行动刻不容缓。针对温室气体减排所开展的气候变化外交谈判和应对策略成为 20 世纪 70 年代以来人类社会面临的最富挑战性的问题之一。谈判的核心问题是根据"共同但有区别的责任"原则为各国制定减排目标。针对"共同但有区别的责任"原则，国际社会形成了平等人权论和历史责任论两大主流观点。平等人权论主要是为碳排放权的分配问题提供理论依据，而历史责任论则更关注减排责任和适应成本的分担问题。当前，国家之间关于减排方案的谈判越来越艰难，其争议主要集中在各国家（或国家集团）对气候变暖究竟应承担多大的历史责任，依据责任公平分担减排义务。因此，定量评估各国历史排放对气候变化历史贡献的研究工作，不仅是全球气候谈判和减排方案制定的基础，更关系到我国气候变化外交谈判时的话语权，国内外一系列的相关研究成果能够为国际社会制定应对气候变化的政策提供重要的科学依据。

13.1 基于工业碳排放的气候变化历史责任归因

气候系统的辐射强迫主要取决于长生命周期温室气体，它们化学性质稳定，可以在大气中留存十年到数百年甚至更长时间，因此它们的排放能够对气候产生长期的影响。自工业革命以来，全球温室气体排放量显著增加，其在大气中累积后导致大气中温室气体浓度不断升高，造成了全球气候显著的变化。根据 IPCC 估计的近百年全球增温潜能，将全球温室气体排放量转化为 CO_2 当量后，化石燃料燃烧产生的 CO_2 约占全球温室气体排放总量的 57%，占人为温室气体总增暖效应的 63%。因此，CO_2 也就成为目前最受关注的温室气体，是历史责任归因研究的主要对象。

13.1.1 基于统计学方法的碳排放历史责任归因

目前在气候变化研究的各领域，最为广泛使用的国家历史责任归因的方法是以碳排放量为衡量指标的统计学方法。这种方法基于某一时段各国的碳排放清单，计算它们各自占全球总排放量的比例，作为各国对气候变化的历史责任。目前，研究中常用的责任区分指标主要有以下几种。

国别排放指标，即比较各国的年度或一定时期内的排放清单，这是最简单也是最早应用的指标。例如，美国橡树岭国家实验室统计数据显示，1970 年中国的碳排放占世界碳排放总量的 5.2%，远低于美国的 29.2%；而 2019 年中国和美国的碳排放量分别占全球工业碳排放总量的 27.9% 和 14.5%，由此可见，国别排放指标变率大，对所选时间十分敏感。20 世纪 90 年代，国别排放指标在全球气候政策框架的确立和减排义务的分配中发挥了极为关键的作用。《京都议定书》第一承诺期目标就是，相对于 1990 年的温室气体排放量，在 2008 ~ 2012 年发达国家和经济转型国家温室气体排放总量减少 5.2%。国别排放指标简单易算，着重于当前各国年度排放评价，但忽略了各国过去排放量的巨大差别，具有明显的代际不公平性。

历史累积排放指标，即采用国家在某一时段内逐年累积的碳排放量作为责任认定指标。该指标纳入了历史发展状况，并且符合气温响应碳排放而累积升高的变化规律。研究指出，发达国家 1850 ~ 2002 年的累积碳排放量占全球碳排放总量的 76%，发展中国家占 24%。对于统计的各国累积碳排放量，简单考虑 CO_2 因自然碳汇吸收等而形成的衰减后，UNFCCC 附件 I 国家 1850 ~ 2004 年累积碳排放量占全球累积碳排放总量的 78.44%，而非附件 I 国家仅占 21.56%。基于 1900 ~ 2008 年的累积工业碳排放量，美国碳排放的历史责任约为 48%，而中国碳排放的历史责任约为 16%。1850 ~ 2019 年化石燃料累积碳排放量中，美国、欧盟、中国、俄罗斯、英国、日本和印度分别占 25%、17%、13%、7%、5%、4% 和 3%。累积排放与温度的联系更加紧密，该指标具有明确的科学性和较小的不确定性，对于减排政策的制定而言，基于 CO_2 累积排放的责任认定更有约束力，但是历史累积排放指标只考虑了各国排放总量，而忽略了不同国家之间的人口差异，因而在体现人际公平方面仍然存在不足。

人均累积排放指标，即各国单位时间排放量按人口平均的结果。发展中国家的人口占全球人口的 80%，基于国家排放总量的责任区分方法忽略了个体上的公平性以及发展中国家的发展权益。为了争取国际气候谈判中的发展空间，发展中国家的学者提出了一个考虑人均排放的责任区分指标，即人均累积排放指标。该指标既能反映工业化发展程度和自工业化以来的累积排放总量，又能反映历史排放及当代人承担的环境变化成本。1960 ~ 2005 年，美国的累积排放量约为全球总排放量的 25.7%，人均累积排放约为全球人均排放总量的 15.2%，而同时期中国的累积排放量和人均累积排放量分别占全球总排放量、人均排放总量的 9.8% 和 1.3%。分别以碳排放总量、历史累积排放总量和人均历史累积排放量为衡量指标，中国温室气体排放分别约占全球总排放量的 17.5%、10% 和 1%。在人均累积排放指标的基础上，中国学者进一步考虑了各国人口的逐年变化，计算出以 1850 ~ 2005

年各国的人均累积碳排放量为衡量指标，发达国家和发展中国家的历史责任分别是81%和19%。我国学者丁仲礼等（2009）以人均累积碳排放为指标，揭示了发达国家与发展中国家在历史责任方面的差异，并提出了将人均累计排放趋同的原则作为公平分配排放空间的指导原则。例如，1900～2005年，全球人均累积排放量为79.58t C，中国为24.14t C，相差55.44t C，此差值可理解为中国在历史上形成的盈余；如果2006～2050年中国的人均排放预期为87.09t C，那么1900～2050年，中国的人均累积排放量将为111.23t C（图13-1）。

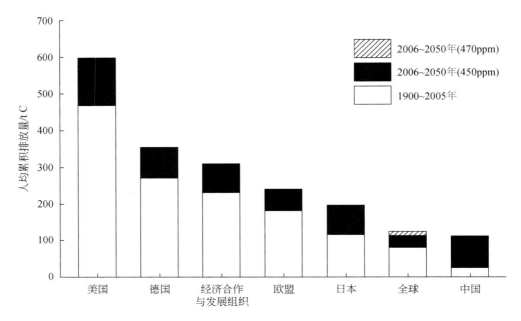

图 13-1　主要国家或集团的人均累积排放

资料来源：丁仲礼等，2009

　　由此可见，责任区分指标的选取直接影响各国历史责任的划分。总体来说，基于人均累积排放的责任区分指标综合了其他指标的优点，能够同时考虑各国在历史排放、现代发展和未来需求等方面的差异，更加兼具代际和人际公平性原则。因而，这些指标有利于不同发展阶段的国家制定排放需求和量化排放责任。此外，以人均累积排放指标区分各国或集团的历史责任，并以此作为参与国际气候谈判的理论依据，可能有助于发展中国家合理地谋求发展空间。

　　人均累积排放虽然揭示了各国在历史责任方面的差异，但不能以一个综合性的指标涵盖所有国家在人均累积排放方面的差距，也不能以概括的方式对排放空间划分的公平性进行测度。因此，很多研究借用了收入分配公平的研究思路，将不同的收入分配指数在排放公平的问题中进行了应用。例如，阿特金森指数、泰尔指数、基尼系数等均借用了收入分配领域的统计指标，用于测度国家间人均排放的不公平性。此外，瑞典斯德哥尔摩研究所定义了一个新的责任–能力指数（RCI）来综合考虑历史累积排放量和 GDP 的可能影响。以 2010 年为基准，考虑 1990 年以来的累积碳排放和各国的人口与 GDP，美国占全球 RCI 的 32%，欧盟占 25%，中国占 6.6%。

综合来看，基于碳排放量的各种统计指标简单易算，并且在气候变化研究中得到了广泛的应用，为气候谈判和减排政策的制定奠定了科学基础。值得注意的是，尽管工业碳排放引起的气候变暖已经成为不争的事实，但人为排放的碳通过改变大气的 CO_2 浓度造成辐射强迫，从而影响气候系统，并且人为排放的碳仅有约 60% 存留在大气中，剩余的碳被陆地和海洋吸收。因此，基于人为碳排放量的统计指标与气候变化之间缺乏直接的联系，这会显著影响气候变化责任归因的准确度以及减排政策制定的合理性和有效性。

13.1.2　基于简单模型的碳排放历史责任归因

基于模型的历史责任区分研究在统计学研究的基础上，加入了对碳汇的计算。简单模型增加了对碳汇的静态描述，而复杂气候模式更包含了动态碳循环过程。简单模型从碳排放出发，用更直接的辐射强迫指标或温度指标或更多气候指标来衡量排放带来的气候影响，使得历史责任区分的结果更加完善。

巴西模型是最早用于气候变化历史责任区分的简单模型。1997 年《京都议定书》谈判阶段，巴西代表团在其"巴西案文"中首次提出了有效碳排放的概念，建议 UNFCCC 附件 I 各国家要基于 1840 年以后的温室气体的累积排放对全球平均气温的影响来区分国家间的历史责任和分配减排目标。"巴西案文"的核心思想认为温室气体排放和全球温度升高之间存在着函数关系，因此可以利用一个或一套简单模型来计算温度，依据温度指标来直接划分责任。最初的"巴西案文"利用常数生命期的指数衰减函数计算了工业碳排放造成的大气中 CO_2 浓度的变化，再通过线性函数求得全球温升，其结果表明附件 I 国家和非附件 I 国家 1840～1990 年的工业碳排放对全球温升的贡献率分别是 88% 和 12%。den Elzen 等（1999）修正了最初的"巴西案文"方法中的常数生命期和线性温升函数，基于荷兰环境评估署数据库（EDGAR-HYDE）、美国橡树岭国家实验室数据库（CDIAC）和国际应用系统分析研究所（IISAA）的三套工业碳排放数据的计算结果表明，对 1950～1990 年的全球增暖，附件 I 国家和非附件 I 国家的工业碳排放的贡献率分别是 82% 和 18%。

"巴西案文"提出后，产生了一系列关于这项案文的方法学的研究和讨论。"巴西案文"方法中使用的高度参数化的模型尽管简单易用，但忽略了碳循环等关键过程。之后，基于 Bern 碳循环模式参数和 IPCC 评估报告辐射强迫的气候变化贡献评估模型（ACCC）

在气候变化历史责任归因模拟中得到了广泛的应用。例如，基于 IVIG- ACCC 模型的计算结果，发达国家和发展中国家 1890～2000 年化石燃料燃烧与土地利用碳排放对全球温升的贡献率分别是 52%～60% 和 40%～48%。基于 ECOFYS- ACCC 模型的计算结果，发达国家和发展中国家的温室气体排放对 1890～2000 年的气候变化的历史责任分别是 53%～56% 和 44%～47%。

IPCC 第二次评估报告第一工作组提供的 IS92 排放情景下，全球平均气温和海平面变化预估的各种简单气候模型，由于具有明确物理意义的参数化方案，也逐渐成为主流的气候变化历史责任归因方法。例如，meta-IMAGE 模型计算的附件 I 国家和非附件 I 国家 1950～1990 年的碳排放对全球增暖的贡献率分别是 80% 和 20%；与修订的"巴西案文"方法相比，附件 I（非附件 I）国家的贡献率有所减小（增大）。CICERO-SCM 模型在原始的 ACCC 模型基础上，加入了能量平衡气候模型和上升流扩散海洋模型，而且在 CO_2 模块中包含了 CO_2 施肥效应造成的陆地植被碳吸收以及海气交换函数，该模型的计算结果表明经济合作与发展组织（OECD）、东欧和苏联区域内国家，亚洲，非洲、拉丁美洲和中东各集团 1890～2000 年的工业碳排放对全球增暖的贡献率分别为 58%、20%、14% 和 8%。

一系列的 IAM 也被应用于气候变化历史责任归因的研究中。以广泛使用的 MAGICC 模型为例，该模型是一个连接大气环流模型、气候模块和冰融模块的气候变化评估模型，是最早被 IPCC 用来预测未来气候变化的模型之一。MAGICC 模型可与大气环流模型连接以预测未来的温室气体浓度，并通过一个上翻-扩散气候模型连接 5 个箱式模型，结合热扩散结果即可模拟未来全球平均温度的变化情况。应用 MAGICC6 模型的研究表明美国、欧盟和中国在 2012 年之前的温室气体累积排放导致 2100 年全球总升温约 0.50℃。到 2100 年，美国、欧盟、中国、俄罗斯、印度、巴西对全球升温的贡献分别是 20.2%、17.3%、12.1%、6.2%、5.3%、4.4%。

在各种模型广泛应用于气候变化历史责任归因研究的基础上，UNFCCC 成立了气候变化贡献的模拟和评估特别工作组（MATCH），评估排放统计时段、气候变化影响指标及气候模式的选择等对气候变化历史责任归因的影响，以减小归因结果的不确定性。总的来说，各类模型中与政策相关的选择对结果具有显著的影响。例如，选择一个较晚的历史排放起始日期（如 1990 年而不是 1890 年），可以减少（6%）较早开始排放的地区（如 OECD）的贡献，而较晚排放的国家（如亚洲国家）的贡献增加（8%）。

综合看来，简单模型多数是被应用于经济学领域的评估模型，简单模型进行气候变化的历史责任归因主要基于以下的因效链：人为碳排放→CO_2 辐射强迫→气候响应。这一因果链反映了人为排放的温室气体影响气候系统的基本过程，便于直接从气候变化的角度进行人为排放的历史责任研究。但简单模型缺乏气候对碳的反馈过程，因而在一定程度上减小了碳排放引起的气候变化。除此之外，利用简单模型只能够得到全球平均气温和海平面变化等变量，不能细化到区域以及时间演变方面，并缺乏其他重要的气候变量，这就影响了对气候变化历史责任归因的理解和评估。

13.1.3 基于耦合模式的碳排放历史责任归因

20 世纪后半叶以来，现代气候学研究的一个重要进展是提出气候系统的概念，强调需要把大气圈、水圈、冰冻圈、岩石圈和生物圈五个圈层作为一个整体来加以研究，从多圈层相互作用的角度来理解过去和现代气候的变化规律与机理，预测或预估其未来变化。与气候学研究范畴的拓展相对应，推动现代气候学研究的两大技术是数值模拟技术和卫星遥感技术。因而，作为数值模拟研究基础的耦合模式得到了迅速的发展。

气候系统模式，简言之就是封装了大量自然定律的计算机程序，是对气候系统中物理、化学和生态过程的数学表达，它包括大气、海洋、陆面和海冰 4 个基础子系统。国际上气候模式的发展经历了从 20 世纪 70 年代中期的大气环流模式，到 80 年代中期的陆-气耦合模式，到 90 年代中期的海-陆-气-冰耦合模式，到 21 世纪许多模式开始考虑气候系统中的碳循环过程，再到现在气候系统模式逐步进入地球系统模式阶段，进一步考虑气候系统中的碳、氮循环等生物地球化学循环过程（图 13-2）。地球/气候系统模式能够合理描述多圈层相互作用的物理和化学过程，使得地球/气候系统科学成为一门可实验的科学，同时地球/气候系统模式已经成为理解气候变化机理的重要工具和预测或预估未来气候不可或缺的手段。全球范围内，世界气候研究计划耦合模式工作组发起的六次耦合模式比较计划，已经支撑了历次 IPCC 评估报告的编写和气候变化谈判活动。

伴随地球系统模式的发展和高性能计算机计算能力的迅速提高，地球系统模式已经逐渐应用于气候变化历史责任归因研究中。例如，利用 CESM 和 BNU-ESM 进行的数值模拟试验，Wei 等（2012）的研究表明对于近百年的全球升温、海洋暖化及北半球海冰消融，发达国家和发展中国家的历史责任分别是 60%~80% 和 20%~40%；消除了人口差异后的发达国家和发展中国家对气候变化的人均历史责任分别是 87%~94% 和 6%~13%。发达国家和发展中国家历史碳排放对气候系统影响程度的差别反映出发达国家更早更多的排放历史，以及气候系统对碳排放的长期响应。此外，历史时期发达国家占主导的工业碳排放对全球碳汇固碳量的增加起到了主要作用。这虽然减弱了（6%~10%）发达国家的历史责任，但造成全球碳汇的固碳效率降低，可能减小未来长期的固碳量，进而加剧全球增暖的程度。

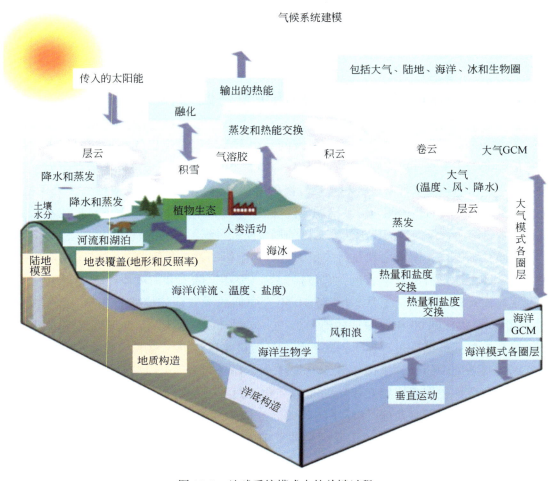

图 13-2　地球系统模式中的关键过程

资料来源：IPCC 第五次评估报告

13.2　基于多种温室气体的气候变化历史责任归因

除人为排放的 CO_2 外，重要的人为温室气体还包括 CH_4、N_2O 和含氟气体。其中 CH_4 的重要性仅次于 CO_2，其排放量占全球人为温室气体排放总量的 14%，它的辐射强迫约占人为温室气体总辐射强迫的 18%，百年全球增温潜能（GWP）是 CO_2 的 21 倍。观测事实表明，全球大气 CH_4 平均浓度已经从 1750 年的 715ppb 增加到 2019 年的 1875ppb，其主要来源于农业和化石燃料的使用。此外，CH_4 还是大气中丰度最高和最重要的化学物质，能影响 OH 和 CO，并控制大气化学过程，从而对大气环境造成直接影响。

N_2O 是影响地球辐射平衡的第三种重要的长寿命温室气体。全球温室气体排放量的约

8% 来源于人为化石燃料燃烧和化肥施用过程中产生的 N_2O，其 GWP 约是 CO_2 的 310 倍。N_2O 在大气中存留时间长，并且具有很强的辐射活性，还能发生光化学转化从而损耗平流层臭氧。工业革命以来世界人口剧增引起的能源和食物需求快速增长是大气 N_2O 浓度急剧上升的重要原因。2019 年全球大气 N_2O 平均浓度达到 331.1ppb，是工业化前水平的123%，2009 年以来 N_2O 的年平均增长率也十分显著，约为 0.8ppb/a。

除 CO_2、CH_4 和 N_2O 外，国际协议中要求减排的温室气体还有氢氟碳化物（HFCs）、全氟化碳（PFCs）、六氟化硫（SF_6）等各种含氟气体。它们主要来源于工业生产、制冷和各种产品的使用过程。这些温室气体仅占全球温室气体排放总量的1%，并且缺乏长时间的统计资料，因此在气候变化的历史责任归因研究中较少考虑。

已经有不少研究对 CO_2、CH_4 和 N_2O 等几种重要温室气体排放造成的气候变化进行了历史责任归因研究。依据统计方法，基于世界资源研究所（WRI）和美国能源信息署（EIA）的数据资料，1850 ~ 2004 年的多种温室气体累积排放量中，美国占29%，八国集团（G8）国家（美国、加拿大、日本、英国、德国、法国、意大利、俄罗斯）占61%，五大发展中国家（中国、巴西、印度、南非、墨西哥）占比不足13%。基于原始的"巴西案文"模型，对1990 年的全球增暖，附件 I 国家和非附件 I 国家多种温室气体排放的贡献率分别是54%和46%，其中美国和西欧国家的贡献率最大。基于修正的"巴西案文"模型，Höhne 和 Blok（2005）利用不同权重的温室气体浓度、辐射强迫和温度变化三个指标，给出发达国家基于多种温室气体排放对1750 ~ 2000 年的气候变化应承担60%的责任，发展中国家应承担40%的责任。UNFCCC（2002）综合了 13 个 ACCC 模型的计算结果，对于 CO_2、CH_4 和 N_2O 三种温室气体排放造成的1890 ~ 2000 年的全球变暖，OECD 贡献了39% ~ 47%，东欧和苏联各国贡献了13% ~ 17%，亚洲国家贡献了22% ~ 39%，非洲、拉丁美洲以及中东国家的贡献了14% ~ 21%。利用 MAGICC 模型，限制了从温室气体排放到全球平均温度变化的因效链各环节的误差后，以 1990 ~ 2002 年的多种温室气体排放为例，计算表明，发达国家的温室气体排放会导致 2003 年温度相对升高（0.11 ± 0.03）℃。利用过程模型，结合逐因子全过程不确定性分析，可发现1750 年以来中国排放对全球正辐射强迫（致暖效应）的贡献率为（12 ± 2）%（主要是 CO_2、CH_4 等温室气体和黑炭），其中化石燃料燃烧排放的 CO_2 贡献率为13%［（0.16 ± 0.02）W/m^2］、CH_4 的贡献率为14%［（0.13 ± 0.05）W/m^2］。基于 CESM，Wei 等（2016）进行了数值模拟试验，综合气候系统各圈层典型的变化，包括1850 年以来的全球温度升高、辐射变化、降水增多、海洋暖化、北半球海冰减少，积雪消融和冻土退化等变化，得出发达国家多种温室气体排放的历史责任是53% ~ 88%，发展中国家的历史责任是12% ~ 47%。与 CESM 模拟的只基于碳排放的历史责任相比，发展中国家和发达国家的历史责任差别有所减弱，这是由于历史时期发展中国家的 CH_4 排放量要高于发达国家。

总之，考虑了 CH_4、N_2O 等其他温室气体后，相比仅考虑 CO_2 排放的情形，发达国家的气候变化历史责任有所减弱，而发展中国家的历史责任有所增大，但总的来看，发达国家仍然是观测到的 20 世纪全球变化的主要责任者。

13.3　碳排放转移对气候变化历史责任归因的影响

在当前全球经济一体化的背景下，国际分工进一步细化，国际贸易快速增长。国际贸易中各国由于在国际分工、产业结构、能源利用效率及贸易结构等方面的差异，产生了碳转移排放问题。所谓转移排放（或称国际贸易隐含碳）指的是出口产品的内涵排放与进口产品内涵排放之差，内涵排放则是指产品从原材料生产、加工、制造和运输全过程中消耗能源导致的温室气体排放。

13.3.1　国际贸易中碳转移排放清单

一般而言，CO_2 的源和汇都是依据碳排放和吸收所在的行业或区域来定义的。从数据收集的角度来看，基于地域管辖的排放清单（或称基于生产的碳排放清单）更利于监测和管理。因此，生产排放一直被作为气候模式的输入场和气候政策制定的基础。然而在当前全球经济一体化的背景下，基于生产的排放计量系统由于缺乏与经济活动的直接关联，可能会影响人们对全球、区域和国家水平上排放趋势与减缓政策潜在驱动力的理解。例如，1990 ~ 2008 年，全球工业碳排放量增长了39%，然而在区域水平上，绝大多数发达国家的碳排放保持稳定，而发展中国家的碳排放增长了一倍。从生产排放的角度来看，发展中国家占据了最大的排放比例，这是全球碳排放增长的主要原因。然而，这一观点忽略了国际贸易带来的发达国家和发展中国家之间碳排放的关联。许多发展中国家成为商品和服务的主要生产基地，当地生产的大部分商品用于出口，以满足发达国家的消费需求。

考虑了排放计量系统与经济活动的关联后，一些学者提出了基于消费的碳排放计量系统，它等于基于生产的碳排放量加上与进口相关的碳排放再减去与出口相关的碳排放。与基于生产的碳排放计量系统相比，基于消费的碳排放计量系统有许多突出优点。例如，它能解决碳泄漏问题，减少发展中国家的减排承诺，增加减缓的选择，促进环境比较优势，有助于评估边境碳税等。消费排放与生产排放之间的差值被称为转移排放量，它与排放驱动力紧密相关，对区域排放量有着显著的影响，从而影响有效的气候政策的制定。

应用投入产出模型追踪产品生产的直接和间接的能源使用及 CO_2 排放，是在宏观尺度上研究碳转移排放量的主流方法。投入产出模型是一种常用的自上而下的计算方法，它可以追踪一个国家由于最终需求变化而产生的直接和间接的环境影响。从模型角度，可以将投入产出模型划分为单区域投入产出（SRIO）模型和多区域投入产出（MRIO）模型。在针对单个国家的研究中，SRIO 模型和 MRIO 模型都经常出现，而针对全球的研究，大多应用 MRIO 模型进行计算。MRIO 模型主要依赖于投入产出数据集的编制，当前针对长时间尺度历史 CO_2 转移排放的研究，通常是基于 MRIO 模型的计算框架，并采用主流的 MRIO 模型的数据集（如 GTAP-MRIO、WIOD 和 EORA）来进行分析。

在全球水平上，利用不同的插值方法得到的全球各主要国家转移排放量的时间序列有以下几套（表 13-1）。Peters 等（2008）基于 GTAP 数据，在 EEBT 的基础上发展了贸易时间序列（TSTRD），计算表明碳转移排放量从 1990 年的 4.3Gt CO_2（占全球碳排放总量的 20%）增加到 2008 年的 7.8Gt CO_2（占全球碳排放总量的 26%）。Bruckner 等（2012）结合 OECD 和美国 IEA 的数据，通过线性插值方法构建了全球资源核算模型（GRAM），并据此计算了各国 1995~2005 年的转移排放量。Lenzen 等（2013）构建了 EORA 模型，该模型以 2000 年的数据为出发点，应用优化算法向前或向后逐年同化不同来源的原始资料，得到异质性的投入产出数据集，并将之用于回溯 1990~2012 年的转移排放量。Kanemoto 等（2014）应用 EORA 模型，进一步将数据回溯至 1970 年。Arto 等（2012）基于欧盟编制的 MRIO 数据集（WIOD 数据库），核算了欧盟及其主要贸易伙伴 1995~2008 年的各类"资源足迹"。Yang 等（2015）从碳排放强度角度构建的 LCBA 模型将碳转移排放量回溯到 1948 年。

表 13-1　基于各类模型计算的长时间尺度的碳转移排放量的时间序列

数据集	数据集特点	模型和方法
Peters 等（2008）	1990~2011 年 113 个国家/地区的转移排放序列	应用 GTAP-MRIO 数据集和 TSTRD 插值方法
Bruckner 等（2012）	53 个国家、48 个行业 1995~2005 年的转移排放量	结合 OECD 和美国 IEA 的数据，通过线性插值方法构建了全球资源核算模型
Lenzen 等（2013）	129 个国家、120 个行业 1990~2012 年的转移排放量	基于 EORA 模型，以 2000 年的数据为出发点，应用优化算法向前或向后逐年同化不同来源的原始资料，得到异质性的投入产出数据集
Kanemoto 等（2014）	187 个国家 1970~2011 年的转移排放量	EORA 模型
Arto 等（2012）	欧盟国家及其主要贸易伙伴 1995~2008 年的各类"资源足迹"	基于欧盟编制的 MRIO 数据集（WIOD 数据库）
Yang 等（2015）	127 个国家 1948~2012 年转移排放序列	LCBA 模型

尽管几套碳转移排放时间序列的量值存在一定的差异，但其揭示的全球碳转移排放量的变化趋势非常类似。碳转移排放量随着国际贸易的增长而显著增加，其增长速度超过了许多其他的宏观经济变量（图 13-3）。

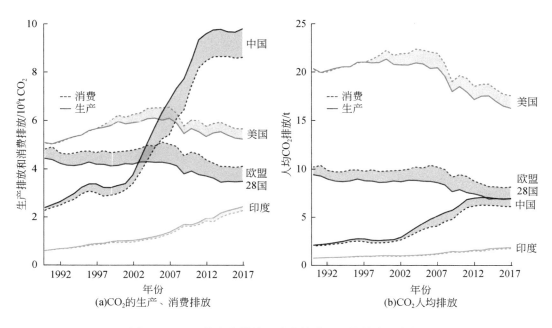

图 13-3　CO_2 的生产排放、消费排放及人均排放的演变

资料来源：Emission Gap Report 2019，https://www.unenvironment.org/resources/emissions-gap-report-2019

对于中国碳转移排放的研究除国外部分学者应用 MRIO 模型外，中国大部分学者应用的是 SRIO 模型。考虑到中国的国际分工地位，对加工贸易引起碳转移排放量的测算是非常必要的。1997～2007 年，中国出口排放量和进口排放量都大幅度增加，出口 CO_2 排放量从 314～881Mt 增加到 1725～3020Mt CO_2，占总排放量的比例从 10%～23% 增加到 27%～35%，扣除进口商品排放量，净转移到中国的 CO_2 排放量从 176～733Mt 增加到 1137～2257Mt，占总排放量的比例从 5%～20% 增加到 17%～30%。总体上看，中国是碳转移的净出口国，且净出口排放量呈现增加的趋势。

13.3.2　基于消费排放计量系统的责任划分

在宏观层面，一些学者以全球、国家联盟等为对象，研究碳排放转移对世界碳排放形势的影响，从统计或数值模拟的角度揭示了转移排放也造成了气候变化历史责任的转移，并通过碳泄漏进一步增加了全球碳排放总量。

Peters 等（2008）利用投入产出数据分析了 113 个国家的国际贸易碳转移量，1990～2008 年，从发达国家转移到发展中国家的碳排放量由 0.4Gt CO_2 增长到 1.6Gt CO_2，远远超过了《京都议定书》规定的发达国家应当承担的减排责任，并促进近年来发展中国家碳排放量的大幅增长，最终使得全球碳排放量额外增长了 38%。Arce 等（2016）对低工资和高经济增长的 16 个国家（墨西哥、多米尼加等）的国际碳排放转移情况进行了趋势模拟，结果显示在最佳减排情景下，全球总体碳排放量将降低 18.2%，但由于国际贸易隐含碳排放转移，实际排放量降低可能仅为 1.5%。基于 LCBA 模型，Yang 等（2015）的计算结果表明 1970 年以前发展中国家和发达国家的生产排放与消费排放并没有显著差异；从 1970 年开始，发展中国家与发达国家之间的转移排放量开始显著增长，发展中国家历年的生产排放和消费排放分别在 2006 年和 2011 年超越发达国家。1948～2012 年，发展中国家与发达国家之间累计转移了 36Gt CO_2（22～49Gt CO_2），其中 1948～1990 年贡献了该总量的 8%；发展中国家与发达国家之间转移排放量占年度总排放的比例从 1990 年的 2% 升高到 2012 年的 7% 左右，最高达到 8.3%（2006 年）；2008/2009 年金融危机期间，这一比例仍维持在全球排放总量的 6.8%。Wei 等（2016）利用一个简单模型（Bern Model）和三个地球系统模式（CESM、BNU-ESM 和 FIO-ESM）进行了模拟研究，结论指出国际贸易造成 0.1～3.9ppm CO_2 或 3%～9% 的气候变化历史责任从发达国家转移到发展中国家。同时，碳转移排放使得《京都议定书》的潜在减排率降低了约 5.3%，而包括《巴黎协定》在内的后京都时代减排政策，都是基于生产碳排放计量系统制定减排目标，并未考虑到国际碳转移排放的潜在影响，如果继续以这种现存方式推进减排，1.5℃温控目标难以实现。

由此可见，基于不同的排放计量系统，各个国家碳排放趋势会产生显著的变化，尤其是发达国家的消费碳排放量比其生产碳排放量显著偏大，而发展中国家正好相反。以中国为例，根据英国新经济基金会的报告，随着中国市场的快速发展，西方国家将工厂从本国转移到中国，中国碳排放量的迅速增加直接来源于西方国家高消费的需求。因此，许多研究指出应在受益者买单的原则下，基于消费碳排放量进行责任分担，基于生态足迹方法的消费者责任法追溯碳排放轨迹。也有部分学者建议发展新的责任计量系统，以权衡生产责任和消费责任，如碳排放附加方法采用隐含能值分析法，试图解决消费者和生产者会计原则之间的问题，同时也考虑到发展中国家的排放需求。

国际贸易是把双刃剑。一方面，国际贸易促使发达国家在应对气候变化而采取的碳减排过程中，加速对发展中国家的高能耗产业转移，产生了碳泄漏问题。与此同时，发展中国家的生产技术及管理水平难以保持发达国家原有水平，从而产生了更多的碳和污染物的排放量，这与应对气候变化的初衷相违背。另一方面，国际产业转移也拉动了发展中国家的经济增长，对解决贫困问题起到积极作用。处于特定经济发展阶段的发展中国家需要出口贸易拉动经济增长和缓解就业压力。以中国为例，2005 年中国出口、投资和消费拉动的 GDP 占全部 GDP 的比例分别达到 26.8%、29.5% 和 43.7%。出口带动的能源消费达到 6.87 亿 tce，而能源消费占终端能源消费总量的 32%、33.9% 和 34%，出口对能源消费的贡献比对 GDP 的贡献高出 5.2%。同时，国际产业分工决定了中国在今后一定时期内还将处于产业链低端，多数出口产业仍然属于劳动密集型产业，对从业人员的技术水平和文化程度要求较低，因此国际贸易在拉动净出口国家 GDP 增长的同时，还增加了该国的就业率，降低了其贫困率。解决气候变化问题与解决贫困问题是联合国实现可持续发展的两个重要目标。因此，应从国际碳减排和解决贫困两个视角正确评估国际贸易的作用与影响，并制定对策平衡两者关系。

13.4　基于气溶胶排放的气候变化历史责任归因

温室气体能够有效地抑制地球系统长波辐射的逃逸，引起全球增温。而气溶胶排放对辐射的影响与温室气体相反，它在很大程度上抵消了温室气体的增温效应。IPCC 第五次评估报告指出人为碳排放的辐射强迫约为 $1.68\,W/m^2$（$1.33\sim2.03\,W/m^2$），人为气溶胶辐射强迫约为 $-0.9\,W/m^2$（$-1.9\sim-0.1\,W/m^2$）。气溶胶排放不仅直接影响太阳辐射能在地气系统中的分配，如改变大气吸收的太阳辐射能、到达地表的太阳辐射能以及大气层顶返回太空的辐射能等，使得全球平均温度在短时间内迅速下降，还可以通过形成有效的云凝结核影响云的微物理性质，从而影响地球系统的能量平衡。地球工程研究中提出的利用人工方式将气溶胶注入平流层，以此增强地球的反射率来控制入射太阳辐射，一直以来都被当作一种潜在的可抵消温室气体排放所造成的气候变暖的方式。

13.4.1　硫酸盐气溶胶排放的历史责任归因

硫酸盐气溶胶是人为排放产生的气溶胶中最大的组分（占大气气溶胶的 50% ~ 70%），它产生的辐射强迫数值上达到温室气体的 1/3 左右。1750 ~ 2010 年中国排放产生的 SO_4^{2-}、NO_x、聚甲醛（POM）等气溶胶组分造成的全球负辐射强迫（制冷效应）的贡献为（15±6）%，其中贡献最大的是硫酸盐 [28%，（$-0.11±0.05$）W/m^2]。

硫酸盐气溶胶来源于硫排放，自工业革命以来，人为硫排放占总的硫排放的比例不断增大，从工业革命前期的 5% 左右增长到目前的 65% 左右。北半球硫排放约占总排放的 90%，且北半球人为排放是北半球自然排放的 5 倍以上，北美、欧洲和东亚成为目前硫排放的三大高值中心。自 20 世纪 50 年代以来，发展中国家人为硫排放迅速增长，90 年代后增长趋于平缓；自 70 年代以来，发达国家人为硫排放逐渐减少，90 年代后期开始发达国家人为硫排放量低于发展中国家。全球人为硫排放的峰值约在 70 ~ 80 年代。就 1850 ~ 2005 年历史人为硫排放均值而言，发达国家和发展中国家的相对贡献率约为 70% 和 30%。

不同于温室气体在全球均匀混合，硫酸盐气溶胶浓度分布具有很强的区域性特征，极大值主要分布于排放源区以及下风向区域，而且较低纬度的发展中国家由于温暖湿润的环境比高纬度的发达国家更有利于硫化物向硫酸盐气溶胶转化。基于 CESM 的模拟结果，田娣等（2013）的研究表明，工业革命以来，发达国家和发展中国家的人为硫排放对全球硫酸盐气溶胶浓度的相对贡献率分别约为 56% 和 44%，对历史气候变化的综合责任分别为 80% 和 20%。模拟研究表明 1976～2005 年全球硫排放造成全球年平均气温约降低了 0.54℃，其中发达国家和发展中国家的人为硫排放的降温分别约为 -0.47℃ 和 -0.23℃，相对贡献率分别为 67% 和 33%。发展中国家的人为硫排放一直呈上升趋势，20 世纪 90 年代后增长趋势趋于平缓，而发达国家的人为硫排放从 70 年代开始逐渐下降，且硫酸盐气溶胶对气候的响应并不能像温室气体一样具有积累效应，贡献率的大小显著依赖起始时间。因而采用 1976～2005 年的数据来评估相对贡献率，发展中国家的相对贡献率会显著增加。

气溶胶除对气候系统带来显著影响外，其承载大量的化学物质可进行远距离传输，产生大气污染，从而威胁人类生存环境。全球气候变暖将导致未来极端高温事件和静稳事件日趋频繁，从而加剧区域空气污染，威胁人类健康。中国正在实施的一系列清洁空气行动计划将大幅削减未来大气污染物排放及气溶胶浓度，通过辐射效应改变大气动力学过程，改善污染扩散条件，从而带来额外的空气质量改善和健康效益。通过耦合全球与区域气候-化学模式以及健康效应模型，Hong 等（2020）的研究表明，在 RCP 4.5 情景下，到 21 世纪中叶，中国减排导致的气溶胶辐射效应减弱预计可将 $PM_{2.5}$ 暴露度减少约 4%，避免每年约 1.4 万人因空气污染过早死亡。这一额外效益将在很大程度上抵消全球变暖加剧空气污染导致的健康损失，但中国减少大气气溶胶排放的同时，必然降低负辐射强迫，可能增加中国排放对全球气候变暖的贡献比例。

13.4.2 气溶胶转移排放对气候的影响

交通运输、电力生产等经济活动导致大量的污染物排放，造成了区域大气污染及全球污染输送。在经济全球化的背景下，国际贸易意味着产品的消费地区和生产地区分离，相应的污染物排放地区也从消费地区转移到生产地区，这改变了全球污染物排放的空间分布及区域污染、污染输送和气候强迫特征。国际贸易和大气输送过程的耦合对全球大气污染转移产生了显著的影响。

依据 EORA 数据库和社会经济数据应用中心（SEDAC）的数据计算，1970～2011 年，各类非 CO_2 气体转移排放总量在全球总排放中的占比分别为：N_2O（13%～34%）、CH_4（9%～29%）和 SO_2（11%～31%），均大于 CO_2（9%～27%）。发达国家和发展中国家之间的转移排放量占当年总排放量的比例也表现出同样的趋势，SO_2 转移排放量占比从 1970 年的 8% 增加到 2011 年的 12%，大于 CO_2 转移排放量占比（4%～8%）。基于化学传输模型和辐射传输模型，Lin 等（2019）的模拟表明东亚地区（主要是中国）是最大的产品出口地区，2007 年东亚地区的消费引起的二次无机气溶胶（SIOA）和一次有机气溶胶（POA）

的全球辐射强迫比该地区的生产引起的辐射强迫小18%，而该地区的黑炭消费引起的辐射强迫比黑炭生产引起的辐射强迫小10%。与之对比，西欧作为产品的净进口地区，其SIOA和POA的消费辐射强迫是生产辐射强迫的2倍，其黑炭消费辐射强迫是生产辐射强迫的1.7倍。整体来说，发达地区是产品的净进口国，其消费辐射强迫远高于生产辐射强迫，而发展中地区是产品的净出口国，其消费辐射强迫小于生产辐射强迫，也就是说，辐射强迫从发达地区转移到发展中地区。由于气溶胶在大气中停留的时间较短，任何一个地区的消费辐射强迫与生产辐射强迫的差值都存在显著的空间变化，这种辐射强迫差异对于气候系统有重要影响。中国作为"世界工厂"生产了大量产品满足国外消费，同时也承受了严重的空气污染。例如，2006年中国东部地区近地面大气中有23%~34%的硫酸盐颗粒物、10%~23%的黑炭及12%~23%的一氧化碳来自与产品出口相关的经济活动，而部分出口相关的污染物又会通过大气输送的方式转移到美国西部等下游地区。

大量的观测证据表明，越来越多的黑炭气溶胶随人类活动排放后被大气传输到青藏高原地区，在加速冰川消退中发挥着重要作用。过去十几年，中国、美国和欧洲国家对青藏高原黑炭污染的影响逐步减缓的同时，印度地区的贡献持续升高。近年来，随着全球经济形势的变化，越来越多的高污染产业向印度等欠发达地区转移。同时，由于地理条件的影响，青藏高原对印度地区排放的黑炭污染物尤为敏感。有研究从生产端和消费端分别评估了全球各个国家、地区对青藏高原黑炭气溶胶及其辐射效应的贡献。研究结果指出，全球人为源排放的黑炭气溶胶对青藏高原冰川地区黑炭污染的贡献达90%以上。其中，除4.7%来自青藏高原当地的排放外，大部分黑炭气溶胶都是由其他地区的排放通过大气传输到达该地区的。印度和中国作为青藏高原黑炭的主要人为来源，分别贡献了其年总量的30.1%和16.3%。另外，在青藏高原的黑炭污染中，有大约10%是国际贸易引起的污染物转移排放。虽然欧美等国家直接排放的黑炭通过大气传输过程对青藏高原地区的影响较小，但是其通过国际贸易导致大量的黑炭排放向中国、印度等青藏高原周边国家和地区转移。这一部分排放通过大气传输路径最终到达青藏高原地区，从而加剧了该地区的黑炭污染。美国和欧洲等地在消费端对青藏高原冰川地区黑炭的直接辐射和冰雪反照辐射的贡献数倍于其直接排放的贡献。因而，在管理跨区域大气污染影响的过程中，应考虑国际贸易在其中所发挥的作用。尤其对气候变化敏感的地区进行有针对性的政策保护。

此外，在全球空气污染日益严重的形势下，$PM_{2.5}$每年导致全球数百万人早逝。伴随着全球经济一体化的不断推进，生产过程的跨区域协作也引起了环境问题的转移，为区域污染物减排与防控制造了新的机遇与挑战。有研究利用多区域投入产出模型和结构分解分析方法，核算了2004~2007年和2007~2011年各种社会经济因素对全球和区域间隐含在国际贸易中的虚拟$PM_{2.5}$及其主要前体物跨区域转移的贡献，发现全球一次$PM_{2.5}$排放在2004~2011年呈增长趋缓，这主要得益于能源强度和生产效率的提升。煤炭排放强度的改

善大幅降低了 SO_2 和 NO_x 的排放（SO_2 和 NO_x 是二次 $PM_{2.5}$ 的前体物），工业过程排放的严格管控（特别是中国地区）降低了一次 $PM_{2.5}$ 的排放。从区域间看，东亚地区与发达国家贸易往来导致的污染物净流入量呈下降趋势，但与发展中国家贸易往来导致的污染物净流入量呈上升趋势。

与碳转移类似，大气污染物的全球化转移和气候环境影响不仅与全球的经济生产有关，也与全球的消费行为有密切关系，这对厘清经济–贸易–排放–污染–气候环境的关系、制定有效的全球环境政策和协同减排方案具有重要意义。

第 14 章　人–地系统动力学模型研究进展与展望

　　人–地系统最早都是指人类–土地系统，其研究目的是探索人类活动与土地利用变化的互作关系，这就在相当程度上，只是把气候变化当成相对固定的边界条件。在全球变化的背景下，人–地系统目前已经进化为新的内涵：人类–地球系统，其研究目的也相应地转变成探索人类活动引起的气候变化，如何通过人类活动的适应缓解措施（包括土地利用变化）反馈气候系统。

　　传统上彼此独立的人类活动研究与地球系统研究，现在必须耦合起来进行研究的两个原因：①过去人类活动的规模和强度较小，因此对地球系统的影响相对比较小，可以认为地球系统，特别是气候系统依照自然规律演变和变化；而工业革命以来的人类活动的规模和强度空前巨大，这足以使地球系统（特别是气候系统）偏离本来的自然变化的轨迹。②过去虽然把地球系统（气候系统）当成人类活动的约束条件，但是并没有明确指出，地球系统（气候系统）不同时空尺度的变化，应该引起人类活动的约束条件的变化，从而使人类在约束条件下，可以选择对人类最有利的应对方案。

　　正是以上两个原因，人–地系统动力学模型（以下简称人–地系统模型）研究已经成为当前全球变化与地球系统科学的最前沿领域。最新的科学发现不断证明，必须大力开展人–地系统模型研究，才能科学应对人类活动引起的以气候变暖为主要特征的全球变化问题。例如，Palmer 和 Smith（2014）认为必须对人类活动与自然地球系统之间的相互作用进行建模，因为现在人类的决策会因地球系统的变化而改变。更具体地，Motesharrei 等（2016）强调地球系统模式中必须包含与人类系统模型的双向耦合，代表真实系统中存在的正反馈、负反馈和延迟反馈，这样才能更好地模拟过去的气候变化和预估未来的气候变化。当前比较一致认可的观点是 Voldoire 等（2007）更早期的主张：因为气候–植被反馈在不同空间尺度上的强度具有不同规律，需要探讨包括土地利用和化石燃料燃烧排放 CO_2 等在内的人类活动的双向反馈，因此需要将社会经济模型纳入当时正在蓬勃兴起的地球系统模式。

　　目前，公认的人–地系统模型的定义和研究目标还没有完全明确，本章只是给出一个最基本的认识，以便以后的进一步深入研究和讨论。人–地系统模型是指人类活动系统模型与地球系统模式的双向耦合模型。这里，人类活动系统模型至少应该包括土地利用模型、经济模型和社会系统模型。地球系统模式则需要至少包括全球物理气候系统模型、全球生物地球化学（特别是碳）循环系统模型以及这些系统之间的相互反馈模型。

人-地系统模型的研究目标是定量探索和回答与人类活动和自然系统之间可能的反馈，提出最优应对策略，IPCC 科学基础报告实际上着重提供了关于可能反馈的探索，而综合评估模型则是在气候变暖的背景下，致力于充分考虑应对措施中不同过程的得失的权衡，获得对人类最有利的社会经济调控策略。

14.1 人-地系统模型研究进展

自从 Boumans 等（2002）构建第一个符合本章定义的人-地系统模型（GUMBO）以来，人-地系统模型构建研究已经取得巨大的进步。例如，Bahn 等（2006）发展的 GOLDMERGE 模型、Reilly 等（2007）发展的 IGSM、Voldoire 等（2007）发展的 IMAGE-CNRM、Leng 和 Tang（2014）发展的 CLM、Collins 等（2015）发展的 iESM、Yang 等（2015）发展的 BNU-HESM 及 Brian 等（2018）发展的 CSM 等面世，并得到国际学术界的普遍认同。从这些已经面世的人-地系统模型的初步分析可知，人-地系统模型通常由人类系统模型、地球系统模式、人类系统向地球系统提供的数据传输（人类反馈）和地球系统提供给人类系统的数据（地球反馈）四个主要子模块构成。在一个人-地系统模型中，人类系统模型和地球系统模式一般是早已构建好的，在各自学科范围内得到广泛应用的模型，而人类系统与地球系统相互提供数据的模型则是每个人-地系统模型各自发展，并显示出各自独有的对人-地相互作用机制的理解。

14.1.1 人类系统模型

人类系统模型的目的是模拟在一定地球系统状态（如给定温度）下，人类通过土地利用、经济适应等措施导致的排放温室气体的能源使用和地表生物物理参数等的改变量。

在人-地系统模型中，采用的人类系统模型相当多样，可归类为经验模型、经济学机理均衡模型和半经验半机理经济学模型。

在半经验半机理经济学模型中，DICE 模型（Nordhaus，1993）最有代表性。实际上 DICE 模型本身在某种意义上就是一个人-地系统模型，只不过其地球系统模式过于简单，仅仅是一个简单的黑箱模型。DICE 模型的最基本原理是：在一定的地球系统状态（温度）强迫下，以全人类社会福利为目标函数，以资本投资、技术进步、土地利用、温室气体排放（能源消费）和量化能源经济政策等为自变量，通过使目标函数最大化，求解各个自变量。国内的 RICE 模型（王铮等，2012）采用了类似的但是更偏于机理的建模策略。

麻省理工学院在经济学机理均衡模型中，以采用全球和区域经济的可计算性一般均衡原理为基础的 EPPA 模型最有代表性。EPPA 模型的基本原理是：基于一定时段的全球或区域众多行业部门在生产、消费、中间投入、国际贸易、能源和税收的投入产出经济数据，计算在一定的地球系统状态强迫下，各个经济部门和人群的投资、产出和消费，计算出对应的土地利用和温室气体排放。国内的 CEEPA 模型（姚云飞等，2012）采用了类似的建模策略。

在经验模型中，IMAGE 模型（Alcamo et al., 1998）最有代表性。IMAGE 模型在一定意义上是以气候变化与人类反馈的回顾分析为主要使命的人类系统模型，当试图用地球系统状态作为强迫来求解人类系统的主要响应变量时，其主要响应函数是经验性的，不能保证人类社会福利的最优性，而使得应用范围局限在情景分析领域。IMAGE 模型的基本原理是：在一定地球系统强迫下，假定技术水平和社会消费水平情景，从而产生对农业产量和能源消费的需求（这用经验模型表达），就可求解出土地利用和温室气体排放变量。国内的 C-D-C 气候生产函数模型（又称"经济–气候模型"）（丑洁明等，2011a），采用了柯布–道格拉斯生产函数经验模型法，研究者建立了气候变化影响经济产出的经验模型。

14.1.2 在人–地系统模型中所耦合的地球系统模式

地球系统模式的目的是在一定的人类活动（土地利用和温室气体排放等）和自然强迫下模拟地球系统状态（特别是全球气候系统）的变化过程。在人–地系统模型中，因为人类系统模型通常需要的驱动变量局限在地表温度，输出变量局限在温室气体排放和土地利用等少数变量，因此，在理论上，只要能提供全球地表温度输出和以温室气体排放和土地利用为强迫输入的模型，都可以作为人–地系统模型中所耦合的地球系统模式。这就导致在人–地系统模型中所耦合的地球系统模式非常多样，包括经验黑箱模型、中等复杂程度的地球系统模式、全球大气环流模式和地球系统模式。

地球系统模式包含物理气候系统、物理海洋系统和全球尺度生物地球化学循环模型，是人–地系统模型中所耦合的最高级模式。地球系统模式一方面可以利用人类系统模型所传递的温室气体排放和土地利用变化的强迫信息，用来驱动发生在全球大气、海洋、陆面、冰冻圈和水圈间生物、物理和化学动力学过程的复杂耦合计算，另一方面通过求解这些强迫对地球系统各个状态变量的影响，用输出的地表温度的变化信息，驱动人类系统模型的求解过程。例如，本书中构建的 HESM1.0，就是耦合了北京师范大学的 BNU-ESM，其以温度驱动的 DICE 模型算出的温室气体排放为人为强迫，求解出温度变化量，再次提供给 DICE 模型用于求解温室气体排放量，从而形成一个完整的循环计算链。

全球大气环流模式包含物理气候系统及其有关的辐射和大气化学过程的模型，通常如地球系统模式一样，可以利用温室气体排放和土地利用的变化信息，求解出地表温度等人类系统模型所需要的输入信息。不同的是，全球环流模式，不包括生物地球化学分量，特别是全球碳的生物地球化学循环，因此，导致人类活动排放和自然排放的温室气体只能是经验性地设定，而非与气候变量协调一致地进行动力学求解。例如，IMAGE-CNRM 就是耦合了全球大气环流模式（CNRM），它利用人类系统 IMAGE 模型算出的温室气体排放量和土地利用，求解得出诸如温度和降水变化量，再提供给 IMAGE 模型用于求解温室气体排放量和土地利用，从而循环往复。一个更具典型性的例子是 Bahn 等（2006）发展的GOLDMERGE 模型，它的人类系统模型是 MERGE 模型，与其耦合的是中等复杂程度的全球大气环流模式（C-GOLDSTEIN 模型）。从多个维度考察，除降维简化和没有包括生物地球化学循环分量外，C-GOLDSTEIN 模型几乎都包括物理大气环流、物理海洋环流、海冰热动力学等所有动力过程。

EMIC 是前述地球系统模式的中等复杂程度简化。EMIC 是在降维简化假定下，保留了物理气候系统、物理海洋系统和全球尺度生物地球化学分量及其之间的相互反馈过程，所需的计算量却少了几个数量级，是人–地系统模型中所耦合的可以灵活快速进行模拟试验的地球系统模式。EMIC 可以利用人类系统模型所传递的温室气体排放和土地利用变化的强迫信息，求解出由此导致的温度等气候变量的变化，反过来把这些气候变化传递给人类系统模型求解出新的温室气体排放和土地利用的变化量，从而形成一个完整的循环求解链条。采用 EMIC 是人–地系统动力学模型的主流选择。例如，Reilly 等（2007）发展的麻省理工学院的 MIT-IGSM，就是采用可求解温室气体排放和土地利用变化的 EPPA，与基于陆面过程模式（CLM）、生物地球化学循环模式（TEM）及气候模式（CAM）的一个中等复杂程度的地球系统模式耦合。

在人–地系统模型中采用的经验黑箱模型，一般都是采用简单的一维能量平衡模型（EBM），根据人类活动排放的温室气体和土地利用变化所导致的辐射强迫，经验地推算出温度的变化。例如，DICE 模型（Nordhaus，1993）作为人–地系统模型，实际上所采用的就是一个经验黑箱模型。在地球温度一定的情形下，以全人类社会福利为目标函数，以资本投资、技术进步、土地利用、温室气体排放（能源消费）和量化能源经济政策等为自变量，通过使目标函数最大化，求解各个自变量，最终得出温室气体排放量和土地利用变化量，用 EBM 计算出地球温度改变量，进而再次用人类模型求解温室气体排放和土地利用变化量，形成循环计算。同样 RICE 模型（王铮等，2012）采用了类似的经验黑箱模型。值得注意的是，这类基于能量平衡模型构建的简单黑箱模型，经过一定的改进，可以完成非常复杂的人–地系统模拟分析实验。例如，联合全球变化研究所（The Joint Global Change Research Institute，JGCRI）采用 Hector 简单气候模型耦合构建的 GCAM 就是全球变化综合评估领域最先进的人–地系统模型之一。而 Hector 模型就是一个能量平衡模型耦合简单全球碳循环模型的产物，但是它依然可以表达全球尺度的关键地球系统过程，可以用最少的计算资源获得与复杂的地球系统模式类似的结果，并广泛应用于综合评估和气候模式的不确定性分析评估。

除上面指出的 4 类人–地系统模型中在用的地球系统模式外，根据研究目的的不同，实际上还有一些非常有启发性的地球系统模式被用来与人类系统模型进行耦合。例如，Boumans 等（2002）建立的人–地系统模型 GUMBO，它所耦合的地球系统模式，是一个半经验半机理的大气圈、岩石圈、水圈和生物圈模型系统，它给人类系统模型传递的信息不是温度等气候变量，而是生态系统服务。另一个例子是 Hejazi 等（2015）发展的人–地系统模型 PRIMA，其人类系统模型采用 GCAM-USA 模型，而地球系统模式则是非全球的区域地球系统模式（RESM）与水管理模型（MOSART）的结合体，目的是进行区域水资源管理，这个模型的地球系统模式求解的是作物产量和生长季天数，提供给人类模型进行水资源需求量求解，进而用水资源使用量，驱动区域地球系统模式求解。

14.1.3 人类系统与地球系统的相互反馈

尽管各类人–地系统模型中采用的人类系统模型和地球系统模式从复杂程度与数据需求来观察，具有很大变化范围，但是两者之间的相互反馈作用的表达–信息传递却非常简单和有规律。这与单纯在地球系统内部自然相互反馈的模型在复杂性与人类相关性上具有显著的区别。

没有考虑人类系统与温室气体有关的相互反馈模型，有很多案例。Cess 等（1989）的温室气体–云–气候反馈、Stocks 等（1998）的温室气体–火灾–气候反馈、Koven 等（2015）的温室气体–永久冻土–气候反馈作用、Randerson 等（2006）的温室气体–海洋–气候反馈作用、Qu 和 Hall（2014）的温室气体–积雪–气候反馈作用、Jones 等（2015）的温室气体–土地利用变化–气候反馈作用，它们的共同特点是，只考虑了变量之间的直接相互作用，而没有注意到涉及人类活动的温室气体强迫，人类会采取基于全局福利优化原则的主动适应或缓解措施而得到改变。

当采用的地球系统模式（包括中等复杂程度的地球系统模式）包含生物地球化学分量模型时，只需要人类系统模型传递人为温室气体排放、土地利用变化或水资源利用信息即可。而人类系统模型的驱动变量一般是地球系统传递来的信息：温度和降水等气候变量。例如，HESM1.0 中，人类系统模型需要地球系统模式提供温度变化值，而它所提供的强迫只有 CO_2 排放。另一个例子，IMAGE-CNRM 中，人类系统模型需要地球系统模式提供温度和降水强迫，从而实现求解土地利用变化、温室气体排放和气溶胶排放，并将其传递给地球系统模式。

当采用不完整的地球系统模式时，如大气环流模式、黑箱模式等，如果不包括生物地球化学循环分量模型,就需要人类系统模型传递温室气体浓度等初始变量。例如,GOLDMERGE 模型中,人类系统模型需要传递 CO_2 浓度给地球系统模式,地球系统模式才能求解出温度变化反馈给人类系统模型。

14.1.4 人-地系统模型的应用

人-地系统模型中人类系统与地球系统的双向互馈耦合的机制,使人-地系统模型在定量认识过去、现在和未来的人类活动(主要是土地利用和化石燃料燃烧排放温室气体)对全球气候的影响及反馈方面,可以进行多种模拟实验。例如,区分自然和人为对气候变化的相对贡献,区分不同国家、区域或国家集团对气候变化的相对贡献,选择最恰当的调控措施把全球气候变化(变暖)控制在期望的范围之内等。因此,人-地系统模型的研究非常活跃,不仅研究结果具有启发性,而且许多研究结果对国际社会的气候变化应对也极具影响力。Calvin 和 Ben(2018)综述的人-地系统模型研究在全球变化研究领域所取得的主要发现如下。

(1)关于人类系统的反馈对全球变暖的贡献问题。人类观测到工业革命以来地表温度在不断上升,且未来存在非常大的继续上升的可能性。Yang 等(2015)应用 HESM1.0 模拟发现由于人类活动反馈,2005 年温度比没有反馈的全球地表温度要低 0.4℃。Thornton 等(2017)发现土地利用及其对应生产力的变化对全球温度的变化的贡献非常微小。Beckage 等(2018)则通过模拟发现,到 2100 年全球温度的变化区间可能在 $-1.5 \sim 1.3$℃,之所以有如此大的差异,是因为对气候变暖及极端事件的人类响应所引起的对持续减排的意愿不同。

(2)关于未来 CO_2 排放的变化趋势问题。Van Vuuren 等(2011a,b)指出,到 2100 年,全球向大气排放的 CO_2 为 $0 \sim 30$Gt C/a,但是这是在模拟中没有耦合增暖会导致人类减排所引起的负反馈。Yang 等(2015)采用 HESM1.0 进行的模拟研究指出,对于 2005 年,即使考虑到气候变暖对经济的影响,即其所导致的排放反馈,对当年 CO_2 排放的影响非常小。然而,Thornton 等(2017)发现,这类反馈对 2100 年的排放就有相当程度的影响,CO_2 排放的减少可能达到 17%。Brian 等(2018)进一步发现,人类认识到气候风险引起的应对行为变化的反馈可以显著改变 2100 年的 CO_2 排放量,最多可能减少排放量达 300Gt C/a。这些研究表明,相对于地球系统中的其他反馈,长远来看人-地系统对 CO_2 排放的反馈效应有可能越来越大。

(3)关于大气中 CO_2 浓度变化问题。根据 IPCC 第五次评估报告中不同的典型大气 CO_2 浓度路径,由于其排放量不同,在 2100 年,大气 CO_2 浓度范围为 $420 \sim 935$ppm。那么,人类的社会经济反馈虽然可能对排放有较大的影响,但是对大气 CO_2 浓度的变化却还没有达成真正的统一认识。Yang 等（2015 年）应用 HESM1.0 进行模拟试验后认为，由于考虑了气候变化带来的对 GDP 的影响所引起的人类反馈，2005 年大气 CO_2 浓度减少达到 30ppm。而 Thornton 等（2017）表明，土地利用变化在 2100 年只会引起大气 CO_2 浓度减少很少。尽管 Brian 等（2018）指出，人–地系统反馈会导致大气 CO_2 浓度发生较大变化，但至今并未被证实。

（4）关于土地利用变化反馈问题。人–地系统模型可以定量评估气候变暖背景下，人类对地球系统变化的反馈所引起的对土地利用和土地覆盖的影响。Thornton 等（2017）发现，人类反馈会导致 100 万 km^2 耕地面积减少（约 10%），这远小于改变社会经济情景的影响，并且可能小于缓解措施带来的影响。另外，Brovkin 等（2013）应用人–地系统进行的模拟研究指出，如果一个地方，土地利用变化超过其面积的 10%，那么就会对当地气候产生显著的影响。

（5）关于对经济的反馈问题。GDP 衡量区域或全球的经济规模，是未来温室气体排放的重要驱动因素。在不同典型浓度路径情景下，2095 年的全球 GDP 范围为 200 万亿～300 万亿美元。然而，这并没有耦合气候变化的影响。Nordhaus（1993）采用 DICE 模型模拟后表明，气候变化造成的 GDP 减少，在 2095 会达到 2 万亿美元，即约 1%，这远远小于由采用减排缓解所导致的直接 GDP 损失。

14.2　存在问题

人–地系统模型已经取得巨大的成果，但是这些成果与其说是考虑了更多的分量模型的成功，不如说是认识到人类系统与地球系统之间存在的反馈，并能从动力学模型中得到表达这个从 0 到 1 的突破（本书第 5 章和第 7 章）。然而，巨大的挑战依然存在，这包括分量模型复杂性匹配、时间尺度的匹配、空间尺度的匹配和计算成本、极端事件模拟和人类响应等。

14.2.1　复杂性

已经有很多研究认识到人–地系统模型发展面临越来越复杂的巨大挑战。Nordhaus（1993）指出，现有的（气候）模型过于复杂，无法耦合在经济模型中。这导致他的研究采用基于一维能量平衡模型的经验黑箱气候模型，则是过于简单的存在。因此，关于人–地系统模型的复杂性问题的科学表述应该是复杂性匹配，包括变量匹配、时间匹配、空间匹配和复杂性匹配。与地球系统模式耦合的人类系统模型，多数是以年或多年为时间步长的，而地球系统模式却是以分钟或者数十分钟为时间步长的，这就形成了地球系统模式以数十分钟为时间步长，计算了若干年，但得到的气候变量其实只被人类模型使用了一个多年平均气温，这是计算资源上的浪费，更是说明虽然地球系统模式实际上在逐时变化，但人类系统模型不可能提供人类系统同步变化。更加匪夷所思的是，地球系统模式的输出的变量不仅有温度，还有降水、比湿、风场、降水、气压甚至一些水文变量等，而人类系统大多数只能对温度的变化发生响应和反馈。这就给具有不同复杂性的耦合模型带来了额外的挑战——如何将信息从一个复杂性级别传达到另一个级别还不太清楚（Voinov and Shugart，2013）。一方面，由于这种复杂性，对模型的结果的解释、分析和使用变得更为复杂；另一方面，有必要对耦合人类系统模型和地球系统模式引入的额外复杂性需要对收益与计算资源付出进行仔细权衡，进而采用具有恰当的复杂性的地球系统模式。

14.2.2　空间尺度

对人类系统模型与地球系统模式的空间尺度的匹配性的担忧由来已久（本书第 8 章）。地球系统模式采用的是没有行政边界的经纬度网格计算单元，而人类系统模型采用的只能是以行政区划为计算单元的，这是因为人类的社会经济活动包括计划、统计数据、人口、能源利用、土地管理和各类资源利用甚至温室气体排放统计都是以行政区划为单元进行的，这就使得地球系统模式的输出结果必须要降尺度到每个行政区划单元。另外人类系统模型的输出结果，反过来又必须向外插值到经纬度网格单元。如果说从经纬度网格点到行政区划单元的地球系统模式输出的降尺度物理意义并没有太大疑问的话，那么从行政区划单元到经纬度网格点的向内外插值则是存在很多疑问的。这是因为一个行政区划内的人类社会经济活动一般是集中在中心城市及其周围的，这使得由行政区划单元向经纬度网格的温室气体排放和土地利用变化等变量插值成为很大的不确定来源。

14.2.3　极端事件的模拟和人类响应模型

在人-地系统模型中，当前人类模型实际上只是基于地球系统模式提供的地球系统的平均变化来计算人类社会经济的最优响应，但是，这可能忽略了更本质的问题。首先，地球系统的变化对人类的影响或人类的响应，并不是地球系统的平均变化及对平均变化的响应。例如，人类真正担忧并需要做出响应的并不一定是地球年均气温上升多少，而是地球随着温度上升所伴随出现的各类极端事件（如干旱、热浪、强台风、洪水和森林火灾等）的发生频率和强度的变化是多少。人-地系统极端事件发生频次增加才是人类社会经济所面临的前所未有的挑战，而当前人类模型没有真正考虑，实际上甚至还没有形成一个有效的概念性模型。其次，人-地系统模型的艰辛之处在于，目前人-地系统模型中耦合的地球系统模式并不能可靠地如模拟地球年均气温一样模拟各类极端事件的发生频率和强度的变化，当然这些变化也不能作为地球系统模式的直接输出量提供给人类系统模型用于计算人类社会经济所受的影响和可能做出的响应。

14.3 未 来 展 望

在未来人-地系统模型有哪些值得注意的发展方向？从上述人-地系统模型存在的问题和当前主要应用领域的分析，未来人-地系统模型有 4 个主要发展趋势。

14.3.1 人-地系统模型的反馈过程传递信息多样化

当前人-地系统模型大多数是为全球变化综合评估服务的，因此人-地系统模型采用的双向反馈传递的信息主要是年均气温、年降水、温室气体排放通量（CO_2 当量）、大气温室气体浓度（CO_2 浓度当量）、土地利用变化。个别人-地系统模型中更进一步，在反馈传递信息中，增加了水资源使用、气溶胶排放通量、大气气溶胶浓度。随着人-地系统模型的应用范围扩大，人-地系统模型的反馈传递信息将越来越多样化。

（1）随着人们认识到，因为极端气候事件不仅对人类应对气候变化的偏好改变具有巨大影响，还可能与气候态变化具有不同变化趋势，极端气候事件信息将加入到人类系统模型中。

（2）随着人们认识到，大气污染、水体污染、土壤污染对人类具有直接影响，同时也通过影响自然系统（气候、水文和海洋）而间接影响人类系统，因此，反馈传递信息将加入更多的诸如人类气溶胶排放、人类污染物向水体的排放、人类污染物对土壤的热污染等信息。

（3）随着人们认识到，人类经营的土地、水体和海洋对气候的反馈与自然土地、水体和海洋对气候的反馈具有显著差异，因此，反馈传递信息中将加入更多的诸如土地利用变化、城市化、水体利用变化乃至海洋利用变化等信息。

14.3.2 采用的地球系统模式将中等复杂程度化

显然，没有地球系统模式，就没有人-地系统模型，但是基于地球系统模式复杂程度高，计算时间步长小，计算成本高，而直接提供给人类模型的输出数据仅限于地球年均气温和年降水，而真正为人类系统模型需要的极端事件的发生频率和强度变化的信息反倒难以提供。因此，探索耦合更科学合理的地球系统模式，成为近年来科学界的共识。在这方面，中等复杂程度的地球系统模式有成为人-地系统模式所耦合地球系统模式的趋势。有

3 个因素支持这个趋势：①采用中等复杂程度的地球系统模式，除地球系统的平均变化外，地球系统的极端变化也可以在动力-统计方法范畴内求解；②模拟所需要的计算成本可以大幅度降低，从而可以用更多次的实验，探索人-地系统的动力机制；③无论是地球系统模式提供给人类系统模型的信息，还是人类系统模型提供给地球系统模式的信息都可以大幅度增加，因此，可以近似地把人类系统与地球系统放在一个计算机实验室内进行仔细研究。例如，人类系统模型所提供的耦合信息除温室气体排放和土地利用变化外，还可以有气溶胶排放、农业耕作物候、农业灌溉、水资源需求量、城市及其形态参数变化和交通道路运输等。地球系统模式可以提供的耦合信息除年均气温和降水外，还可以包括热浪、干旱、洪涝、暴风雨、森林火灾、台风等。例如，麻省理工学院的人-地系统模型就耦合了一个中等复杂程度的地球系统模式 MESM。Sokolov 等（2018）在 MESM 系统地描述了发生在大气、陆地、海洋、淡水和冰冻圈中的主要物理、动力、生物和化学过程，用于计算对人类活动和自然过程的全球和区域响应。由于其采用了中等复杂程度的模式构建思想，MESM 通过二维大气动力和物理框架把大气、陆地、海洋、淡水和冰冻圈等的过程利用统计的参数化链接起来，从而可以充分利用人类系统模型的输出结果，快速计算出全球或区域的地球系统的响应，并将其再反馈给人类系统模型。由于 MESM 的过程表达全面性和计算经济性，耦合 MESM 的人-地系统模型可以开展多个世纪时长的模拟实验，并进行多次模拟的集合实验，降低地球系统模式的不确定性带来的人-地系统模型的不确定性。

14.3.3 人类系统模型的狭义均衡化和极端事件响应化

一方面，人类系统模型本质上就是对于地球系统变化的人类响应决策做出符合经济学规律的预测模型（Palmer and Smith，2014）；另一方面，随着认识的提高，科学界越来越认识到，人类固然需要重视对地球系统平均状态变化的响应，但是人类对地球系统的平均状态（如气候变暖）带来的极端事件（如洪涝、干旱、热浪等）频率和强度变化的响应决策可能更应该优先考虑（Brian et al.，2018）。

对于第一方面，主流的人类系统模型采用了可计算性一般均衡模型来分析能源和经济对地球系统变化的响应。然而，由于这种一般均衡模型所依据的是各部门历史的供求关系数据所形成的均衡，这种均衡随着人类发展和地球系统变化带来的资源等供应和消费及需求偏好的变化肯定会发生变化，因此，人们广泛质疑基于一般均衡为基础的人类系统模型的预测（Chen，2016）。因此，有研究认为，采用真实供求关系形成狭义均衡，才是人类系统模型的发展趋势。例如，Chen（2016）发展了一个能源经济气候模型，在这方面迈出了扎实的第一步。其中采用的一个主要机制就是，在不同经济发展阶段，消费偏好会发生剧烈的变化，从而会引起消费格局的变化。因此，应用新的狭义均衡模型，随着经济发展，所导致的需求的收入弹性表达要远优于单独的 Store-Gerry 模型。同时，也可揭示出对气候变暖响应的经济决策模式其实对 GDP 增长比对能源和能源效率提高更敏感。这就显示出采用狭义均衡模型可能是未来的发展方向。

对于第二方面，过去的研究远远不够系统全面。鉴于气候变暖带来的极端事件频发，如何优先评估基于极端气候的人类社会经济响应模式，无论是基于广义的均衡模型，还是基于狭义的均衡模型，都将是近期必须优先发展的。这就包括相当广泛的内容：识别有害的极端事件，极端事件带来的环境、经济、人类健康和社会风险，农业、林业、渔业、牧业等产量，基于经济学原理的人类响应决策等。

14.3.4　人–地系统模型的应用范围扩大

把人–地系统模型的目的只限制在应对全球变化的模型分析领域内是非常片面的，尽管人–地系统模型发轫于应对气候变暖的能源–经济–气候分析问题。实际上，除全球变化外，人–地系统模型当前已经应用于非常广泛的社会经济和环境问题上，已经趋于成为政策和决策分析的有力工具，主要体现在以下几方面。

（1）预估全球尺度、区域尺度和部门尺度的经济发展趋势，包括温室气体排放、传统大气污染、土地利用变化、粮食供需变化、自然资源利用变化、水资源利用变化等的经济后果，这就是大多数人–地系统模型作为综合评估模型为决策者所做的贡献（如 Schweizer et al.，2020，以及本书第 11 章等）。

（2）模拟分析影响全球和区域环境的经济转型、人口结构变化、贸易规则变化、技术进步等过程的演变及反馈，包括气候与环境的影响（如作物产量和人类健康），资源枯竭和新技术开发，面向减少温室气体排放和污染排放的政策设计（包括贸易规则、税收制度和法律等），面向全球、区域或部门的减少土地利用、节省水资源和贸易限制等的政策设计（如流域分水、生态红线、农田红线和水资源开发红线等），引入新技术（如风能、太阳能、潮汐能、生物质能、碳捕获、碳埋藏等）的可行性（Paltsev et al.，2021；Gurge et al.，2021）。

（3）预估全球或区域尺度的全球变化风险，包括人类社会经济对策（如减碳交通、水电、风电场、海洋富铁、平流层辐射管理等地球工程等）对全球、区域或部门造成的环境、经济或技术等风险，地球系统变化及其过程对全球、区域或部门的人口、经济、交通、社会、农业、生态、水资源、生物多样性等造成的风险（Gao et al.，2018）。

14.3.5　构建更多的人–地系统模型、统一数据集及集合模拟

尽管开发人–地系统模型非常困难，但是为了减少模型的不确定性所导致对人–地系统

某些过程和现象的错误刻画，未来的一个趋势是，会有更多的人–地系统模型发展出来。

人–地系统模型数量增多，会带来一个重要的发展趋势，就是基于多模型的集合模拟和集成分析研究会大幅度增加。以往人–地系统模型所揭示的很多认识偏差，都来自模型本身对现象和过程的过于简化、过于高估放大或完全没有涉及。随着更多人–地系统模型的建成，多模型的集合模拟和集成分析就会非常有用，这是因为可以合理期望，无论哪一个过程或现象，总会有至少一个模型的建造者拥有兴趣和专长，因此，集合模拟和集成分析就可以避免错漏重要的变化、过程、影响和反馈（Verburg et al., 2016）。总之，具有不同复杂性和侧重点的人–地系统模型，通过集合模拟和集成分析，未来极有可能实现对未来的稳健模拟评估。

由于人–地系统模型的多学科性和更多人–地系统模型的出现，未来人们会把更多人–地系统数据集的构建和维护作为甚至比构建模型都重要的科学研究活动。人–地系统模型所依赖的数据集包括初始场、边界场、自然参数场、人类活动（包括调控）数据集用于验证和校准的观测数据集来自不同学科，由不同的研究者收集整编，原本的目的也是各不相同的，因此，这些数据集的时间和空间的一致性都会与理想的需求存在巨大的差距。这会导致不同人–地系统模型模拟的结果不同，其不是来源于模型本身，而是来源于这些模型的驱动场和驱动参数集；这也会导致对不同人–地系统模型模拟能力的评价，不是来源于真实的模拟能力，而是来源于观测验证数据的可靠度（Verburg et al., 2016）。因此，作为一项最重要的任务（本书第 8 章和第 10 章），未来人–地系统模型研究将致力于发展出统一的数据集。

参 考 文 献

包庆，吴小飞，李矜霄，等．2019. 2018～2019 年秋冬季厄尔尼诺和印度洋偶极子的预测．科学通报，
　　64（1）：73-78.

曹剑，马利斌，李娟，等．2019. NUIST-ESM 模式及其参与 CMIP6 的方案．气候变化研究进展，15（5）：
　　566-570.

巢清尘，张永香，高翔，等．2016. 巴黎协定——全球气候治理的新起点．气候变化研究进展，12（1）：
　　61-67.

陈晋，卓莉，史培军，等．2003. 基于 DMSP/OLS 数据的中国城市化过程研究——反映区域城市化水平的
　　灯光指数的构建．遥感学报，7（3）：168-175.

陈敏建，周飞，马静，等．2015. 水害损失函数与洪涝损失评估．水利学报，46（8）：883-891.

陈迎．2000. 气候变化的经济分析．世界经济，（1）：65-74.

成邦文，刘树梅，吴晓梅．2001. C-D 函数的一个重要性质．数理经济技术经济研究，（7）：78-80.

程琨，潘根兴，邹建文，等．2011. 1949—2006 年间中国粮食产量变化影响风险评价．南京农业大学学
　　报，34（3）：83-88.

丑洁明，叶笃正．2006. 构建一个经济–气候新模型评价气候变化对粮食产量的影响．气候与环境研究，
　　11（3）：347-353.

丑洁明，封国林，董文杰，等．2004. 气候变化影响下我国农业经济评价问题探讨．气候与环境研究，
　　9（2）：361-368.

丑洁明，董文杰，叶笃正．2006. 一个经济–气候新模型的构建．科学通报，51（14）：1735-1736.

丑洁明，董文杰，封国林．2011a. 定量评估气候变化生产的气候经济产出的方法．科学通报，56（10）：
　　725-727.

丑洁明，封国林，董文杰．2011b. 构建中国应对气候变化的低碳经济发展模式．气候变化研究进展，
　　7（1）：48-53.

丑洁明，董文杰，延晓冬．2016. 关于气候变化对社会经济系统影响的机理和途径的探讨．大气科学，
　　40（1）：191-200.

代如锋．2017. 中国二氧化碳排放的社会经济因素分解及未来趋势分析．北京：北京师范大学．

《第二次气候变化国家评估报告》编写委员会．2011. 第二次气候变化国家评估报告．北京：科学出版社．

丁一汇．2020. 构建全球气候变化早期预警和防御系统．可持续发展经济导刊，（Z1）：44-45.

丁一汇，孙颖．2006. 国际气候变化研究新进展．气候变化研究进展，2（4）：161-167.

丁一汇，李清泉，李维京，等．2004. 中国业务动力季节预报的进展．气象学报，62（5）：598-612.

丁仲礼，段晓男，葛全胜，等．2009. 国际温室气体减排方案评估及中国长期排放权讨论．中国科学，39

（12）：1659-1671.

丁仲礼，傅伯杰，韩兴国，等．2009. 中国科学院"应对气候变化国际谈判的关键科学问题"项目群简介．中国科学院院刊，24（1）：8-17.

董文杰，袁文平，滕飞，等．2016. 地球系统模式与综合评估模型的双向耦合及应用．地球科学进展，31（12）：1215-1219.

杜文献．2011. 气候变化对农业影响的研究进展——基于李嘉图模型的视角．经济问题探索，（1）：154-158.

段晓男，曲建升，曾静静，等．2016.《京都议定书》缔约国履约相关状况及其驱动因素初步分析．世界地理研究，25（4）：8-16.

方修琦，王媛，徐锬，等．2004. 近20年气候变暖对黑龙江省水稻增产的贡献．地理学报，59（6）：820-828.

符淙斌，董文杰，温刚，等．2003. 全球变化的区域响应和适应．气象学报，61（2）：245-250.

高霁．2012. 气候变化综合评估框架下中国土地利用和生物能源的模拟研究．北京：首都师范大学．

高鹏飞，陈文颖，何建坤．2004. 中国的二氧化碳边际减排成本．清华大学学报（自然科学版），44（9）：1192-1195.

高学杰．2007. 中国地区极端事件预估研究．气候变化研究进展，3（3）：162-166.

龚婕，宋豫秦，陈少波．2009. 全球气候变化对浙江沿海红树林的影响．安徽农业科学，37（20）：9742-9744，9784.

韩向娣，周艺，王世新，等．2012a. 基于夜间灯光和土地利用数据的GDP空间化．遥感技术与应用，27（3）：396-405.

韩向娣，周艺，王世新，等．2012b. 夜间灯光遥感数据的GDP空间化处理方法．地球信息科学学报，14（1）：128-136.

何春阳，李景刚，陈晋，等．2005. 基于夜间灯光数据的环渤海地区城市化过程．地理学报，60（3）：409-417.

何春阳，史培军，李景刚，等．2006. 基于DMSP/OLS夜间灯光数据和统计数据的中国大陆20世纪90年代城市化空间过程重建研究．科学通报，51（7）：856-861.

何建坤，刘滨，陈迎．2007. 气候变化国家评估报告（Ⅲ）：中国应对气候变化对策的综合评价．气候变化研究进展，2（4）：147-155.

何建坤，陈文颖，王仲颖，等．2016. 中国减缓气候变化评估．科学通报，61（10）：1055-1062.

胡爱军，李春华，史培军．2016. 气象灾害间接经济损失内涵、发生机理与评估方法．气象科技进展，6（3）：34-40.

黄德林，李喜明，鞠劭芃．2016. 气候变化对中国粮食生产、消费及经济增长的影响研究——基于中国农业一般均衡模型．中国农学通报，32（20）：165-176.

黄莹，包安明，陈曦，等．2009. 新疆天山北坡干旱区GDP时空模拟．地理科学进展，28（4）：494-502.

吉尔 A E. 1988. 大气–海洋动力学．张立政，乐肯堂，译．北京：海洋出版社．

江东．2007. 人文要素空间化研究进展．甘肃科学学报，19（2）：91-94.

姜克隽，胡秀莲，庄幸，等．2008. 中国 2050 年的能源需求与 CO_2 排放情景．气候变化研究进展，（5）：296-302.

姜克隽，胡秀莲，庄幸，等．2009. 中国 2050 年低碳情景和低碳发展之路．中外能源，14（6）：1-8.

金晨曦，周天军．2014. 参加 CMIP5 的四个中国气候模式模拟的东亚冬季风年际变率．大气科学，38（3）：453-468.

卡曼柯维奇 B M．1983. 海洋动力学基础．赵俊生，更世江，译．北京：海洋出版社．

李崇银，朱锦红，孙照渤．2002. 年代际气候变化研究．气候与环境研究，7（2）：209-219.

李景刚，何春阳，史培军，等．2007. 基于 DMSP/OLS 灯光数据的快速城市化过程的生态效应评价研究——以环渤海城市群地区为例．遥感学报，11（1）：115-126.

李克平，王元丰．2010. 气候变化对交通运输的影响及应对策略．节能与环保，（4）：23-26.

李克让，陈育峰．1999. 中国全球气候变化影响研究方法的进展．地理研究，18（2）：214-219.

林而达，许吟隆，蒋金荷，等．2006. 气候变化国家评估报告（Ⅱ）中国应对气候的影响与适应．气候变化研究进展，2（2）：51-56.

林岩銮，黄小猛，梁逸爽，等．2019. 清华大学 CIESM 模式及其参与 CMIP6 的方案．气候变化研究进展，15（5）：545-550.

刘昌新，王铮，田园．2016. 基于博弈论的全球减排合作方案．科学通报，61（7）：771-781.

刘昌义，潘家华．2012. 气候变化的不确定性及其经济影响与政策含义．中国人口·资源与环境，22（11）：13-18.

刘红辉，江东，杨小唤，等．2005. 基于遥感的全国 GDP 1km 格网的空间化表达．地球信息科学学报，7（2）：120-123.

刘嘉，陈文颖，刘德顺．2011. 对稳定浓度目标下温室气体非放路径的探讨．中国人口资源与环境，21（8）：95-100.

刘卫东，张雷，王礼茂，等．2010. 我国低碳经济发展框架初步研究．地理研究，29（5）：778-788.

刘亚玲．2011. 极端气候事件频发下中国旅游业发展思考．科技创业，24（7）：41-43.

刘彦随，刘玉，郭丽英．2010. 气候变化对中国农业生产的影响及应对策略．中国生态农业学报，18（4）：905-910.

刘颖，周延．2009. 全球气候变化对保险业的影响及启示．上海保险，（8）：59-62.

刘颖杰，林而达．2007. 气候变暖对中国不同地区农业的影响．气候变化研究进展，3（4）：51-55.

罗慧，许小峰，章国材，等．2010. 中国经济行业产出对气象条件变化的敏感性影响分析．自然资源学报，25（1）：113-117.

罗勇，江滢，董文杰，等．2005. 气候变化与海平面上升及其对海啸灾害的影响．科技导报，23（3）：41-43.

吕军，孙嗣旸，陈丁江．2011. 气候变化对我国农业旱涝灾害的影响．农业环境科学学报，30（9）：1713-1719.

吕美仲，侯志明，周毅．2004. 动力气象学．北京：气象出版社．

宁金花，申双和．2009. 气候变化对中国农业的影响．现代农业科技，（12）：251-254，256.

潘敖大,曹颖,陈海山,等.2013.近25a气候变化对江苏省粮食产量的影响.大气科学学报,36(2):217-228.

潘根兴,高民,胡国华,等.2011.气候变化对中国农业生产的影响.农业环境科学学报,30(9):1686-1706.

潘家华,孙翠华,邹骥,等.2007.减缓气候变化的最新科学认知.气候变化研究进展,3(4):187-194.

钱永甫.1985.一个考虑地形的五层原始方程模式.高原气象,4(2):1-28.

秦大河.2003.气候变化的事实与影响及对策.中国科学基金,(1):1-3.

秦大河.2004.进入21世纪的气候变化科学——气候变化的事实、影响与对策.科技导报,(7):4-7.

任国玉,封国林,严中伟.2010.中国极端气候变化观测研究回顾与展望.气候与环境研究,15(4):337-353.

容新尧,李建,陈昊明,等.2019.CAMS-CSM模式及其参与CMIP6的方案.气候变化研究进展,15(5):540-544.

森田恒幸,胡秀莲,姜克隽.1997.气候变化综合评价的进展.中国能源,(12):9-14.

时小军,陈特固,余克服.2008.近40年来珠江口的海平面变化.海洋地质与第四纪地质,28(1):127-134.

史培军,袁艺.2014.重特大自然灾害综合评估.地理科学进展,33(9):1145-1151.

史学丽.2001.陆面过程模式研究简评.应用气象学报,12(1):102-13.

宋振亚,鲍颖,乔方利.2019.FIO-ESM v2.0模式及其参与CMIP6的方案.气候变化研究进展,15(5):558-565.

孙宁,李廉水,严明良.2008.基于协整理论的气温变化对南京市主要行业的影响研究.气象,34(9):97-103.

汤小橹,金晓斌,盛莉,等.2008.基于小波分析的粮食产量对气候变化的响应研究——以西藏自治区为例.地理与地理信息科学,24(6):88-92.

唐国平,李秀彬,Guenther Fischer,等.2000.气候变化对中国农业生产的影响.地理学报,55(2):129-138.

唐彦丽,贾炳浩,秦佩华等.2019.FGOALS-g模式及其参与CMIP6的方案.气候变化研究进展,15(5):551-557.

田娣.2013.历史以及不同国家集团人为硫排放对辐射和气候的影响.北京:北京师范大学.

王宝华,付强,谢永刚,等.2007.国内外洪水灾害经济损失评估方法综述.灾害学,84(3):95-99.

王斌.2009.地球系统模式的发展.北京:气候变化与科技创新国际论坛:61-66.

王斌,周天军,俞永强.2008.地球系统模式发展展望.气象学报,66(6):857-869.

王灿.2003.基于动态CGE模型的中国气候政策模拟与分析.北京:清华大学.

王灿,陈吉宁,邹骥.2003.可计算一般均衡模型理论及其在气候变化研究中的应用.上海环境科学,22(3):206-212.

王馥棠.1986.第七讲,农业气象产量预报(上).气象,(10):41-45.

王馥棠.2002.近十年我国气候变暖影响研究的若干进展.应用气象学报,13(6):755-766.

王鹤饶, 郑新奇, 袁涛. 2012. DMSP/OLS 数据应用研究综述. 地理科学进展, 31 (1): 11-19.

王会军, 徐永福, 周天军, 等. 2004. 大气科学: 一个充满活力的前沿科学. 地球科学进展, 19 (4): 525-532.

王慧, 王艳娟, 周春雨. 2015. 浅析温室气体与气候变化的影响. 统计与咨询, (3): 34-36.

王军. 2008. 气候变化经济学的文献综述. 世界经济, 31 (8): 85-96.

王强盛. 2018. 稻田种养结合循环农业温室气体排放的调控与机制. 中国生态农业学报, 26 (5): 633-642.

王绍武, 罗勇, 闻新宇, 等. 2007. 近千年全球温度变化研究的新进展. 气候变化研究进展, 3 (1): 14-19.

王新华, 延军平, 杨谨菲, 等. 2011. 1950—2008 年汉中市气候变暖及其经济适应. 地理科学进展, (5): 557-562.

王英, 曹明奎, 陶波, 等. 2006. 全球气候变化背景下中国降水量空间格局的变化特征. 地理研究, 25 (6): 1031-1040.

王铮, 郑一萍. 2011. 全球气候变化对中国粮食安全的影响分析. 地理研究, 20 (3): 282-289.

王铮, 蒋轶红, 吴静, 等. 2006. 技术进步作用下中国 CO_2 减排的可能性. 生态学报, (2): 423-431.

王铮, 黎华群, 孔祥德, 等. 2005. 气候变暖对中国农业影响的历史借鉴. 自然科学进展, 15 (6): 706-713.

王铮, 张帅, 吴静. 2012. 一个新的 RICE 簇模型及其对全球减排方案的分析. 科学通报, 57 (26): 2507-2515.

魏一鸣, 米志付, 张皓. 2013. 气候变化综合评估模型研究新进展. 系统工程理论与实践, 33 (8): 1905-1915.

温美丽, 高晓飞, 谢云, 等. 2005. ALMANAC 模型对大豆产量的模拟. 资源科学, 27 (4): 100-105.

吴国雄, 张学洪, 刘辉, 等. 1997. LASG 全球海洋–大气–陆面系统模式 (GOALS/LASG) 及其模拟研究. 应用气象学报, (s1): 15-28.

吴静, 朱潜挺, 刘昌新, 等. 2014. DICE/RICE 模型中碳循环模块的比较. 生态学报, 34 (22): 6734-6744.

吴静, 朱潜挺, 王铮. 2015. 政策模拟中基于自主体模拟的建模理论研究. 系统工程, 33 (11): 107-112.

吴普. 2009. 气候变化情景下的中国旅游业及其对策. 中国旅游报, 1 (16): 10.

吴其重, 冯锦明, 董文杰, 等. 2013. BNU-ESM 模式及其开展的 CMIP5 试验介绍. 气候变化研究进展, 9 (4): 291-294.

夏龙龙, 颜晓元. 2020. 中国粮食作物生命周期生产过程温室气体排放的研究进展及展望. 农业环境科学学报, 39 (4): 665-672.

肖天贵, 胡毅, 谌芸. 1992. 一类 ENSO 事件与四川地区粮食产量的相关分析. 成都气象学院学报, (4): 67-73.

谢怀筑, 于李娜. 2010. 气候变化的经济学: 一个文献综述. 山东大学学报: 哲学社会科学版, (2): 72-80.

谢志清，杜银，曾燕，等．2007．长江三角洲城市带扩展对区域温度变化的影响．地理学报，62（7）：717-727．

辛晓歌，吴统文，张洁，等．2019．BCC 模式及其开展的 CMIP6 试验介绍．气候变化研究进展，15（5）：533-539．

熊伟，杨婕，林而达，等．2008．未来不同气候变化情景下我国玉米产量的初步预测．地球科学进展，23（10）：1092-1101．

薛永康，曾凡荣．1998．一个植被模式的检验和它在陆气相互作用中的应用．大气科学，22（4）：575-587．

杨眉，王世新，周艺，等．2011．DMSP/OLS 夜间灯光数据应用研究综述．遥感技术与应用，26（1）：45-51．

杨世莉，董文杰，丑洁明，等．2019．对地球系统模式与综合评估模型双向耦合问题的探讨．气候变化研究进展，15（4）：335-342．

姚云飞，梁巧梅，魏一鸣．2012．主要排放部门的减排责任分担研究：基于全局成本有效的分析．管理学报，9（8）：1239-1243．

叶笃正，董文杰．2010．联合国应如何组织人类开展有序应对气候变化问题的科学研究？——我们的思考和建议．气候变化研究进展，（5）：381-382．

叶笃正，符淙斌，季劲钧，等．2001．有序人类活动与生存环境．地球科学进展，16（4）：453-460．

叶笃正，符淙斌，董文杰，等．2003．全球变化科学领域的若干研究进展．大气科学，（4）：435-450．

叶笃正，严中伟，黄刚．2007．我们应该如何应对气候变化．中国科学院院刊，22（4）：327-329．

易玲，熊利亚，杨小唤．2006．基于 GIS 技术的 GDP 空间化处理方法．甘肃科学学报，18（2）：54-58．

曾文革，周钰颖．2013．《京都议定书》第二期承诺对国家发展权的法律保障及其局限．乌鲁木齐：2013 年全国环境资源法学研讨会（年会）．

翟盘茂，刘静．2012．气候变暖背景下的极端天气气候事件与防灾减灾．中国工程科学，14（9）：55-63，84．

翟盘茂，潘晓华．2003．中国北方近 50 年温度和降水极端事件变化．地理学报，58（1）：1-10．

翟盘茂，邹旭恺．2005．1951～2003 年中国气温和降水变化及其对干旱的影响．气候变化研究进展，1（1）：16-18．

张厚瑄．2000．中国种植制度对全球气候变化响应的有关问题 I．气候变化对我国种植制度的影响．中国农业气象，（1）：10-14．

张建波，田琪．2005．洞庭湖湿地生态保护现状及对策．水资源保护，21（1）：52-54，61．

张建平，赵艳霞，王春乙，等．2012．不同发育期干旱对冬小麦灌浆和产量影响的模拟．中国生态农业学报，20（9）：1158-1165．

张强，邓振镛，赵映东．2008．全球气候变化对我国西北地区农业的影响．生态学报，28（3）：1210-1218．

张清，黄朝迎．1998．我国交通运输气候灾害的初步研究．灾害学，13（3）：43-46．

张秀云，姚玉璧，邓振镛，等．2007．青藏高原东北边缘牧区气候变化及其对畜牧业的影响．草业科学，

（6）：66-73.

张雪芹，葛全胜．1999. 气候变化综合评估模型．地理科学进展，18（1）：60-67.

张永勤，缪启龙．2001. 气候变化对区域经济影响的投入-产出模型研究．气象学报，59（5）：633-640.

赵俊芳，郭建平，张艳红，等．2010. 气候变化对农业影响研究综述．中国农业气象，31（2）：200-205.

赵艳霞，裴国旺．2001. 气候变化对北方农牧交错带的可能影响．气象，27（5）：3-7.

赵宗慈，罗勇，黄建斌．2013. 对地球系统模式评估方法的回顾．气候变化研究进展，9（1）：1-8.

赵宗慈，罗勇，黄建斌．2016. CMIP6 的设计．气候变化研究进展，12（3）：258-260.

赵宗慈，罗勇，黄建斌．2018. 从检验 CMIP5 气候模式看 CMIP6 地球系统模式的发展．气候变化研究进展，14（6）：643-648.

周天军，宇如聪，王在志，等．2005a. 大气环流模式 SAMIL 及其耦合模式 FGOALS-s. 北京：气象出版社．

周天军，王在志，宇如聪，等．2005b. 基于 LASG/IAP 大气环流谱模式的气候系统模式．气象学报，63（5）：702-715.

周天军，邹立维，吴波，等．2014. 中国地球气候系统模式研究进展：CMIP 计划实施近 20 年回顾．气象学报，72（5）：892-908.

周天军，陈梓明，邹立维，等．2020. 中国地球气候系统模式的发展及其模拟和预估．气象学报，78（3）：332-350.

周亚敏，王金波．2018. 美国重启《巴黎协定》谈判对全球气候治理的影响分析．当代世界，（1）：50-53.

朱建华，侯振宏，张治军，等．2007. 气候变化与森林生态系统：影响、脆弱性与适应性．林业科学，43（11）：138-145.

朱建华，侯振宏，张小全．2009. 气候变化对中国林业的影响与应对策略．林业经济，（11）：78-83.

朱秋沅．2020.《经修正的京都公约》的修正机制及公约未来走向分析——《经修正的京都公约》全面审议中的条约法问题研究之一．海关与经贸研究，41（1）：62-83.

卓莉，陈晋，史培军，等．2005. 基于夜间灯光数据的中国人口密度模拟．地理学报，60（2）：266-276.

Ackerman F. 2002. Still dead after all these years：interpreting the failure of general equilibrium theory. Journal of Economic Methodology，9（2）：119-139.

Ackerman F，Munitz C. 2016. A critique of climate damage modeling：carbon fertilization，adaptation，and the limits of FUND. Energy Research & Social Science，12：62-67.

Ackerman F，Stanton E A，Bueno R. 2010. Fat tails，exponents，extreme uncertainty：simulating catastrophe in DICE. Ecological Economics，69（69）：1657-1665.

Adams R M，McCarl B A，Dudek D J，et al. 1988. Implications of global climate change for western agriculture. Western Journal of Agricultural Economics，13（2）：348-356.

Ahmed A，Devadason E S，Al-Amin A Q. 2016. Implications of climate change damage for agriculture：sectoral evidence from Pakistan. Environmental Science & Pollution Researchinternational，23（20）：1-12.

Alcamo J，Leemans R，Kreileman E. 1998. Global modelling of environmental change：an overview of IMAGE 2. 1. London：Elsevier Science.

Alkama R, Ralph F M, Waliser D E, et al. 2013. Detection of global runoff changes: results from observations and CMIP5 experiments. Hydrology and Earth System Sciences, 17 (7): 2967-2979.

Amaral S, Câmara G, Monteiro A, et al. 2005. Estimating population and energy consumption in Brazilian Amazonia using DMSP night-time satellite data. Computers Environment & Urban Systems, 29 (2): 179-195.

Anderson F. 1980. The Efficient Use of Energy Resources, William D. Nordhaus and Energy Future: Report of the Energy Project at the Harvard Business School, Robert Stobaugh and Daniel Yergin, Editors. Natural Resources Journal, 20 (3): 703-705.

Andres R J, Marland G, Fung I, et al. 1996. A 1°×1° distribution of carbon dioxide emissions from fossil fuel consumption and cement manufacture, 1950-1990. Global Biogeochemical Cycles, 10 (3): 419-429.

Arce G, López L A, Guan D. 2016. Carbon emissions embodied in international trade: the post-China era. Applied Energy, 184: 1063-1072.

Arto I, Genty A, Rueda-Cantuche J, et al. 2012. Global Resources Use and Pollution: Vol. I, Production, Consumption and Trade (1995-2008). Seville: Joint Research Centre.

Azar C, Lindgren K. 2003. Catastrophic events and stochastic cost-benefit analysis of climate change. Climatic Change, 56 (3): 245-255.

Bahn O, Drouet L, Edwards N, et al. 2006. The coupling of optimal economic growth and climate dynamics. Climate Change, 79 (1-2): 103-119.

Bellenger H, Guilyardi E, Leloup J, et al. 2014. ENSO representation in climate models: from CMIP3 to CMIP5. Climate Dynamics, 42 (7-8): 1999-2018.

Berrittella M, Bigano A, Roson R, et al. 2006. A general equilibrium analysis of climate change impacts on tourism. Tourism Management, 27 (5): 913-924.

Bhattarai R, Yoshimura K, Seto S, et al. 2015. Statistical model for economic damage from pluvial floods in Japan using rainfall data and socioeconomic parameters. Natural Hazards & Earth System Sciences, 3 (10): 6075-6116.

Bosello F, Eboli F, Pierfederici R. 2012. Assessing the economic impacts of climate change- an updated CGE point of view. https://ssrn.com/abstract=2004966[2022-06-01].

Botzen W J W, van den Bergh J C J M. 2012. How sensitive is Nordhaus to Weitzman? Climate policy in DICE with an alternative damage function. Economics Letters, 117 (1): 372-374.

Boumans R, Costanza R, Farley J, et al. 2002. Modeling the dynamics of the integrated earth system and the value of global ecosystem services using the GUMBO model. Ecological Economics, 41 (3): 529-560.

Bouwman A, Kram T, Goldewijk K K. 2006. Integrated Modelling of Global Environmental Change: an Overview of IMAGE 2. 4. Bilthoven: The Netherlands Environmental Assessment Agency.

Brenkert A L, Smith S, Kim S, et al. 2003. Model documentation for the MiniCAM. Richland, WA: Pacific Northwest National Laboratory.

Brian B, Louis J G, Katherine L, et al. 2018. Linking models of human behaviour and climate alters projected climate change. Climate Change, 8: 79-84.

Brohan P, Kennedy, J, Harris I, et al. 2006. Uncertainty estimates in regional and global observed temperature changes: a new data set from 1850. Journal of Geophysical Research: Atmospheres, 111 (D12): D12106.

Brovkin V, Boysen L, Arora V, et al. 2013. Effect of anthropogenic land-use and land-cover changes on climate and land carbon storage in CMIP5 projections for the twenty-first century. Journal of Climate, 26: 6859-6881.

Bruckner M, Giljum S, Lutz C, et al. 2012. Materials embodied in international trade-Global material extraction and consumption between 1995 and 2005. Global Environmental Change, 22 (3): 568-576.

Bryan K, Cox M D. 1967. A numerical investigation of the oceanic general circulation. Tellus, 19 (1): 54-80.

Burke M, Hsiang S M, Miguel E. 2015. Global non-linear effect of temperature on economic production. Nature, 527: 235-239.

Calvin K, Ben B. 2018. Integra human-Earth system modeling-state of the science and future directions. Environmental Research Letter, 13 (6): 063006.

Calvin K, Wise M, Kyle P, et al. 2014. Trade-offs of different land and bioenergy policies on the path to achieving climate targets. Climate Change, 123: 691-704.

Cess R D, Potter G L, Blanchet J, et al. 1989. Interpretation of cloud-climate feedback as produced by 14 atmospheric general circulation models. Science, 245: 513-516.

Chand K, Badarinath K, Elvidge C, et al. 2009. Spatial characterization of electrical power consumption patterns over India using temporal DMSP-OLS night-time satellite data. International Journal of Remote Sensing, 30 (3): 647-661.

Chen W, Yin X, Zhang H. 2013. Towards low carbon development in China: a comparison of national and global models. Climate Change, 131: 1-14.

Chen Y F, Wu Z, Okamoto K, et al. 2013. The impacts of climate change on crops in China: a Ricardian analysis. Global and Planetary Change, 104: 61-74.

Chen Y H, Paltsev S, Morris J F, et al. 2016. Long-temeorn economic modeling for climate chang assessment. Economic Modelling, 52: 867-883.

Chou J M, Hu C Y, Dong W J, et al. 2018. Temporal and spatial matching in human-Earth system model coupling. Earth and Space Science, 5 (6): 231-239.

Chou J M, Xu Y, Dong W J, et al. 2019a. Research on the variation characteristics of climatic elements from April to September in China's main grain-producing areas. Theoretical and Applied Climatology, 137 (3-4): 3197-3207.

Chou J M, Xu Y, Dong W J, et al. 2019b. Comprehensive climate factor characteristics and quantitative analysis of their impacts on grain yields in China's grain-producing areas. Heliyon, 5 (12): 11.

Chou J M, Xu Y, Dong W J, et al. 2021. An economy-climate model for quantitatively projecting the impact of future climate change and its application. Frontiers in Physics, 9: 723306.

Cian E D, Lanzi E, Roson R. 2007. The impact of climate change on energy demand: a dynamic panel analysis. http://dx.doi.org/10.2139/ssrn.1359045 [2022-06-01].

Cionni I, Eyring V, Lamarque J, et al. 2011. Ozone database in support of CMIP5 simulations: results and corresponding radiative forcing. Atmospheric Chemistry and Physics, 11 (21): 11267-11292.

Ciscar J C, Iglesias A, Feyen L, et al. 2011. Physical and e-conomic consequences of climate change in Europe. PNAS, 108 (7): 2678-2683.

Claussen M, Mysak L, Weaver A, et al. 2002. Earth system models of intermediate complexity: closing the gap in the spectrum of climate system models. Climate Dynamics, 18 (7): 579-586.

Collins W D, Craig A P, Truesdale J E, et al. 2015a. The integrated earth system model (iESM): formulation and functionality. Geoscientific Model Development, 8 (7): 2203-2219.

Collins W D, Craig A P, Truesdale J E, et al. 2015b. The integrated Earth system model version 1: formulation and functionality. Geoscientific Model Development, 8 (7): 381-427.

Dai Y, Zeng X, Dickinson R E. 2001. The common land model. AGU: Spring Meeting 2001.

den Elzen M, Fuglestvedt J, Höhne N, et al. 1999. The Brazilian proposal and other options for international burden sharing: an evaluation of methodological and policy aspects using the FAIR model. Bilthoven: Rijksinstituut Voor Volksgezondheid En Milieu Rivm.

Deng X, Yao H, Sun W, et al. 2019. Different time windows provide divergent estimates of climate variability and change impacts on maize yield in northeast China. Sustainability, 11 (23): 6659.

Dolinar E, Dong X, Xi B, et al. 2015. Evaluation of CMIP5 simulated clouds and TOA radiation budgets using NASA satellite observations. Climate Dynamics, 44 (7): 2229-2247.

Dong W, Dong X, Xi B, et al. 2014. China-Russia gas deal for a cleaner China. Nature Climate Change, 4 (11): 940-942.

Dowlatabadi H, Morgan M G. 1993. A model framework for integrated studies of the climate problem. Energy Policy, 21 (3): 209-221.

Edmonds J A. 2012. Integrated assessment modeling. Philip J. Rasch. Climate Change Modeling Methodology. New York: Springer: 169-209.

Elvidge C D. 1997. Relation between satellite observed visible-near infrared emissions, population, economic activity and electric power consumption. International Journal of Remote Sensing, 18 (6): 1373-1379.

Estrada F, Tol R S J, Gay-García C. 2015. The persistence of shocks in GDP and the estimation of the potential economic costs of climate change. Environmental Modelling & Software, 69 (C): 155-165.

Fankhauser S. 1994. The social costs of greenhouse gas emissions: an expected value approach. Energy Journal, 15 (2): 157-184.

Fankhauser S. 1995a. Protection versus retreat: the economic costs of sea-level rise. Environment and Planning A, 27 (2): 299-319.

Fankhauser S. 1995b. Valuing Climate Change: the Economics of the Greenhouse. London: Earth Scan.

Fankhauser S. 1998. On the representation of impact in integrated assessment models of climate change. Environmental Modeling & Assessment, 3 (1-2): 63-74.

Farmer J, Hepburn C, Mealy P, et al. 2015. A third wave in the economics of climate change. Environmental and Resource Economics, 62 (2): 329-357.

Fischer T, Su B, Wen S. 2015. Spatio-temporal analysis of economic losses from tropical cyclones in affected provinces of China for the last 30 years (1984-2013). Natural Hazards Review, 16 (4): 04015010.

Franchini M, Mannucci P M. 2015. Impact on human health of climate changes. European Journal of Internal Medicine, 26 (1): 1-5.

Frank A, Stephen J D, Richard B H, et al. 2009. Limitations of integrated assessment models of climate change. Climatic Change, 95 (3-4): 297-315.

Fujino J, Nair R, Kainuma M, et al. 2012. Multi-gas mitigation analysis on stabilization scenarios using AIM global model. The Energy Journal, (Special Issue#3): 343-354.

Gallup J L, Sachs J D, Mellinger A D. 1999. Geography and Economic Development. Cid Working Papers, 22 (2): 179-232.

Gao X, Schlosser C A, Fant C, et al. 2018. The impact of climate change policy on the risk of water stress in southern and eastern Asia. Environmental Research Letters, 13 (6): 4039.

Gates W L, Boyle J S, Covey C, et al. 1999. An overview of the results of the Atmospheric Model Intercomparison Project (AMIP). Bulletin of the American Meteorological Society, 80 (1): 29-56.

Gates W L. 1992. AMIP: The Atmospheric Model Intercomparison Project. Bulletin of the American Meteorological Society, 73 (12): 1962-1970.

Gerten D, Schnfeld M, Schauberger B. 2018. On deeper human dimensions in Earth system analysis and modelling. Earth System Dynamics, 9 (2): 849-863.

Gillett N P, Fyee J C. 2013. Annular mode changes in the CMIP5 simulations. Geophysical Research Letters, 40 (6): 1189-1193.

Goldewijk K K. 2001. Estimating global land use change over the past 300 years: the HYDE Database. Global Biogeochemical Cycles, 15 (2): 417-433.

Goodchild M F, Anselin L, Deichmann U. 1993. A framework for the areal interpolation of socioeconomic data. Environment and planning A, 25 (3): 383-397.

Guo Y F, Yu Y Q, Chen K M, et al. 1996. Mean climate state simulated by a coupled ocean-atmosphere general circulation model. Theoretical and Applied Climatology, 55 (1): 99-111.

Gurgel A C, Reilly J M, Blanc E. 2021. Land-use change in the continental United States: are there tipping points? iScience, 24 (7): 102772.

Hassler J, Krusell P. 2012. Economics and climate change: integrated assessment in a multi-region world. Journal of the European Economic Association, 10 (5): 974-1000.

Hejazi M I, Voisin N, Liu L, et al. 2015. 21st century United States emissions mitigation could increase water stress more than the climate change it is mitigating. Proceedings of the National Academy of Sciences, 112 (34): 10635-10640.

Henderson M, Yeh E T, Gong P, et al. 2003. Validation of urban boundaries derived from global night-time satellite imagery. International Journal of Remote Sensing, 24 (3): 595-609.

Hertwich E G, Peters G P. 2009. Carbon footprint of nations: a global, trade-linked analysis. Environmental

Science & Technology, 43 (16): 6414-6420.

Hof A F, Hope C W, Lowe J, et al. 2012. The benefits of climate change mitigation in integrated assessment models: the role of the carbon cycle and climate component. Climatic Change, 113 (3-4): 897-917.

Hohne N, Blok K. 2005. Calculating historical contributions to climate change-discussing the 'Brazilian Proposal'. Climatic Change, 71 (1): 141-173.

Hong C, Zhang Q, Zhang Y, et al. 2020. Weakening aerosol direct radiative effects mitigate climate penalty on Chinese air quality. Nature Climate Change, 10 (9): 845-850.

Hoogenboom G. 2015. Assessment of maize growth and yield using crop models under present and future climate in southwestern Ethiopia. Agricultural and Forest Meteorology, 214: 252-265.

Hope C, Anderson J, Wenman P. 1993. Policy analysis of the greenhouse effect: an application of the PAGE model. Energy Policy, 21 (3): 327-338.

Hope C. 2006. The marginal impact of CO_2 from PAGE2002: an integrated assessment model incorporating the IPCC's five reasons for concern. Integrated Assessment, 6 (1): 19-56.

Hossain M S, Arshad M, Qian L, et al. 2019. Economic impact of climate change on crop farming in Bangladesh: an application of Ricardian method. Ecological Economics, 164: 106354.

Imhoff M L, Tucker C J, Lawrence W T, et al. 1997. A technique for using composite DMSP/OLS "City Lights" satellite data to map urban area. Remote Sensing of Environment, 61 (3): 361-370.

Imhoff M L, William T L, David C S, et al. 2000. The use of multisource satellite and geospatial data to study the effect of urbanization on primary productivity in the United States. IEEE Transactions on Geoscience & Remote Sensing, 38 (6): 2549-2556.

Imhoff M L, Lahouari B, Taylor R, et al. 2004. Global patterns in human consumption of net primary production. Nature, 429 (6994): 870-873.

IPCC. 1996. Climate change 1995: Impacts, Adaptations and Mitigation of Climate Change: Scientific-technical Analysis. Cambridge: Cambridge University Press.

IPCC. 2007a. IPCC Fourth Assessment Report: Climate Change 2007.

IPCC. 2007b. Summary for Policymakers//Climate Change 2007: The Physical Science Basis. Cambridge: Cambridge University Press.

IPCC. 2013b. Climate Change 2013: The Physical Science Basis. Cambridge: Cambridge University Press.

IPCC. 2013c. Summary for Policymakers//Climate Change 2013: The Physical Science Basis. Cambridge: Cambridge University Press.

IPCC. 2014b. Climate Change 2014: Synthesis Report. Cambridge: Cambridge University Press.

IPCC. 2018. Summary for Policymakers//Global Warming of 1.5℃. Cambridge: Cambridge University Press.

IPCC. 2019a. Summary for Policymakers//Climate Change and Land. Cambridge: Cambridge University Press.

IPCC. 2019b. IPCC Special Report on the Ocean and Cryosphere in a Changing Climate. Cambridge: Cambridge University Press.

Isard W. 1951. Interregional and regional input-output analysis: a model of a space-economy. The Review of

Economics and Statistics, 33 (4): 318-328.

Jassen M. 1998. Modelling Global Change: the Art of Integrated Assessment Modelling. Edward Elgar Publishing.

Jason E, Chris V, Stephanie W, et al. 2020. Hectorui: a web-based interactive scenario builder and visualization application for the hector climate model. The Journal of Open Source Software, 5 (5-6): 2782.

Jevrejeva S, Moore J C, Grinsted A. 2012. Sea level projections to AD2500 with a new generation of climate change scenarios. Global and Planetary Change, 80-81: 14-20.

Ji D, Wang L, Feng J, et al. 2014. Description and basic evaluation of Beijing Normal University Earth System Model (BNU-ESM) version 1. Geoscientific Model Development, 7 (5): 2039-2064.

Jones A D, Calvin K V, Collins W D, et al. 2015. Accounting for radiative forcing from albedo change in future global land-use scenarios. Climate Change, 131 (4): 691-703.

Kanemoto K, Lenzen M, Peters G P, et al. 2011. Frameworks for comparing emissions associated with production, consumption, and international trade. Environmental Science & Technology, 46 (1): 172-179.

Kanemoto K, Moran D, Lenzen M, et al. 2014. International trade undermines national emission reduction targets: new evidence from air pollution. Global Environmental Change, 24: 52-59.

Kattelus M, Salmivaara A, Mellin I, et al. 2016. An evaluation of the standardized precipitation index for assessing inter-annual rice yield variability in the Ganges-Brahmaputra-Meghna region. International Journal of Climatology, 36 (5): 2210-2222.

Keller K, Bolker B M, Bradford D F. 2004. Uncertain climate thresholds and optimal economic growth. Journal of Environmental Economics & Management, 48 (1): 723-741.

Kelly D L, Kolstad C D. 1999. Integrated assessment models for climate change control. The International Yearbook of Environmental and Resource Economics, 2000: 171-197.

Köhler J, Grubb M, Popp D, et al. 2006. The transition to endogenous technical change in climate-economy models: a technical overview to the innovation modeling comparison project. Energy Journal, 27 (Special Issue #1): 17-55.

Kopp R E, Grubb M, Popp D, et al. 2012a. The influence of the specification of climate change damages on the social cost of carbon. Economics, 6: 983-993.

Kopp R E, Mignone B K, Snower D J. 2012b. The US government's social cost of carbon estimates after their first two years: pathways for improvement. Economics: The Open-Access, Open-Assessment E-Journal, 6: 1-41.

Koven C D, Lawrence D M, Riley W J. 2015. Permafrost carbon-climate feedback is sensitive to deep soil carbon decomposability but not deep soil nitrogen dynamics. Proceedings of the National Academy of Sciences, 112 (12): 3752-3757.

Kunimitsu Y. 2014. Regional impacts of long-term climate change on rice production and agricultural income: evidence from computable general equilibrium analysis. Journal of Japan Society of Civil Engineers, Ser. G (Environmental Research), 70 (5): I13-I19.

Lave L B. 1995. Using input-output analysis to estimate economy-wide discharges. Environmental Science & Technology, 29 (9): 420A-426A.

Lean J, Beer J, Bradley R. 1995. Reconstruction of solar irradiance since 1610: implications for climate change. Geophysical Research Letters, 22 (23): 3195-3198.

Leemans R. 2009. Developing a common strategy for integrative global environmental change research and outreach: the Earth System Science Partnership (ESSP). Current Opinion in Environmental Sustainability, 1 (1): 4-13.

Lempert R J, Schlesinger M E, Bankes S C, et al. 2000. The impacts of climate variability on near-term policy choices and the value of information. Climatic Change, 45 (1): 129-161.

Leng G, Tang Q. 2014. Modeling the impacts of future climate change on irrigation over China: sensitivity to adjusted projections. Journal of Hydrometeorology, 15 (5): 2085-2103.

Lenzen M, Moran D, Kanemoto K, et al. 2013. Building Eora: a global multi-region input-output database at high country and sector resolution. Economic Systems Research, 25: 20-49.

Leontief W W. 1936. Quantitative input and output relations in the economic systems of the United States. The Review of Economic Statistics, 18 (3): 105-125.

Li Y F. 1996. Global population distribution database. Book Global population distribution database.

Lin L, Gettelman A, Xu Y, et al. 2019. CAM6 simulation of mean and extreme precipitation over Asia: sensitivity to upgraded physical parameterizations and higher horizontal resolution. Geoscientific Model Development, 12 (8): 3773-3793.

Liu C, Zhang H, Wang Z. 2019. Study on the functional improvement of economic damage caused by climate change for the integrated assessment model. Sustainability, 11: 1280.

Luc C, Lionel D, Jesper K. 2011. The (evolving) role of agriculture in poverty reduction: an empirical perspective. Journal of Development Economics, 96 (2): 239-254.

Maddison D. 2003. The amenity value of the climate: the household production function approach. Resource & Energy Economics, 25 (2): 155-175.

Maier-Reimer E, Hasselmann K. 1987. Transport and storage of CO_2 in the ocean-an inorganic ocean-circulation carbon cycle model. Climate dynamics, 2 (2): 63-90.

Manabe S, Bryan K. 1969. Climate calculations with a combined ocean-atmosphere model. Journal of the Atmospheric Sciences, 26 (4): 786-789.

Manabe S, Smagorinsky J, Strickler R F. 1965. Simulated climatology of a general circulation model with a hydrologic CYCLE1. Monthly Weather Review, 93 (12): 769-798.

Manabe S, Stouffer R J. 1980. Sensitivity of a global climate model to an increase of CO_2 concentration in the atmosphere. Journal of Geophysical Research: Oceans, 85 (C10): 5529-5554.

Manabe S, Wetherald R T, Stouffer R J. 1981. Summer dryness due to an increase of atmospheric CO_2 concentration. Climatic Change, 3 (4): 347-386.

Manabe S, Wetherald R T. 1975. The effects of doubling the CO_2 concentration on the climate of a general circulation model. Journal of the Atmospheric Sciences, 32 (1): 3-15.

Martin D. 1991. Understanding socioeconomic geography from the analysis of surface form//Proceedings of the second European Conference on Geographical Information Systems. Utrecht: EGIS Foundation: 691-699.

Matlock R B, Welch J B, Parker F D. 1996. Estimating population density per unit area from mark, release, recapture data. Ecological Applications, 6 (4): 1241-1253.

Matsuoka Y, Kainuma M, Morita T. 1995. Scenario analysis of global warming using the Asian Pacific Integrated Model (AIM). Energy Policy, 23 (4-5): 357-371.

Meehl G A, Boer G J, Covey C, et al. 2000. The coupled model intercomparison project (CMIP). Bulletin of the American Meteorological Society, 81 (2): 313-318.

Meehl G, Covey C, McAvaney B, et al. 2005. Overview of the coupled model intercomparison project (CMIP). Bulletin of the American Meteorological Society, 86 (1): 89-93.

Mehran A, Aghakouchak A, Phillips J. 2014. Evaluation of CMIP5 continental precipitation simulations relative to satellite-based gauge-adjusted observations. Journal of Geophysical Research: Atmospheres, 119 (4): 1695-1707.

Mendelsohn R O, Morrison W, Schlesinger M E, et al. 2000. Country-specific market impacts of climate change. Climatic Change, 45 (3-4): 553-569.

Mikolajewicz U, Groeger M, Maier-Reimer E, et al. 2007. Long-term effects of anthropogenic CO_2 emissions simulated with a complex earth system model. Climate Dynamics, 28 (6): 599-633.

Milesi C, Elvidge C, Nemani R, et al. 2003. Assessing the impact of urban land development on net primary productivity in the southeastern United States. Remote Sensing of Environment, 86 (3): 401-410.

Mintzer I M. 1987. A matter of degrees: the potential for controlling the greenhouse effect. United States: NP.

Misa T, Sandra B, Rhiannon S. 2016. Let's talk about the weather: the impact of climate change on central banks. https://ssrn.com/abrstract=2783753 [2016-5-20].

Monier E, Paltsev S, Sokolov A, et al. 2018. Toward a consistent modeling framework to assess multi-sectoral climate impacts. Nature Communications, 9 (1): 660.

Moore J C, Grinsted A, Zwinger T, et al. 2013. Semiempirical and process-based global sea level projections. Reviews of Geophysics, 51 (3): 484-522.

Mori S. 2000. The Development of greenhouse gas emissions scenarios using an extension of the MARIA model for the assessment of resource and energy technologies. Technological Forecasting and Social Change, 63 (2-3): 289-311.

Moseley R K. 2006. Historical landscape change in northwestern Yun-nan, China. Mountain Research and Development, 26 (3): 214-219.

Moses L N. 1955. The stability of interregional trading patterns and input-output analysis. The American Economic Review, 45 (5): 803-826.

Moss H, Edmonds J, Hibbard K, et al. 2010. The next generation of scenarios for climate change research and assessment. Nature, 463 (7282): 747-756.

Motesharrei S, Rivas J, Kalnay E, et al. 2016. Modeling sustainability: population, inequality, consumption, and bidirectional coupling of the Earth and human systems. National Science Review, 3: 470-494.

Navarro A，Moreno R，Jimenez-Alcazar A，et al. 2017. Coupling population dynamics with Earth system models: the POPEM model. Environmental Science and Pollution Research International，(2): 1-12.

Navarro A，Moreno R，Tapiador F J. 2018. Improving the representation of anthropogenic CO_2 emissions in climate models: impact of a new parameterization for the Community Earth System Model (CESM). Earth System Dynamics，9 (3): 1045-1062.

Nerem R S，Beckley B，Fasullo J，et al. 2018. Climate-change-driven accelerated sea-level rise detected in the altimeter era. Proceedings of the National Academy of Sciences，115 (9): 2022-2025.

Nicholls，Neville. 1997. Increased Australian wheat yield due to recent climate trends. Nature，387 (6632): 484-485.

Nordhaus W D. 1991. To slow or not to slow: the economics of the greenhouse effect. The Economic Journal，101 (407): 920-937.

Nordhaus W D. 1992a. Rolling the 'DICE': an optimal transition path for controlling greenhouse gases. Cowles Foundation Discussion Papers，15 (1): 27-50.

Nordhaus W D. 1992b. The 'DICE' Model: Background and structure of a dynamic integrated climate-economy model of the economics of global warming. New Haven: Cowles Foundation for Research in Economics，Yale University.

Nordhaus W D. 1993. Rolling the 'DICE': an optimal transition path for controlling greenhouse gases. Resource and Energy Economics，15: 27-50.

Nordhaus W D. 1994. Expert opinion on climate change. American Scientist，82 (1): 45-51.

Nordhaus W D. 1997. Managing the Global Commons: the Economics of Climate Change. Environment Values，6 (1): 106-108.

Nordhaus W D. 2001. Creation and analysis of a geophysically scaled economic data Set.

Nordhaus W D. 2006. Geography and macroeconomics: new data and new findings. Proceedings of the National Academy of Sciences of the United States of America，103 (10): 3510-3517.

Nordhaus W D. 2007a. A review of the stern review on the economics of climate change. Journal of Economic Literature，45 (3): 686-702.

Nordhaus W D. 2007b. Accompanying Notes and Documentation on Development of DICE- 2007 Model: New Haven: Yale University Press.

Nordhaus W D. 2007c. Critical assumptions in the Stern review on climate change. Science，317 (5835): 201-202.

Nordhaus W D. 2008. A Question of Balance: Weighing the Options on Global Warming Policies. New Haven: Yale University Press.

Nordhaus W D. 2014. Estimates of the social cost of carbon: concepts and results from the DICE-2013R model and alternative approaches. Journal of the Association of Environmental and Resource Economists，1 (1/2): 273-312.

Nordhaus W D，Yang Z. 1996. A regional dynamic general-equilibriummodel of alternative climate change strategies. American Economic Review, 86 (4): 741-765.

Palmer P I, Smith M J. 2014. Earth systems: model human adaptation to climate change. Nature, 512: 365-366.

Paltsev S, Morris J, Kheshgi H, et al. 2021. Hard-to-abate sectors: the role of industrial carbon capture and storage (CCS) in emission mitigation. Applied Energy, 300: 117322.

Peck S C, Teisberg T J. 1992. CETA: a model for carbon emissions trajectory assessment. The Energy Journal, 13 (1): 55-77.

Pepper W, Barbour W, Sankovski A, et al. 1998. No-policy greenhouse gas emission scenarios: revisiting IPCC 1992. Environmental Science & Policy, 1 (4): 289-311.

Peters G P. 2008. From production-based to consumption-based national emission inventories. Ecological Economics, 65 (1): 13-23.

Petoukhov, Claussen M, Berger A, et al. 2005. EMIC Intercomparison Project (EMIP-CO_2): comparative analysis of EMIC simulations of climate, and of equilibrium and transient responses to atmospheric CO_2 doubling. Climate Dynamics, 25 (4): 363-385.

Phillips N A. 1956. The general circulation of the atmosphere: a numerical experiment. Quarterly Journal of the Royal Meteorological Society, 82 (352): 123-164.

Piao S, Ciais P, Huang Y, et al. 2010. The impacts of climate change on water resources and agriculture in China. Nature, 467 (7311): 43-51.

Pindyck R S. 2013. Climate change policy: what do the models tell us? Nber Working Papers, 51 (3): 860-872.

Plambeck E L, Hope C. 1996. PAGE95: an updated valuation of the impacts of global warming. Energy Policy, 24 (9): 783-793.

Prinn R G. 2012. Development and application of earth system models. Proceedings of the National Academy of Sciences of the United States of America, 110 (1): 3673-3680.

Qu X, Hall A. 2014. On the persistent spread in snow-albedo feedback. Climate Dynamics, 42: 69-81.

Randerson J T, Liu H, Flanner M, et al. 2006. The impact of boreal forest fire on climate warming. Science, 314: 1130-1132.

Ray D, West P, Clark M, et al. 2019. Climate change has likely already affected global food production. PloS One, 14 (5): E0217148.

Reilly J, Paltsev S, Felzer B, et al. 2007. Global economic effects of changes in crops, pasture, and forests due to changing climate, carbon dioxide, and ozone. Energy Policy, 35 (11): 5370-5383.

Reilly J, Paltsev S, Strzepek K, et al. 2013. Valuing climate impacts in inte-grated assessment models: the MIT IGSM. Climatic Change, 117 (3): 561-573.

Riahi K, Grbler A, Nakicenovic N. 2007. Scenarios of long-term socio-economic and environmental development under climate stabilization. Technological Forecasting and Social Change, 74 (7): 887-935.

Riahi K, van Vuuren D, Kriegler E, et al. 2017. The shared socioeconomic pathways and their energy, land use, and greenhouse gas emissions implications: an overview. Global Environmental Change, 42: 153-168.

Richard M. A, Ronald A. F, Chang C, et al. 1995. A reassessment of the economic effects of global climate change on US agriculture. Climatic Change, 30 (2): 147-167.

Rogelj J, Meinshausen M, Knutti R. 2012. Global warming under old and new scenarios using IPCC climate sensitivity range estimates. Nature Climate Change, 2 (4): 248-253.

Rosenzweig C, Tubiello F N. 1996. Effects of changes in minimum and maximum temperature on wheat yields in the central US-A simulation study. Agricultural and Forest Meteorology, 80 (2-4): 215-230.

Rotmans J. 1990. IMAGE: an integrated model to assess the greenhouse effect. United States: NP.

Rotmans J, Hulme M, Downing T E. 1994. Climate change implications for Europe: an application of the ESCAPE model. Global Environmental Change-Human and Policy Dimensions, 4 (2): 97-124.

Schneider S H, Thompson S L. 1981. Atmospheric CO_2 and climate: importance of the transient response. Journal of Geophysical Research, 86 (4): 3135-3147.

Schneider S H. 1997. Integrated assessment modeling of global climate change: transparent rational tool for policy making or opaque screen hiding value-laden assumptions? Environmental Modeling & Assessment, 2 (4): 229-249.

Schultz P A, Kasting J F. 1997. Optimal reductions in CO_2 emissions. Energy Policy, 25 (5): 491-500.

Schuur E, McGuire A, Schaedel C, et al. 2015. Climate change and the permafrost carbon feedback. Nature, 520: 171-179.

Schweizer V, Ebi K, van Vuuren D, et al. 2020. Integrated climate-change assessment scenarios and carbon dioxide removal. One Earth, 3 (2): 166-172.

Shah F, Jing W. 2018. Evaluation of Pakistani farmers' willingness to pay for crop insurance using contingent valuation method: the case of Khyber Pakhtunkhwa province. Land Use Policy, 72: 570-577.

Sillmann J, Kharin V, Zhang X, et al. 2013. Climate extremes indices in the CMIP5 multimodel ensemble: Part 1. Model evaluation in the present climate. Journal of Geophysical Research-Atmospheres, 118 (4): 1716-1733.

Smagorinsky J, Manabe S, Holloway J L. 1963. Numerical results from a nine-level general circulation model of the ATMOSPHERE1. Monthly Weather Review, 93 (12): 727-768.

Smith S J, Edmonds J A. 2006. The economic implications of carbon cycle uncertainty. Tellus B, 58 (5): 586-590.

Smith S J, Wigley T M L. 2012. Multi-gas forcing stabilization with MiniCam. The Energy Journal, 27 (Special Issue# 3): 373-392.

Sokolov A P, Schlosser A, Dutkiewicz S, et al. 2005. The MIT Integrated Global System Model (IGSM) Version 2: Model Description and Baseline Evaluation. Cambridge: MIT.

Sokolov A, Kicklighter D, Schlosser A, et al. 2018. Description and evaluation of the MIT Earth system model (MESM). Journal of Advances in Modeling Earth Systems, 10 (8): 1759-1789.

Solomon S, Plattner G, Knutti R, et al. 2009. Irreversible climate change due to carbon dioxide emissions. Proceedings of the National Academy of Sciences, 106 (6): 1704-1709.

Stanton E A, Ackerman F, Karthas. 2009. Inside the integrated assess-ment models: four issues in climate economics. Climate and Development, 1 (2): 166-184.

Stern N. 2007. The Economics of Climate Change: the Stern Review. Norwich: Cambridge University Press.

Stern N. 2008. The economics of climate change. The American Economic Review, 98 (2): 1-37.

Sterner T, Persson U M. 2008. An even sterner review: introducing relative prices into the discounting debate. Review of Environmental Economics & Policy, 2 (1): 61-76.

Stocker T F, Qin D, Plattner G, et al. 2013. Climate Change 2013: The Physical Science Basis. Contribution of Working Group I to the Fifth Assessment Report of the Intergovernmental. Cam-bridge, United Kingdom and New York, USA: Panel on Climate Change Cambridge University Press.

Stocker T F, Qin D, Plattner G, et al. 2014. Climate change 2013: the physical science basis. Contribution of Working Group I to the Fifth Assessment Report of IPCC the Intergovernmental Panel on Climate Change. Computational Geometry, 18 (2): 95-123.

Stocks B J, Fosberg M, Lynham T, et al. 1998. Climate change and forest fire potential in Russian and Canadian boreal forests. Climatic Change, 38 (1): 1-13.

Stroeve J C, Kattsov V, Barrett A, et al. 2012. Trends in Arctic sea ice extent from CMIP5, CMIP3 and observations. Geophysical Research Letters, 39 (16): L16502.

Su B, Ang B W. 2011. Multi-region input-output analysis of CO_2 emissions embodied in trade: the feedback effects. Ecological Economics, 71: 42-53.

Sutton. 1997. Modeling population density with night-time satellite imagery and GIS. Computers Environment & Urban Systems, 21 (3-4): 227-244.

Sutton P, Roberts C, Elvidge C, et al. 1997. A Comparison of nighttime satellite imagery and population density for the continental United States. Photogrammetric Engineering & Remote Sensing, 63 (11): 1303-1313.

Tao F, Hayashi Y, Zhang Z, et al. 2008. Global warming, rice production, and water use in China: developing a probabilistic assessment. Agricultural and Forest Meteorology, 148 (1): 94-110.

Taylor K E, Stouffer R, Meehl G. 2012. An overview of CMIP5 and the experiment design. Bulletin of the American Meteorological Society, 93 (4): 485-498.

Thornton P E, Calvin K, Jones A, et al. 2017. Biospheric feedback effects in a synchronously coupled model of human and Earth systems. Nature Climate Change, 7 (7): 496-500.

Tobey J A. 1992. Economic issues in global climate change. Global Environmental Change-Human and Policy Dimensions, 2 (3): 215-228.

Tol R S J. 1995. The damage costs of climate change toward more comprehensive calculations. Environmental and Resource Economics, 5 (4): 353-374.

Tol R S J. 2002a. Estimates of the damage costs of climate change-Part I: benchmark estimates. Environmental and Resource Economics, 21 (1): 47-73.

Tol R S J. 2002b. Estimates of the damage costs of climate change-Part II: Dynamic Estimates. Environmental and Resource Economics, 21 (1): 135-160.

Tol R S J. 2012. On the uncertainty about the total economic impact of climate change. Environmental and Resource Economics, 53 (1): 97-116.

Tol R S J, Vellinga P. 1998. The European forum on integrated environmental assessment. Environmental Modeling & Assessment, 3 (3): 181-192.

Tol R S J, Fankhauser S, Richels R, et al. 2000. How much damage will climate change do? Recent Estimates. World Economics, 1 (4): 179-206.

Tol R S J, Heintz R J, Lammers P E. 2003. Methane emission reduction: an application of FUND. Climatic Change, 57 (1-2): 71-98.

van Vliet M, Yearsley J, Ludwig F, et al. 2012. Vulnerability of US and European electricity supply to climate change. Nature Climate Change, 2 (9): 676-681.

van Vuuren D, Eickhout B, Lucas P, et al. 2006. Long-term multi-gas scenarios to stabilise radiative forcing-exploring costs and benefits within an integrated assessment framework. The Energy Journal, 27 (Special Issue# 3): 201-234.

van Vuuren D, den Elzen M, Lucas P, et al. 2007. Stabilizing greenhouse gas concentrations at low levels: an assessment of reduction strategies and costs. Climatic Change, 81 (2): 119-159.

van Vuuren D, Edmonds J, Kainuma M, et al. 2011a. The representative concentration pathways: an overview. Climatic Change, 109: 5.

van Vuuren D, Lowe J, Stehfest E. 2011b. How well do integrated assessment models simulate climate change? Climatic Change, 104 (2): 255-285.

Verburg P, Dearing J, Dyke J, et al. 2016. Methods and approaches to modelling the Anthropocene. Global Environmental Change-Human and Policy Dimensions, 39: 328-340.

Voinov A, Shugart H H. 2013. 'Integronsters', integral and integrated modeling. Environmental Modelling & Software, 39: 149-158.

Voldoire A, Eickhout B, Schaeffer M, et al. 2007. Climate simulation of the twenty-first century with interactive land-use changes. Climate Dynamics, 29 (2-3): 177-193.

Wackernagel M, Rees W. 1998. Our Ecological Footprint: Reducing Human Impact on the Earth. Burlington: New Society Publishers.

Wei T, Yang S, Moore J, et al. 2012. Developed and developing world responsibilities for historical climate change and CO_2 mitigation. Proceedings of the National Academy of Sciences of the United States of America, 109 (32): 12911-12915.

Weitzman M. 2009. On modeling and interpreting the economics of catastrophic climate change. The Review of Economics and Statistics, 91 (1): 1-19.

Weitzman M. 2010. What is the "damages function" for global warming—and what difference might it make? Climate Change Economics, 1 (1): 57-69.

Welch R. 1980. Monitoring urban population and energy utili-zation patterns from satellite dat. Remote Sensing of Environment, 9: 1-9.

Weller E，Cai W J. 2013. Realism of the Indian Ocean dipole in CMIP5 models：The implications for climate projections. Journal of Climate，26（17）：6649-6659.

Weyant J，Davidson O，Dowlatabadi H，et al. 1996. Integrated Assessment of Climate Change：An Overview and Comparison of Approaches and Results. Cambridge：Cambridge University Press.

Wiedmann T. 2009. Editorial：carbon footprint and input-output analysis-an introduction. Economic Systems Research，21（3）：175-186.

Wiedmann T，Minx J. 2008. A definition of 'carbon footprint'. Ecological Economics Research Trends，1：1-11.

Wigley T. 1991. A simple inverse carbon cycle model. Global Biogeochemical Cycles，5（4）：373-382.

Wigley T. 1993. Balancing the carbon budget. Implications for projections of future carbon dioxide concentration changes. Tellus B，45（5）：409-425.

Wigley T，Raper S C. 2001. Interpretation of high projections for global-mean warming. Science，293（5529）：451-454.

Wu Q，Feng J，Dong W，et al. 2013. Introduction of the CMIP5 experiments carried out by BNU-ESM. Advances in Climate Change Research，9（4）：291-294.

Wuebbles D，Meehl G，Hayhoe K，et al. 2013. CMIP5 climate model analyses：climate extremes in the United States. Bulletin of the American Meteorological Society，95（4）：571-583.

Xie X，Zhang M H. 2015. Scale-aware parameterization of liquid cloud inhomogeneity and its impact on simulated climate in CESM. Journal of Geophysical Research-Atmospheres，120（16）：8359-8371.

Xu Y，Chou J M，Yang F，et al. 2021. Assessing the sensitivity of main crop yields to climate change impacts in China. Atmosphere，12（2）：172.

Yang S，Feng J，Dong W，et al. 2014. Analyses of extreme climate events over China based on CMIP5 historical and future simulations. Advances in Atmospheric Sciences，31（5）：1209-1220.

Yang S，Dong W，Chou J，et al. 2015. A brief introduction to BNU-HESM1. 0 and its earth surface temperature simulations. Advances in Atmospheric Sciences，32（12）：1683-1688.

Yang S，Dong W，Chou J，et al. 2016. Global warming projections using the human-Earth system model BNU-HESM1. 0. Science Bulletin，61（23）：1833-1838.

Young P，Butler A，Calvo N，et al. 2013. Agreement in late twentieth century southern hemisphere stratospheric temperature trends in observations and CCMVal- 2，CMIP3，and CMIP5 models. Journal of Geophysical Research-Atmospheres，118（2）：605-613.

Yu Y，Xu R，Zhang X，et al. 2002. A flexible coupled ocean-atmosphere general circulation model. Advances in Atmospheric Sciences，19（1）：169-190.

Yu Y Q，Zheng W P，Wang B. 2008. Coupled model simulations of climate changes in the past century and future climate. Advances in Atmospheric Sciences，25（4）：641-654.

Zeng Q C，Zhang X，Liang X，et al. 1989. Documentation of IAP（Institute of Atmospheric Physics）two-level atmospheric general circulation model. New York：Stony Brook University Tech. Rep.

Zhang X, Bao N, Yu R, et al. 1992. Coupling scheme experiments based on an atmospheric and an oceanic GCM. Chinese Journal of Atmospheric Sciences, 16 (2): 129-144.

Zhou T, Wu B, Wen X, et al. 2008. A fast version of LASG/IAP climate system model and its 1000-year control integration. Advances in Atmospheric Sciences, 25 (4): 655.

Zhou T, Yu Y, Liu Y, et al. 2014. Flexible Global Ocean-Atmosphere-Land System Model: A Modeling Tool for the Climate Change Research Community. Berlin: Springer.

Zhou X N, Guo J, Wu X, et al. 2007. Epidemiology of schistosomiasis in the people's republic of China. Emerging Infectious Diseases, 13 (10): 1470-1476.

后　　记

经过近一年的时间和大家的共同努力，《人–地系统动力学模型的构建发展与应用》终于可以画上句号了。在本书即将付梓之际，我们最深切的感受是"书不尽言，言不尽意"。再说几句，作为结束的话。

人–地系统动力学模型的构建发展与应用，是一项高难度、全方位的创新工作。早在新千年开始的时候，叶笃正先生提出，研究全球变化要与社会经济系统结合，进行自然科学和社会科学的交叉研究，目的是使人类社会适应自然。我们自此开始了大气科学和社会经济的交叉研究的艰难探索。那时，国内外类似的交叉研究工作还不多见，但很快国际上评估气候变化社会经济影响和适应策略的研究工作就如火如荼地开展起来。然而，将地球系统模式和社会经济模型从动力学模式进行耦合的研究却一直是空白。2010年左右，董文杰教授首先提出要将地球系统模式与社会经济模型衔接起来进行模式耦合。从那个时候开始，在他的带领下，团队开展了人–地系统动力学模式耦合的尝试工作。将物理过程、构造原理和学科理念完全不同的两类模式进行耦合，的确极其困难、极具挑战性，团队经过多年的持续努力，如今终于有了较为系统的收获。

本书是在北京师范大学地表过程与资源生态国家重点实验室的组织和支持下，由人–地系统动力学模拟团队倾力合作完成的。延晓冬教授率先倡议本书的撰写，为全书定题、定调，把握论点，丑洁明教授负责本书撰写的组织工作，二人拟订了撰写大纲和章节设计，通读并审定了全书。本书各章的撰写和贡献者（人名后未专门标注单位的均是北京师范大学地表过程与资源生态国家重点实验室人员）如下：

第1章，丑洁明、延晓冬、董文杰（中山大学大气科学学院）；

第2章，丑洁明、王正（中国气象局国家气象信息中心）；

第3章，丑洁明、徐源、董文杰；

第4章，丑洁明、赵卫星、韦志刚；

第5章，董文杰、杨世莉（北京市气象局）；

第6章，丑洁明、韦志刚、杨帆（中国气象科学研究院）；

第7章，董文杰、丑洁明；

第8章，丑洁明、胡川叶（中国气象局国家气候中心）、郭彦；

第9章，杨世莉、董文杰；

第 10 章，杨世莉、董文杰；

第 11 章，杨世莉、董文杰；

第 12 章，刘昌新（中国科学院科技战略咨询研究院）、张海玲（中国科学院科技战略咨询研究院）、王铮（中国科学院科技战略咨询研究院）；

第 13 章，董文杰、魏婷（中国气象科学研究院）、郭彦；

第 14 章，延晓冬、董文杰。

人–地系统动力学模型耦合的研究工作和本书的撰写，得到了有关领导、专家、同仁等的支持与帮助，在此表示衷心感谢。

首先，要感谢北京师范大学地表过程与资源生态国家重点实验室主任效存德研究员和原主任史培军教授，实验室为本团队提供了研究平台，提供了充足的条件和支持，是我们工作开展的可靠依托。实验室这次组织系列成果的出版，又为我们提供了总结进展、撰写本书的机会。

特别感谢徐冠华院士、秦大河院士、戴永久院士，从我们组建团队开始这项研究工作以来始终如一地给予我们的支持和帮助。

感谢中国气象局国家气候中心封国林研究员，中国科学院大气物理研究所高学杰研究员、王斌研究员、冯锦明研究员，中山大学袁文平教授，清华大学滕飞教授，北京师范大学纪多颖教授等专家学者在理论和技术方面给予的指导和帮助。

感谢中国科学院科技战略咨询研究院的刘昌新副研究员等同意把他们的研究成果"模型中的损失函数应用"作为本书的第 12 章，使本书更加完整和充实。

感谢为本书进行专业审稿、提出修改意见和建议的专家们。感谢所有为本书撰写付出艰辛劳动的管理员、科研工作者和研究生。

本书的撰写，是团队长期研究的阶段性成果。我们认识到，我们所开展的人–地系统动力学模型的构建发展与应用研究，还只是一个初步的探索。对于这样一项开创性工作的梳理和总结，也让我们感到力有不逮。本书参考和涉及许多基础知识和基础性工作，已在本书和参考文献中标出，如有不足之处，敬请原著作者见谅。由于作者水平有限，不足和疏漏在所难免，敬请读者批评指正。

丑洁明
2021 年 12 月 16 日